走出房地产无效成本控制的困境：
典型案例和控制要点

史永明　计富元　主编

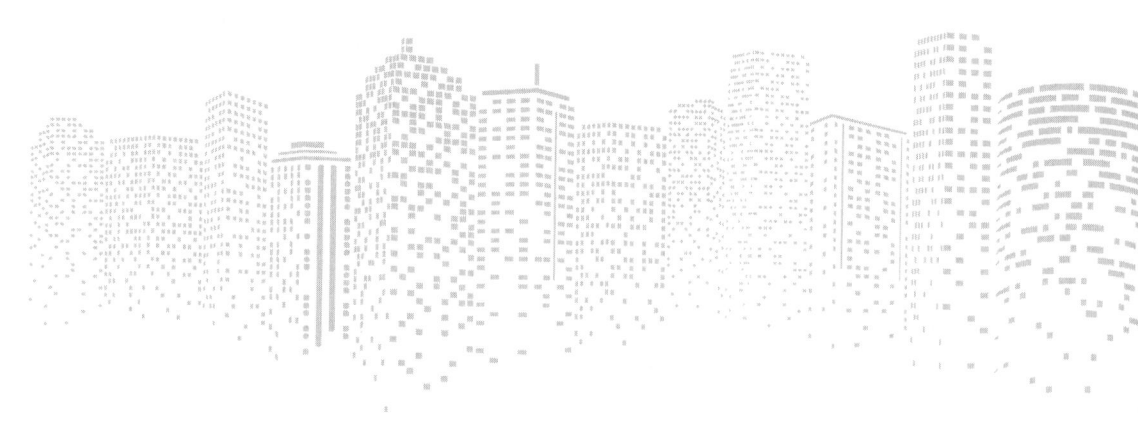

·北京·

内容简介

本书主要介绍和分析了房地产项目在拿地、规划及方案阶段，设计阶段，招投标阶段，施工阶段，预结算阶段，销售及财税筹划阶段等项目开发全流程阶段中，标杆房企无效成本及其管理的经典案例，进而全面阐述无效成本的控制要点。本书内容的编写主要针对房地产项目成本管理人员，以实用、精炼为原则，深度剖析70余个标杆企业真实案例，并给出解决方案和建议。本书内容丰富，图文结合，便于读者理解和掌握，可帮助读者快速提升房地产成本管理工作能力。

本书可作为房地产行业成本管理、工程造价等专业人员的操作手册、培训教材，也可供大中专院校相关专业的师生学习参考。

图书在版编目（CIP）数据

走出房地产无效成本控制的困境：典型案例和控制要点/史永明，计富元主编. —北京：化学工业出版社，2023.12
ISBN 978-7-122-44254-3

Ⅰ. ①走… Ⅱ. ①史…②计… Ⅲ. ①房地产开发-成本控制 Ⅳ. ①F293.33

中国国家版本馆CIP数据核字（2023）第187679号

责任编辑：彭明兰　李旺鹏　　　　　　　　文字编辑：邹　宁
责任校对：李露洁　　　　　　　　　　　　装帧设计：韩　飞

出版发行：化学工业出版社（北京市东城区青年湖南街13号　邮政编码100011）
印　　装：三河市延风印装有限公司
787mm×1092mm　1/16　印张14½　字数380千字　2024年5月北京第1版第1次印刷

购书咨询：010-64518888　　　　　　　售后服务：010-64518899
网　　址：http://www.cip.com.cn

凡购买本书，如有缺损质量问题，本社销售中心负责调换。

定　　价：68.00元　　　　　　　　　　　　　　　　　　　　　版权所有　违者必究

前 言

1998年～2010年是中国房地产的"黄金时代"，其主要特征是投资高速增长、交易量和房价持续暴涨、市场供不应求、房企利润可观。而从2011年开始，诸多指标开始降速，行业告别高增长，步入中速增长阶段，也即"白银时代"。2017年党的十九大召开，进一步明确了住房的属性和定位，挤压房屋投资属性的空间，强调要坚持"房住不炒"。同时，多数房企面临着居高不下的开发成本和日益加剧的行业竞争以及严峻的市场经营环境和融资问题等，夹杂着新冠疫情的冲击，房地产步入中低速增长阶段，也即"青铜时代"。2022年党的二十大召开，住房属性再一次明确"房住不炒"，地产也正式步入低速增长阶段，也即"黑铁时代"。超额利润的黄金时代在很大程度上削弱了房企对成本管理的重视程度，催生了"重开源（营销）、轻节流（成本）"的短视观念。但在经历几次楼市震荡之后，众多房企逐步认识到，仅仅关注外部市场的开源远不能应对残酷的市场现实，加强成本管理和控制，实现有效节流，向管理要效益才是房地产企业应对市场巨变的核心竞争力之一。

根据房地产项目开发成本的性质，可以将总开发成本分为有效成本和无效成本。有效成本是形成有效的产品，或提高产品的附加值，或促进营销所需支出的成本。无效成本是指在项目实施过程中，对形成产品、提升价值、促进营销没有作用，不能得到客户的认同和补偿，或降低了产品投入产出比的成本支出。无效成本严重影响投资收益，是一种成本浪费。因此控制好项目的无效成本具有重要的现实意义。

本书主要阐述了无效成本的内涵，通过对房地产项目开发各个阶段产生的无效成本进行成因分析与总结，提出无效成本的管控思想及措施，以期能为房企的成本管理工作起到一定的借鉴作用。

本书将房地产开发项目分成六大阶段解读，以房地产开发中的无效成本为中心，详述不同阶段无效成本控制关键点，深入浅出，使读者跟随着项目开发建设节奏，掌握无效成本控制方法。同时，本书配有大量标杆房企无效成本及其管理的经典案例，可供读者借鉴参考，并灵活应用于业务实际。

本书由史永明、计富元任主编，王东贺、王春红、谭艳平任副主编，白晓楠、李小川、张宗辉参与编写。

房地产成本控制包罗万象，层次繁多，各家观点不一，本书虽经各方收集资料，仔细求证，但难免有疏漏和不当之处，希望读者在使用中批评指正，以便再版时修改。本书同时配有相关视频和电子资料，如有需要，可申请加入QQ群615685748与编者联系。

目 录

第一章 房地产无效成本概论 —————————————————————— 001

第一节 房地产无效成本的内涵和管理意义 ·································· 001
第二节 房地产无效成本的分类与统计 ·· 004
第三节 房地产无效成本列项及管理制度 ····································· 008

第二章 标杆房企拿地、规划及方案阶段无效成本案例分析及控制要点 —————————————————————— 015

第一节 标杆房企拿地阶段无效成本案例分析 ······························ 015
第二节 标杆房企规划、方案阶段无效成本案例分析 ····················· 017
第三节 标杆房企拿地、规划及方案阶段无效成本控制要点 ············ 034

第三章 标杆房企设计阶段无效成本案例分析及控制要点 ————— 040

第一节 标杆房企设计阶段无效成本案例分析 ······························ 040
第二节 标杆房企设计阶段无效成本控制要点 ······························ 049

第四章 标杆房企招投标阶段无效成本案例分析及控制要点 ———— 062

第一节 标杆房企招投标阶段无效成本案例分析 ··························· 062
第二节 标杆房企招投标阶段无效成本控制要点 ··························· 076

第五章 标杆房企施工阶段无效成本案例分析及控制要点 ————— 082

第一节 标杆房企施工阶段无效成本案例分析 ······························ 082
第二节 标杆房企施工阶段无效成本控制要点 ······························ 103

第六章 标杆房企预结算阶段无效成本案例分析及控制要点 ———— 107

第一节 标杆房企预结算阶段无效成本案例分析 ··························· 107

第二节　标杆房企预结算阶段无效成本控制要点 …………………………… 117

第七章　标杆房企销售及财税筹划阶段无效成本案例分析及控制要点 — 124

第一节　标杆房企销售阶段无效成本案例分析 ……………………………… 124
第二节　标杆房企财税筹划阶段无效成本案例分析 ………………………… 127
第三节　标杆房企销售及财税筹划阶段无效成本控制要点 ………………… 137

第八章　标杆房企无效成本管理措施及方案 — 145

第一节　房地产无效成本的管理措施 ………………………………………… 145
第二节　标杆房企无效成本管控机制及方案 ………………………………… 152
第三节　标杆房企全阶段无效成本控制要点总结 …………………………… 164

附录一　标杆房企工程界面分判表 — 172

附录二　房地产成本管控 60 问 — 199

参考文献 — 226

第一章

房地产无效成本概论

第一节 房地产无效成本的内涵和管理意义

一、房地产成本管理现状

房地产近年的发展可谓惊心动魄，地产人都期望着短期内行业会有所好转，然而，呈现在面前的仍然是不见尽头的漫漫长路。有人说地产行业不行了，也有人说地产行业这才是回归本源，但不管是悲观还是乐观，提高企业经营水平、尽量开源节流是必然的趋势。在这种大环境、大背景下，成本控制问题越发引起项目管理者和决策者的重视。似乎一夜间行业下行的原因都出在了成本控制不利上，是否了解成本管理的人都要指点一番，似乎不这么做就不重视成本，就要被划到企业优化的名单中。以上种种造成了现在成本部门非理性内部竞争异常激烈的现象。但是，非但企业的成本控制能力没有实质地提升，反而增加了更多的无效管理、无效成本。这一现象真的需要所有管理者，尤其是企业高管警惕。

（一）来自企业外部的非理性竞争风暴

铁打的营盘流水的兵，常用来形容行业岗位轮换的常态，尤其是这两年地产行业下行，寻求通过组织架构调整、外部引入明星职业经理人来进行自我提升的企业越来越多。有的管理人员出于迎合上司重视成本的态度以及为了彰显自己的价值，不管是否了解成本管理，不管是否直管或分管成本部门，都会提出五花八门的成本"理念"。某企业由于企业历史、人员配置等原因，成本管理水平一般，但也基本上是行业内成本管理的主流方式，从项目投资测算，到项目落地的目标成本、合约规划、动态成本、合约管理、后评估等都有执行，但距离决策者的要求还有不小的距离。因此公司高薪聘请了一位明星高管。该高管加入公司后尚未熟悉情况，每次跟决策者交流的时候便都要提全成本管理，将全成本概念描绘得无比美好，将企业原本实施的成本管理贬低得一文不值。通过多轮的洗脑，该高管的"理念"得到了决策者的赞许，并要求成本管理部门全面推动全成本管理。该公司成本管理部门很困惑，这全成本管理听上去这么高大上，这么万能，的确是应该实行，于是向此高管请教。论来论去，原来此高管所谓的全成本管理就是地产成本管理的基本方式，从目标到后评，并没有什么新东西。

如果沟通一致，信息交圈，事态到此为止还好，问题在于高管已经在决策者面前描绘了美好的画卷，此时如果发现全成本管理就是原来的管理方式，仅仅是名称不同，那就要闹大笑话了。于是高管采取了聪明的做法，对上依然坚称公司成本管理不行，必须实施全成本管理，对下要求全面推倒重建成本管理体系，导致成本管理部门只能把已有的管理体系否定，重新建立新的体系（关键是执行了半天还是那套东西），不但造成大量无谓的工作，也影响了经营工作的推进。类似的事情是非常常见的，什么成本要科目管理，什么成本要目标管理，什么成本要做限额，等等。提这些意见或建议的人，要么是对成本管理压根不懂，要么是在以往的工作中多少了解一点，但是对企业现状不闻不问。对于新加入公司的人，尤其是管理者，还是需要首先了解企业管理的真实情况，根据企业现状以及自己的经验提出一些建设性的意见或建议，要避免认为自己资历老、阅历多、见识广，就觉得能够凭老经验抓住事物的本质与关键，再加上业务生疏，又不太听意见，看问题就容易具象化，做决定也会比较主观化。

"带领团队夺取胜利"是多数"外来领导"的初心，但有的人为了博上位、搞业绩，不懂装懂，违背组织运作规律和市场实际现状，借内部改革转型之名瞎指挥，瞎胡闹，瞎折腾，闭门造车作决定，伪造业绩假大空，造成人财物的巨大浪费、管理秩序的严重破坏，最终带来公司无效成本的激增。

（二）企业内部自发的非理性竞争更要警惕

对来自企业外部的非理性竞争，只要做好沟通，尤其是上下沟通，在一定程度上还是可以避免或者减少风险的，但企业内部自发的非理性竞争却是需要特别留意、甄别和杜绝的。

企业内部的非理性竞争可以理解为出发点不是改善事物本身，而是通过另立名目、增加包装来获得绩效。萝卜还是那个萝卜，考虑的不是要想把萝卜做得美味，应如何从刀工、配料、火候、摆盘等去提升，而是考虑怎么起个别具匠心的名字，即便名字再花哨，菜不好吃也带不来口碑，带不来回头客。再比如供应链管理，很多房地产企业把招采部门改成供应链管理部门，有的企业也的确做了一些供应链的内容。某企业多年前已经开始做供应链业务，设立专岗，当然实质内容也仅限于与下游供方之间通过合作实现合理税筹的作用，很多业内人士尚且觉得做这点事称之为供应链业务言过其实，但笔者认为，至少人家做了一些实在的供应链业务。反观不少企业所谓的供应链管理，连日常的招投标工作都做不好，更谈不上供应链管理了，只是换个名头，做的是招采的事情，顶的是供应链管理的帽子。

这里不得不提一些所谓的新理念，企图归零成本管理，很多文章在分享，也举了许多业外的成功案例。这些想法从理论上来说的确没有问题，但却忽略了行业特性，忽略了地产行业的客观现实和规律。理论需要与现实不断融合、不断修正才可以实现其价值，不能生搬硬套。

内部产生非理性竞争的实质在于行业管理水平已趋同，实质性提升已经很难，而大家又都面临着绩效压力，原有的管理方式做好是应该的，不出绩效，只能搞点博人眼球的东西，而企业也经常会被这些看上去高大上的理念所蒙蔽。既然这类事情能带来绩效，那么与其老老实实地做业务，不如把心思放在琢磨怎么搞点与众不同的理念上，至于是不是对管理有提升反而不是最重要的。这种非理性竞争，带来的是内部消耗，带来的是无效成本，带来的是崩塌的企业文化，带来的是责任心的丧失。

可以看到，决定最终成本的都不是成本部门自身，这就要求成本管理要立足于经营，不要只考虑把图算准，把价套对。成本管理体系，不是成本管理部门一条线的管理体系，而是公司的成本管理体系，要通过成本管理体系把房地产开发全流程的参与者协同起来，共同对成本进行管理，尤其是要控制好无效成本。

二、无效成本的内涵和管理意义

（一）房地产项目开发成本的构成

一般来讲，房地产项目开发全成本包括开发成本和期间费用。期间费用包括营销费用、管理费用、财务费用；开发成本包括土地成本、建造成本、开发间接费，而建造成本包括开发前期准备费、主体建安工程费、社区管网工程费、环境园林工程费及配套设施费等。具体构成如图1-1所示。

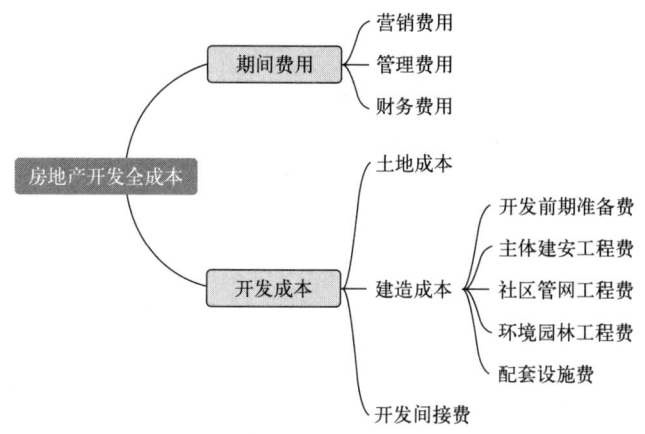

图1-1　房地产开发全成本

根据笔者所参与建设的5个住宅地产项目综合统计分析，开发全成本的组成比例如图1-2所示。

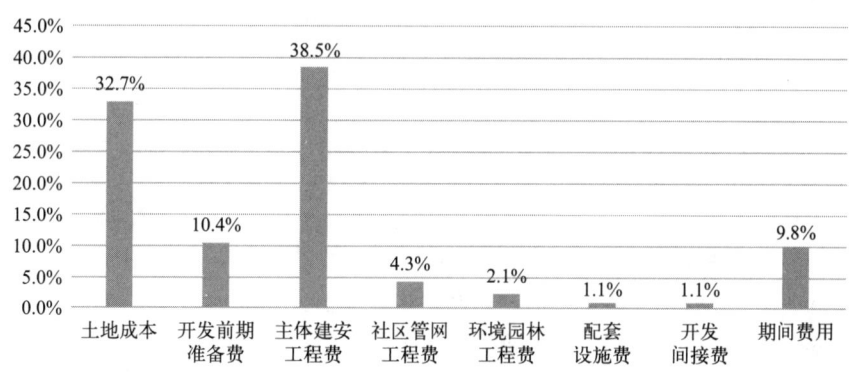

图1-2　开发全成本的组成比例

（二）无效成本的概念和内涵

根据房地产项目开发成本的性质，可以将开发全成本分为有效成本和无效成本。其中无效成本是指在项目实施过程中，对形成产品、提升价值、促进营销没有作用，不能得到客户的认同和补偿的成本，其严重影响投资收益，是一种成本的浪费。无效成本本质上是有效成本的对立面，是项目开发总成本中不合理的组成部分，它可以产生于成本构成的任何一个核算对象或核算阶段之中，包括房地产项目的拿地、规划、方案定位、设计、招标采购、工程建设、销售、财务、税务等各个环节，如图1-3所示。

（三）无效成本管理的意义

无效成本管理是指根据企业的总体目标和项目的具体要求，在项目实施的过程中，对项目无效成本进行的有组织的识别、分析、控制与考核等一系列科学管理活动，以达到强化经营管理、完善成本管理制度、提高成本管理水平、降低项目成本、实现目标利润的目的，从而创造良好经济效益的过程。基于无效成本的零收益特征，它的产生会直接造成项目利润的减少。

	不可抗力	政策	经济环境	政府集会	监管部门
外部环境	因地震、大暴雨、雪灾、飓风、动乱、游行示威等不可抗因素造成的费用增加	政策影响（政府相关规划文件或现场条件原因等）引起的成本增加	国家经济大环境变化影响到房地产、建筑市场而导致的各类成本费用增加	由于政府会议、阅兵、集会等停窝工导致增加费用	城管、监察部门等提出新的环保、卫生等要求，对已完工程进行调整修改的费用
	地方垄断	各类罚款	应付验收	收购遗留	外部纠纷
	因地方垄断、地方势力、合作方推荐等因素导致价格高于正常市场价格而增加的费用	未批先建罚款、规划验收类罚款等各类由开发报建或结转引起的费用或罚款，为配合开发报建所引起的重复设计费用	应付验收（绿化验收、规划验收、节能验收、消防验收、竣备验收等节点）引起的成本增加	收购项目遗留问题引起的成本增加费用（如已完工部分未达甲方品质要求）	外部纠纷引起的成本增加
	营销管理	研发设计	招标采购	工程管理	其他事项	开发税金
内部环境	客户定位不准 销售承诺 示范区管理不当	图纸供应计划滞后 设计管理缺陷 设计质量 设计配合 设计保守	招标策划 招标范围 投标单位选择 合同管理缺陷 预结算管理	施工准备 现场管理 材料管理 施工质量 工程支付	不可抗力 政策指令 地方垄断 公司决策 期货类型	不做税务筹划 税务知识更新不及时 会计核算能力不足 纳税信用等级低 隐含税务风险 财税管理能力弱

图 1-3 内外部环境下无效成本样本

以笔者所在公司以往开发的某项目统计数据来看，无效成本约占总开发成本的 2.31%，以项目预期净利润率为 15% 为例，在营业收入不变的条件下，无效成本降低至 0.5% 就可以使项目净利润率增加 1.7%。以笔者参建的某多、高层住宅小区为例，除地价及期间费用外的开发单方成本为 3056 元/m^2（摊入可售面积），其中约 61 元/m^2 为无效成本，按该小区开发体量 71.67 万平方米计算，无效成本高达 4371.87 万元。

无效成本的节约金额，是最直观的项目利润增加净值。因此控制无效成本是降低房地产开发项目总成本最直接、最有效的方法，应当引起管理者的重视，有必要专门针对无效成本的控制与管理，进行科学系统的分析与论证，提出具体的控制方法与措施，以增加项目收益。同时，将无效成本概念从总成本概念中剥离出来，形成一套行之有效的无效成本管理体系和制度，辅之以数据、报表等，定期展现开发成本的浪费情况。这有助于培养和提高房企内部各部门的成本意识，能够提高管理人员对成本浪费的警惕性，有助于成本管理中"全员成本"理念的形成。

综上，无效成本管理是成本精细化管理的重要组成，它是成本管理的一种逆向思维方法。正是由于无效成本的产生贯穿房地产项目开发的整个流程，所以也可以说有效控制了无效成本，就等同于做到了成本精细化管理。

第二节 房地产无效成本的分类与统计

一、无效成本的分类及控制重点

（一）无效成本的分类及成因

无效成本的产生贯穿于整个项目的建设阶段。基于笔者所参与的项目实践，根据 2 个完工项目及 1 个在建项目的无效成本统计分析，将无效成本按照产生的部门和工作环节分为拿地、规划及方案，设计，招投标，施工，预结算，销售及财税筹划六个方面。常见的无效成本见表1-1。按照无效成本在项目形成过程中的作用及危害，可将无效成本分为显性无效成本和隐性无效成本。显性无效成本，就是指在项目实施过程中产生的对形成产品或提升价值等没有作用，无法获得客户认同和补偿，并且存在潜在危害的成本支出；而隐性无效成本，就是指在项目实施过程中产生的没有具体危害，仅仅降低了产品投入产出比的成本支出。产生无效成本的部门主要为开发部、设计部、招采部、工程部、成本部、营销部和财务部等部门。

表1-1 常见的无效成本

分类			产生原因	无效成本项目	显性/隐性
规划、方案		定位不准确	市场调研不充分及客户定位不准确；需求改变，导致产品定位失误，对已确认或已实施的方案进行颠覆性或重大调整	返工或整改费用	显性
		…	…	…	…
土地成本		政策、收费标准摸排不清	对政策、税费、出让条件等摸排不清导致的土地类成本增加。如政府特殊规定需缴纳的款项摸排不清；配套费的计算基数、计算口径、涵盖范围摸排不清；契税的缴纳基数摸排不清；某些特殊费用，如交易服务费、青苗补偿费等摸排不清；控规摸排不清等	费用增加	显性
		…	…	…	…
工程成本	设计	设计失误	对设计效果把握不准	①拆除和重建；②后期加固与补强；③…④…	显性
			…		…
		设计不经济	设计未经成本优化，或优化不到位，设计指标过于保守	经济技术指标不合理，成本浪费	隐性
	招采	招标策划	招投标流程、入围单位、定价原则、标段划分不合理，计划性不足；不按事先的采购策划进行定标	影响工期与质量，产生超额费用	隐性
		…	…	…	…
	施工	施工准备	使用周期短的高标准临时设施	拆除与重建费用增加	隐性
			…		…
		施工过程	施工安排失误、指令下达不当，变更未经成本优化，较为随意	赔偿与维修费用	显性
			…		…
		合同执行	合作方拒绝完成其承包范围内的工程，由其他合作方完成	应对责任方相应扣款但未扣的费用	显性
			…		…
	预结算	预算失误	预算工程量不准确，计价失误，对价格未进行充分了解掌握，材料、设备价格偏高，取费费率偏大	合同价款失实导致费用增加	显性
			…		…

续表

分类		产生原因	无效成本项目	显性/隐性
工程成本	付款	付款失误	付款审核不细致	工程款超付,结算时无法扣回部分计入无效成本	显性
		…	…	…	…
政府罚款		政策性罚款	被政府或主管部门征收的各项罚款	增加费用	显性
			…		隐性
销售		销售承诺	超出交楼标准的承诺	为承诺付出大量成本	显性
			…	…	…
		销售过程	出街广告物料违反国家相关法律法规或当地政府有关规定引起的工商、城管执法行政处罚	政府罚款	显性
			…	…	…
管理费		手续办理	员工离职未按政策及时办理社保、公积金减员	公司多承担社保、公积金费用	显性
税收成本		费用缴纳	因稽查应对不当,形成滞纳金及罚款(集团批准除外)	费用增加	显性
			…		…
法律风险		诉讼及执行	接到法院开庭通知后,未按时出庭应诉,法院缺席判决而导致承担不利后果的费用增加	费用增加	显性
			…		…

(二)各类别无效成本所占比重

在整个房地产开发过程中,定位及策划、设计阶段是决定房地产开发成本、价值的关键阶段。

德国索默尔(Hans Rolf Sommer)博士研究了工程项目不同阶段对成本的影响程度,结果表明:决策及设计阶段,对成本造价的影响占比为75%~95%。而根据笔者所参与的项目无效成本数据统计,各类别无效成本占比及分析如图1-4、图1-5所示。

值得说明的是,本统计中包含了隐性无效成本的估算金额。虽然隐性无效成本无法准确核算金额,但仍可以根据同类项目和产品的竞标、对标等资料去衡量其成本支出的效率,并换算为可以量化的无效成本金额。但由于测算手段的不足,本统计中隐性无效成本的估算是偏保守的,实际定位及策划、设计阶段的无效成本占比可能更高。这与该阶段对总成本的影响程度是相匹配的。

(三)无效成本的控制重点

从笔者参与管理的多项工程成本管理后评估中可知,在无效成本总额中,有约70%是由其他职能端管理不善造成的。

现有的成本管理体系对此普遍关注度不够,更缺乏有效的管控措施。由上述无效成本占比分析可知,拿地规划及方案策划、设计阶段是无效成本产生的重灾区,尽管该阶段设计等费用的投资比例仅占总投资的2%~3%,但是其每个决策对后续每笔投资的影响都非常大,

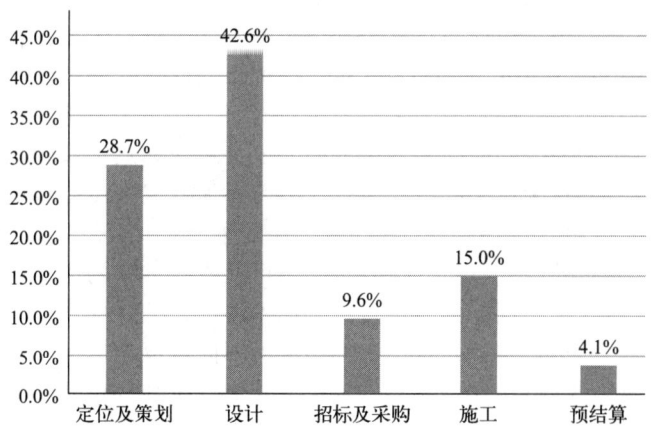

图 1-4　各类别无效成本占比

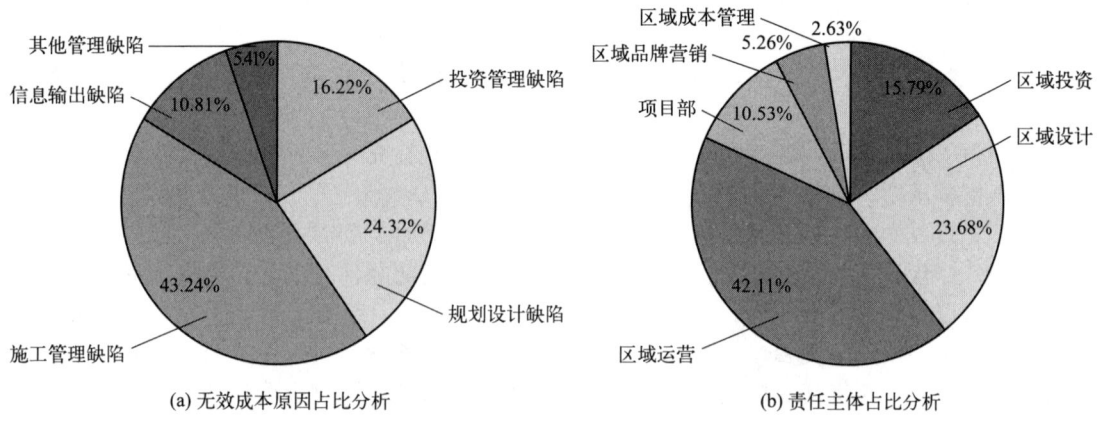

(a) 无效成本原因占比分析　　　　　(b) 责任主体占比分析

图 1-5　各类别无效成本占比分析

对总投资的影响预计可达 70%，所以在该阶段进行无效成本管控才是最重要、最有效的。

二、无效成本的统计分析方法及注意事项

（一）无效成本的统计分析方法

按照统计对象和阶段的不同，可将无效成本的统计分析方法分为三种：单个合同无效成本分析、月度（或季度）无效成本分析、项目无效成本分析。

单个合同的无效成本分析工作，可在每个合同结算完成后进行。工作重点是对单个合同结算额进行细分、甄别、归类，提炼出其中属于无效成本的部分，目的是避免类似合同再发生同样类型的无效成本。

月度（或季度）无效成本分析工作，应于每个月（每季度）定期进行。工作重点是对本月（本季度）完成的结算或产值进行分析，将单个合同的无效成本进行汇总，计算无效成本的比例，分析其产生的原因，并提出改进办法；同时对无效成本的典型案例、频发案例进行梳理和阶段性归纳。

项目无效成本分析，应于项目结束，在项目成本后评估的同时进行，以项目为对象对无效成本进行系统性总结，统计整个项目的开发前期准备费、主体建筑工程费、主体安装工程费等各成本科目中无效成本的比例，对各无效成本产生的原因进行归纳总结，深入分析原因

并形成备忘录，补充于《项目无效成本分类目录》之中。

无效成本的统计和分析，应由成本管理部门牵头，由设计、工程、招采等部门配合，按以上三种分析方法对项目发生的成本进行分析，提炼无效成本数据，建立无效成本数据库和相关表单。同时应做到对发生的每一项无效成本进行计算与判断，对无效成本产生的金额、原因以及整改措施，定期向公司高层和相关部门、人员通报。成本管理部还应在日常工作中督促、提醒，并采取主动行为避免和减少无效成本，对无效成本做到事前控制。同时成本管理部门根据对无效成本产生原因的分析，提出工作改进建议，各责任部门针对相关的无效成本及时进行总结，以避免其重复发生。该分析方法可促进成本结构优化，为新项目的无效成本管理提供依据和考核指标，同时为新项目目标成本的准确编制提供可量化的参考。

无效成本的统计和分析，根据管理层次和精度的不同需要应形成《××合同无效成本分析表》《月度（或季度）无效成本分析表》《项目无效成本统计分析表》《无效成本统计台账》《无效成本分类目录》等表单。

（二）无效成本统计分析的注意事项

基于无效成本统计及分析工作的重要性，建议由成本部门设置专门岗位负责此项工作，同时应注意：

（1）因合作方失误导致的无效成本，若落实了相应责任扣款，可以抵销相应的无效成本；

（2）为了防止遗漏，各项目应每月进行统计，并不断补充完善可能产生无效成本的关注点，便于提早预防；

（3）无效成本的数据来源包括在变更指令、洽商、签证估算或结算时标明的无效成本，相关合同、赔偿、扣款、押金及罚款的台账记录以及留底的邮件、书面扫描件等资料；

（4）可以按代码进行分列，在项目动态成本如签证、设计变更、维修工程发生时由成本管理部门按偏差因素分类归口；按月统计无效成本费用，并编制无效成本趋势图形，高于无效成本正常值时，对责任部门提出预警；及时作出成本纠偏，同时为项目结束后开展的成本后评估提供真实、有效的数据。

第三节　房地产无效成本列项及管理制度

本节以某标杆房企所制订的无效成本列项及管理制度为例，来说明房地产无效成本所包含的内容。

一、目的

房地产无效成本列项及管理制度实施的目的是培养、提高全员成本责任意识，通过无效成本对目标成本进行倒逼，促进成本管控，明确成本管控责任，减少无效成本发生，避免浪费，以最小的经济消耗取得最优经济效益。

二、适用范围

房地产无效成本列项及管理制度适用于集团总部及项目，覆盖各类合同以及非合同性成本的分析，涉及投资、设计、工程、营销、财务、成本各个业务口。

三、术语及定义

（1）全成本费用：即房地产项目开发全成本，包括开发成本和开发期间费用。

（2）有效成本：包括为达到最终设计效果所发生的实体成本，为达成最终设计效果所发生的措施及政府费用，为实现经营目的所发生的并发费用等，按目标费率包干的管理费和营销费以及按实际计取的财务费用。

(3) 无效成本：房地产项目实施过程中产生的对形成产品、提升价值、促进营销没有作用，无法获得客户的认同和补偿的成本，属于浪费的成本。

(4) 无效成本与有效成本的区别：有效成本在短期或长期的收益中可以获得补偿，无效成本无法获得补偿。

(5) 无效成本管理：是指根据企业的总体目标和项目的具体要求，在项目实施的过程中，对项目无效成本进行有组织地识别、分析、控制与考核等一系列科学管理活动，以达到强化经营管理、完善成本管理制度、提高成本管理水平、降低项目成本、实现目标利润，从而创造良好经济效益的过程。

四、职责与分工

(1) 集团成本控制部门（以下简称"成控部"）负责无效成本列项及管理制度的推行、解释、修订，负责监督管理无效成本列项及管理制度的执行。

(2) 集团成控部负责收集、审核集团各项目提报的各类无效成本，对项目发生的成本进行分析，明确无效成本产生的金额、原因，定期向公司领导层和相关部门、人员通报。

(3) 公司各部门针对相关的无效成本及时进行总结，以避免重复发生。

五、无效成本管控流程

（一）无效成本的分析对象

以项目分期（例如：湖湘花苑项目一期）为分析对象。

（二）无效成本分类

按照类、项、产生原因及后果分类，详见表1-1。

（三）无效成本考核

(1) 通过对每单结算（包括合同和签证变更）及非合同性成本进行分析，提炼无效成本数据，建立无效成本档案，参见"无效成本分析表"（表1-2）、"无效成本统计表"（表1-3）、"××项目无效成本统计表"（表1-4）；

(2) 定期（每月或每季度）向公司管理层和各部门通报无效成本动态信息并做出比较；

(3) 根据对无效成本产生原因的分析，提出工作改进建议。

表 1-2 无效成本分析表

项目名称：
施工单位：

结算总造价：¥		其中工程指令造价：¥	
设计变更共计： 份		设计变更率： %	
工程签证共计： 份		工程签证率： %	
结算中无效成本共计：¥ ；占结算造价的比例： %			
结算中有效成本共计：¥ ；占结算造价的比例： %			
序号	无效成本责任部门	无效成本造价合计/万元	产生原因
1	设计部		
2	工程部		
3	营销部		

续表

序号	无效成本责任部门	无效成本造价合计/万元	产生原因
4	成本部		
5	开发部		
6	其他部门（　　）		

说明：

表1-3　无效成本统计表

填写人：　　　审核人：　　　填写时间：

序号	合同（或非合同成本）名称	结算造价/元	其中无效成本/元	无效成本比例/%	无效成本产生原因	改进办法
1						
2						
3						
4						
5						
6						
7						
8						
9						
10						
11						
…						
合计						

表1-4　××项目无效成本统计表

填写人：　　　审核人：　　　填写时间：

序号	成本科目	总成本		其中无效成本		无效成本比例/%	无效成本产生原因汇总
		总价/万元	单方造价/(元/m²)	总价/万元	单方造价/(元/m²)		
1							
2							
3							
4							
5							
6							

续表

序号	成本科目	总成本		其中无效成本		无效成本比例/%	无效成本产生原因汇总
		总价/万元	单方造价/(元/m²)	总价/万元	单方造价/(元/m²)		
7							
8							
9							
10							
11							
12							
…							

（四）无效成本核算原则

集团成控部根据表 1-1 对项目提报的无效成本进行核算。无效成本预估金额为本月已发生属于无效成本的预估金额；无效成本结算金额为对无效成本预估金额的确认。无效成本核算原则如下：

（1）罚款类无效成本以实际缴纳的金额或确认的金额计入。

（2）赔偿类无效成本以双方认可的金额计入，如未洽商一致，以报公司批准的预估金额计入，协商一致且经公司最终审批完成的，以结算金额计入。

（3）变更签证等造成的返工费，若变更签证还未实施的按预估值计入，若施工完成且变更签证金额审批完成后，以结算金额计入。

（4）签订的合同、补充协议属于无效成本的，合同金额或补充协议金额为暂定的以暂定金额计入，完成结算后，以结算金额计入。

（5）因工作失误导致的费用增加属于无效成本的按实际发生金额计入。

（五）无效成本处罚

按无效成本核算金额的 1%～2% 分摊至相应责任人，上报集团总经理审批。

六、无效成本管控的方法及措施

控制无效成本是降低项目成本直接有效的方法，有赖于公司各部门的共同参与。具体的措施包括：

（1）限额设计、适配标准；

（2）设计方案优化；

（3）加强施工图事前审核，做好图纸会审工作，减少设计变更；

（4）确定合理的施工技术方案（降低废品率）；

（5）加强供应商考察，建立供应库；

（6）加大集中采购力度；

（7）严格执行现场签证、设计变更制度；

（8）加强部门间信息沟通。

七、标杆房企无效成本的分类和分项

标杆房企无效成本分类分项如表 1-5 所示。

表 1-5　标杆房企无效成本分类分项表

分类	分项无效成本及产生原因		后果及表现	显性/隐性
规划、方案	定位不准确	市场调研不充分及客户定位不准确；需求改变，导致产品定位失误，对已确认或已实施的方案进行颠覆性或重大调整	返工或整改费用	显性
	总图级规划失误	未从项目整体布局、产品业态组合、平面轮廓、单体建筑高度与体形、土方平衡等方面进行研判和优化；未善用规划指标，使货值最大化	投入产出比较低	隐性
	敏感性分析失误	建筑标准与楼盘定位不符，不能有效把握购房客户对产品的敏感度；成本投入分布未优化	投入产出比较低，无法有效创造价值	隐性
	多余的使用功能及客服需求	配置和增加的产品功能、质量及数量未获得客户认可和使用	额外增加配置的成本	隐性
	多余的材料、设施消耗	多出合理水平的材料及设施消耗	多出合理水平的成本消耗	隐性
	配置过高，过于复杂或奢华的设计	为追求品质，使用过高、过大、过于复杂、过于昂贵的设计	多出合理水平的维修、保养成本及其他成本	隐性
土地成本	政策、收费标准摸排不清	对政策、税费、出让条件等摸排不清导致的土地类成本增加。如政府特殊规定需缴纳的款项摸排不清；配套费的计算基数、计算口径、涵盖范围摸排不清；契税的缴纳基数摸排不清；某些特殊费用，如交易服务费、青苗补偿费等摸排不清；控规摸排不清等	费用增加	显性
	合作条款约定不清	与合作方对部分费用的定义、承担比例等未约定或约定不清，导致土地相关成本上升，或应得利益受损		显性
	土地款支付时间滞后	打款时间在政府规定的最晚打款时间前，其他任何情况导致的滞纳金皆属无效成本，如与合作方未约定或约定不清导致多承担的土地滞纳金等		显性
	其他工作失误	其他由于失误导致的土地类成本增加的情形		隐性
工程成本（设计）	设计失误	对设计效果把握不准	①拆除和重建；②后期加固与补强；③资金浪费；④已购买材料的浪费；⑤赶工、窝工、停工费	显性
		提交设计原始资料错误		显性
		设计与验收标准不符		显性
		设计提交图纸不及时		显性
		设计变更下达不及时		显性
		材料、施工工艺选择不当		显性
		各专业设计图矛盾		显性
		多工序设计图矛盾		显性
		装饰设计未结合建筑现状		显性
		设计未考虑正常、合理的使用功能		显性
		设计深度不够，不能有效指导现场施工		显性
	设计不经济	设计未经成本优化，或优化不到位，设计指标过于保守	经济技术指标不合理，成本浪费	隐性

续表

分类		分项无效成本及产生原因		后果及表现	显性/隐性
工程成本（招采）	招标策划	对招投标流程、入围单位、定价原则、标段划分不合理，计划性不足；不按事先的采购策划进行定标		影响工期与质量，产生超额费用	隐性
	资源选择	施工单位/供应商考察失误，投标竞争不充分，未有能力承接，诚信问题，私自转包		未知变化，总价增加	隐性
	招标范围不确定	招标范围不准确，界面不清，造成交叉、重复作业		导致补偿费或赶工费	显性
	招标/合同文件编制	合同条款有误，经济标、合同清单、合同附件编制出现失误		多承担费用	显性
	评定标	评标分析失误		中标价格偏高	隐性
	直接委托	出于利益或其他考虑，直接委托承包，后期又随意拆分合同		价格偏高、补偿费用	隐性
	采购材料失误	采购材料、设备或部品货不对板，导致质量问题或投诉；供货影响工期		返工或调改，延误工期	显性
工程成本（施工）	施工准备	使用周期短的高标准临时设施		拆除与重建费用增加	隐性
		施工准备不足		延误工期，增加成本	显性
		施工节点计划不合理		延误工期，增加成本	显性
	施工过程	施工安排失误、指令下达不当，变更未经成本优化，较为随意		产生赔偿与维修费用	显性
		工程质量管理不善，或疏于管理，技术措施不到位		考虑不周，费用大增；产生维修、补偿费用	显性
		非关键线路抢工		费效比不高	隐性
		因疏于现场管理，导致无法分摊的水电费用，无责任单位赔偿的偷盗损失，无责任单位扣款的质量缺陷整改费用		成本额外支出	显性
		多出合理水平的材料及设施消耗		成本额外支出	显性
		超索赔时效的签证或积压签证		结算时统一爆发，因无法核实而导致额外支出	显性
		甲供材管理不到位，统计、出入库、核销资料不完善		甲供材核算错误，多支出成本	显性
	合同执行	合作方拒绝完成其承包范围内的工程，由其他合作方完成的		产生应对责任方相应扣款但未扣的费用	显性
		施工界面重复		重复计取费用	显性
		施工与交付标准不一致		返工、整改	显性
	工程资料	工程资料不完善，竣工结算资料审核不到位，引起结算时造价增加		虚增成本	显性
	维修	维修工作程序不到位，维修时未及时通知责任单位		维修费用无法落实	显性
	回收利用	未重复利用可再利用的材料、设施、临建等		成本浪费	显性

续表

分类		分项无效成本及产生原因	后果及表现	显性/隐性
工程成本（预结算）	预算失误	预算工程量不准确，计价失误，对价格未进行充分了解掌握，材料、设备价格偏高，取费费率偏大	合同价款失实导致费用增加	显性
	结算失误	结算审核不细致，结算价不符	结算款超付无法扣回部分计入无效成本	显性
工程成本（付款）	付款失误	付款审核不细致	工程款超付，结算时无法扣回部分计入无效成本	显性
	提前付款	工程款提前支付产生额外利息	超付增加利息	显性
政府罚款	政策性罚款	被政府或主管部门征收的各项罚款	增加费用	显性
		因抢提前开盘（实际开盘节点早于计划开盘节点）而缴纳的罚款，若未达到提前开盘目标的，此部分罚款计入无效成本		显性
销售	销售承诺	超出交楼标准的承诺	为承诺付出大量成本	显性
		展示资料有误，货不对板	业主投诉引发赔偿	显性
	销售过程	出街广告物料违反国家相关法律法规或当地政府有关规定引起的工商、城管执法行政处罚	政府罚款	显性
		改变房屋用途	重复建设	显性
		信息沟通不畅	信息失真，工作失误	显性
管理费	手续办理	员工离职未按政策及时办理社保、公积金减员	公司多承担社保、公积金费用	显性
税收成本	费用缴纳	因稽查应对不当，形成滞纳金及罚款（集团批准除外）	费用增加	显性
		因未及时税务登记和未纳税申报产生税收罚款和滞纳金		显性
		因取得的成本费用票据不符合税收法律法规相关的规定，导致增加税收成本的情况		显性
		进项税发票未及时取得，导致增值税形成大额留抵税额（集团批准除外）		显性
		企业所得税前期预缴过多，后期形成亏损，导致无法弥补（集团批准除外）		显性
		不当的税务筹划或已承诺的税筹方案未落地完成引起税收成本增加的情况		显性
法律风险	诉讼及执行	接到法院开庭通知后，未按时出庭应诉，法院作出缺席判决而导致承担不利后果	费用增加	显性
		公司起诉流程审批通过后，法务未在法定诉讼时效内提起诉讼，导致诉讼时效超过，胜诉权灭失		显性
		生效法律文书超过申请执行期间，被执行人提出异议导致人民法院经审查裁定不予执行		显性

第二章

标杆房企拿地、规划及方案阶段无效成本案例分析及控制要点

第一节 标杆房企拿地阶段无效成本案例分析

拿地阶段是地产开发中极其重要的环节，有效成本和无效成本的比对分析直接决定了开发商的拿地决策。拿地阶段的相关风险比较隐蔽，且时间紧、任务重，相关风险排查比较困难。拿地阶段的无效成本风险主要有：

（1）核心指标控制不严格，方案强排粗放，成本测算不准确。比如容积率、建筑高度、建筑密度、绿化率、车库面积指标较为粗放。

（2）政策、规范解读不清晰。比如当地车位配比、配套要求、装配式建筑政策要求、建筑退界、面积测算、代征代建条件等未了解清楚。

（3）场地条件调研不足。场地条件会对项目产生重大影响，尤其是不良地质条件（泥石流、滑坡、地震断裂带等）会使成本结构产生重大变化，影响拿地决策。

笔者将分析此阶段各种导致无效成本的案例，希望给读者带来启示。

> **案例一** 前期拿地调研不严谨，项目周边场地分布大量的公墓和陵园，导致项目去化困难，实际支出远超预计

土地是面粉，工程是把面粉变成面包的过程。面粉买对了，面包做起来才顺手；面粉买错了，做面包的可能费力不讨好。面粉买得不对，首要原因为投资阶段对土地调研不足。

前期踏勘及场地地质条件的调研是否充分，影响到工程工期或工程造价。一旦拿到地质条件不良（如沉降、裂缝），或涉及不可迁移的市政设施（如地下光缆、军事设施等）的地块，既加大了工程施工难度，还可能产生巨额费用。比如某项目，在拿地之前就没有关注项目所在地周边为煤矿采空区，打桩的时候碰到地下空洞，单单回填处理就花费了近亿元。另一个项目，在选址之前没有了解清楚所在城市的地质构造情况，不知道项目所在地块横跨地质断裂带，拿地之后才重新做地质灾害评估，增加千万元的地基处理费用。投前不顾一切地拿地，投后只能绞尽脑汁填坑。投资阶段对土地研判不足，到了工程阶段不得不承担施工费用、材料费用等经济损失，还拉慢了进度，挤压了后续工程工期，甚至可能导致关键节点滞后。

某集团湖北公司 2016 年在黄冈拿地开发某项目，虽然调研时知道地块在陵园附近（该地块只是政府此处收储的 4000 多亩地中的一块），但周边山水环绕，风景秀丽，且地块单价

确实诱人，不到 60 万元/亩（开发业态是独栋别墅、叠拼别墅等）。事前预料到要迁出部分周围的墓地，但实际进场时，遭到当地人的各种阻挠，即使拿出政府文件也无济于事。政府多次出面协调，拖延近两年半的时间，才勉强达成协议，迁出费用比预计（500 万元）整整多出了 1000 万元。后续销售时，当地人知道这个项目所处周边环境之后，很少光顾项目，销售也使用了各种手段，但收效甚微。后来，只能委托外部销售代理针对周边大城市投资客拓客，并且价格低于其他同类项目，才使销量略有起色。销代的费用比之前预计的费用（500 万元）也多出了近 1000 万元。迁出费和销代费这两项多出了近 2000 万元，远远超出预估，与其说是土地便宜了，不如说是实际多出这部分钱是对地价便宜的"弥补"。

> **案例二** 投资拿地阶段约定物业及配套用房与其他配套（幼儿园、学校、医院、肉菜市场）等公配预估不足。在实际方案规划设计阶段，按实配置后直接导致货值减少、可售比下降、可售成本增加

仍是案例一同一项目，拿地阶段仅考虑了政府约定的协议中必要的物业用房及配套用房，其他配套中仅考虑幼儿园和学校。但在实际报规划方案时，又被要求增加所配置医院和菜市场的面积（虽在整体容积率上略提高，叠拼可改成多层洋房）。若按实配置，将导致可售成本增加（200 万元），超过容积率提高带来的货值（180 万元）。最后，经多次沟通，仅同意菜市场（菜市场为钢结构）面积的增加，医院面积不变。

> **案例三** 土地滞纳金：打款时间在政府规定的最晚打款时间前，其他任何情况导致的滞纳金皆属无效成本，如与合作方未约定或约定不清导致开发商多承担的土地滞纳金等

2017 年底，某旅游发展有限公司竞得某市两宗国有建设用地使用权。根据合同约定，该公司在 2018 年 2 月 14 日前交完首付土地出让金 43650 万元（包含转为出让价款的竞买保证金）后，须在 2018 年 7 月 16 日前缴清全部土地出让价款。但该公司未按照合同约定如期缴纳土地出让金，形成滞纳。2018 年 4 月，市国土资源局委托局法律顾问向购地企业及其母公司某集团发出了催缴出让金的律师函，同时，要求地块所在辖区国土分局也实时开展土地动态巡查，宣讲《中华人民共和国土地管理法》等法律法规，并发出《责令停止土地违法行为通知书》。通过催缴，该公司最终全部缴清土地出让金 15.13 亿元，同时足额缴纳滞纳金 1.15 亿元，履行受让人义务并承担了违约责任。

> **案例四** 土地合作协议条款约定不清：与合作方对部分费用的定义、承担比例等未约定或约定不清，导致开发商土地相关成本上升，或应得利益受损

2016 年，某公司与某开发公司签订《房地产项目合作开发协议》，约定：双方合作开发房地产；开发公司以自己的名义参加某宗商住建设用地的挂牌出让；开发公司具备房地产开发所需的资质条件，联合开发项目的土地出让、建设审批、房屋销售等手续均以开发公司名

义办理；双方共同为该合作项目提供资金。当地人民政府颁发了《国有土地使用证》，证书记载的使用权人为开发公司。后双方在履行合同中发生争议，某公司向当地中院起诉，请求：解除《房地产项目合作开发协议》；开发公司向某公司支付应分得资产的对价款4288万元。开发公司提起反诉，请求：解除《房地产项目合作开发协议》；确认某公司无权分配利润；确认该地块是开发公司独自投资取得的，不属于联营共同财产。当地中院认定：该地块使用权证记载的国有土地使用权人虽然是开发公司，但实为双方共同投资合作开发期间所取得的共同财产，并非开发公司单独所有的财产，双方均有权利要求分割合作期间所取得的全部财产。判决：解除《房地产项目合作开发协议》；开发公司支付某公司应分得财产的对价款4241万元。

开发公司、某公司均不服，上诉至省高院。省高院认定实物资产不能实际分割，且在开发公司实际占有控制实物资产的情况下，某公司主张应分得资产对价款是正当的。省高院改判开发公司支付某公司应分得财产的对价款3971万元，维持其他判项。开发公司仍不服，向最高法院申请再审，主张开发公司是开发地块的唯一使用权人。最高法院未支持其主张。

第二节　标杆房企规划、方案阶段无效成本案例分析

项目拿到之后，概念方案设计中同样会遇到决策性风险，比如产品定位不清晰导致的后续去化困难，比如前期规划条件解读不准确导致的返工，比如产品配置标准不合理导致的各种问题，等等。

方案设计阶段主要无效成本发生在：
（1）产品定位不合理、不清晰、不准确，导致定位后期修改；
（2）产品配置不严谨、不适配、不精准；
（3）项目运营思路不明确，总图布置、产品排布不符合运营要求；
（4）规范理解不到位，图纸质量差；
（5）核心指标控制不严谨，成本超标，核心指标指面积、容积率、单车位面积、可售面积、立面率、窗地比、体形系数、土方平衡、车库层高等。

本阶段的无效成本大致情况如图2-1所示，笔者将分析此阶段各种导致无效成本的案例，希望给读者带来启示。

图2-1　规划、方案阶段无效成本示意图

案例一 定位不准确：对市场调研不充分及客户定位不准确。需求改变，导致产品定位失误，对已确认或已实施的方案进行颠覆性或重大调整

市场调研本是规定动作，任何一个项目都必须要做。但是，又有多少企业能真正花心思在一个竞品项目上去做复盘，去了解这个项目的前世今生，去总结其成败得失？又有多少同行能把冷冰冰的数字，甚至是未经求证的数字，完善成用户的需求？一个陌生的市场，难道是各个售楼部随便逛一圈儿就能完全读懂的？行业内的市调报告何其多，但是令人眼前一亮、有干货的真不多。

2016年某中部县城的一个项目，是当地首个品牌房企项目。得益于市场进入的红利，一期开盘非常火爆，千套房源开盘售罄。根据前期关系户的意向、客户落位的热力图分析以及开盘微信选房现场的动态监控，很明显最热的户型是135m^2左右的舒适三房，其次是115m^2左右的经济三房，最后去化的是165m^2多层洋房的四房户型。这非常符合当时当地的逻辑，因为这个项目几乎覆盖了当地市场的改善型客群，而当时的成交均价不足4500元/m^2。开发企业想当然地在二期产品的规划中延续了一期的产品配比。二期开盘时间定在半年后的当年春节前，销售均价上涨了至少500元/m^2，结果，最抢手的户型变成了115m^2，其次是135m^2，而165m^2成了滞销的户型。为什么？主力客群由改善变成了刚需，在收入没有明显涨幅的情况下，相当于购买力在下降，总价抗性凸显，这是必然的结果。这就是所谓的静态陷阱。做定位不能只看当前的市场，要学会根据市场的动态变化预判未来的需求，才能不致于被市场抛弃。

这直接导致了三期已经定型的方案被迫再次调整修改。而从2018年11月桩基进场施工，由于方案调整，数量及位置变化，至2020年5月桩基施工完毕，先后两次对管桩进行了调价。施工期间，管桩市场价格上涨30%～40%，导致桩基成本提高290万元，对桩基成本影响也很大。

案例二 总图级规划失误：未从项目整体布局、产品业态组合、平面轮廓、单体建筑高度与体形等方面进行研判和优化

总图级规划失误最典型的无疑是深圳某府"水土不服"，遭遇滑铁卢的例子。某府以其业内最高的产品品质自称，并在全国颇具知名度，但是在深圳，龙华某府的销售一直平平淡淡，与其产品定位及预期相去甚远。龙华某府为2016年6月土地拍卖的龙华"地王"，楼面地价5.6万元/平方米，是深圳首个商品房现售的试点项目，项目所处区位图如图2-2所示。

某府占地面积约3.56万平方米，总建面约19.9万平方米，容积率4.22；计容建筑面积约15万平方米，包括住宅12.9万平方米、商业7959m^2、幼儿园5200m^2、公共配套3520m^2。某府住宅总套数665户，停车位1173个，车位比1∶1.83（未含商业和公寓）。作为某府首入深圳的高端产品，地王出身＋名门打造，某府一度被寄予厚望，是4年来关注度最高的深圳网红盘之一。但其入市一年以来的市场表现，相对深圳其他高端楼盘的火热，显得有点惨，遭遇了不小的销售难题。而之所以如此，与某府在项目规划和设计之初就犯的几个失误有直接关系。

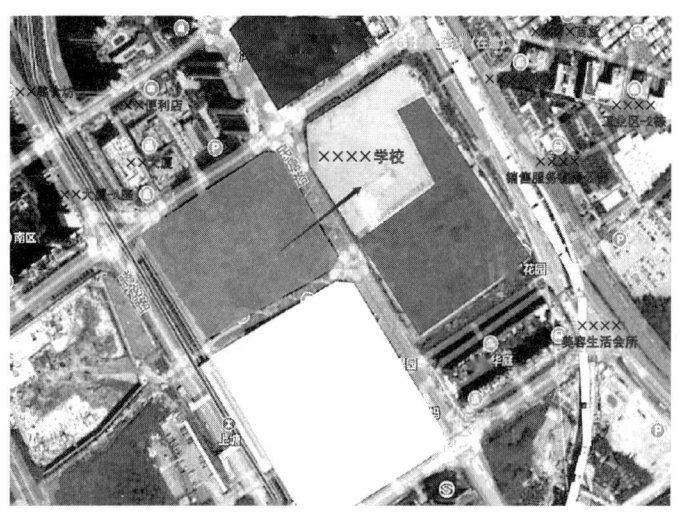

图 2-2　某府项目所处区位图

（一）某府误读深圳人的住房朝向喜好

中国位于北半球，由于冬季寒冷，需要更多的阳光照进室内，因此全国各地城镇的居民普遍喜欢南向房。虽然如今已有冷暖空调，但阳光中的紫外线照射对人体有益，也有利于室内杀菌，南向房依旧受到市场青睐。深圳也是如此。正南向的住房"冬暖夏凉"：正南向的房子，即便在夏天，不仅卧室，甚至朝南的阳台上也没有阳光；而冬季，所有的朝南房阳光普照。正南向房夏天不热，冬天暖和，是深圳住宅的最好朝向。但需注意的是，深圳的"南向房"，是指主卧室朝向南方，并不指客厅的朝向，客厅可以朝向景观最好的任何方向。而某府在总体设计时，并没有仔细研究这一点，也没有深入了解深圳人的居住喜好，想当然地自由发挥，结果就是市场不买单。

（二）向心围合布局被购房者诟病

2006年，外来开发商某集团有限公司下属的××地产开发的××项目，是深圳第一例向心围合式的项目。其南侧的部分楼栋向心围合，主卧室面向小区中心景观，而不面向南方，因而销售不畅，项目在开盘不到半年的2007年3月转手其他公司。与本项目同片区，也是2006年开盘的深圳本地开发商××集团开发的另一房地产项目，尽管北向有大好山景，但所有单位的主卧朝南向，从而热销。

时隔多年，深圳第二例向心围合式的小区出现，就是某府。某府的建筑布局如图2-3所示，从形式上似乎和深圳的大多数楼盘一样，采用围合式布局，但是其所有户型，都向着中心花园，形成了户型南向者有之，西向者有之，北向者有之，各种朝向的户型杂乱分布，明显与现今深圳受欢迎的南向围合式项目布局不一样。想购买龙华某府的深圳客户，许多已不是首次置业，根据在深圳的居住体验，以及买房看房的经验，对成熟的围合式小区、对深圳的成熟户型早已熟悉。某府与深圳人的居住习惯不一样，因此得不到购房者的认可，销售遭遇困难也就不足为奇。

（三）户型朝向缺乏市场调查，闭门造车，未考虑对视和西晒影响

某府的所有户型都向着中心花园，本意是便于观看园林景观，但对于高密度的超高层建筑，高层住户只有站在阳台上才能俯视中心花园，更多时间是楼体间的互相对视。那么，将户型设计为朝向中心花园，就显得并不那么重要，不应该作为设计的第一考量。

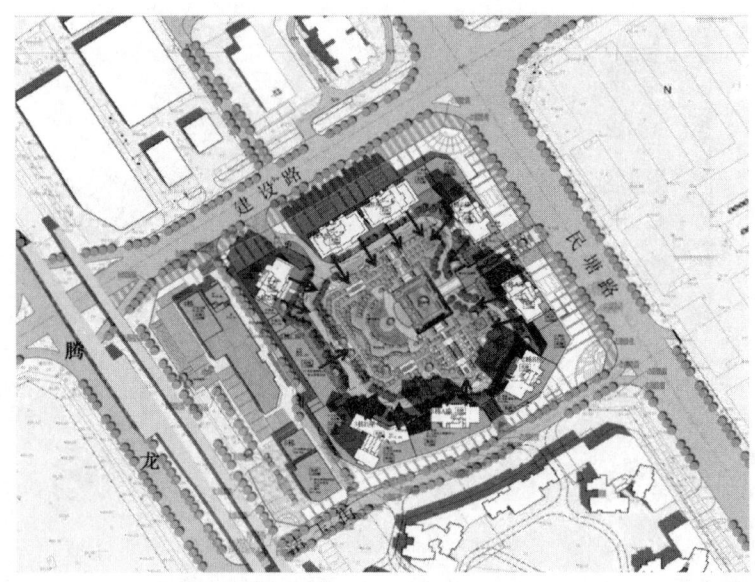

图 2-3　某府项目向心围合住区规划鸟瞰图

龙华某府的总图设计（图 2-4），似乎是没有做过深圳住宅项目的外地建筑师想当然地闭门造房的结果。

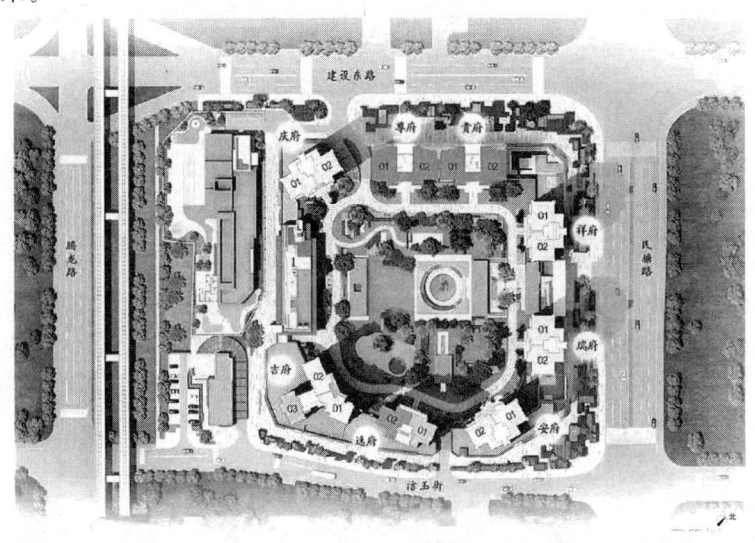

图 2-4　某府项目规划总平面图

显然，某府没有调查到深圳人对住房选择的喜好和居住习惯。自以为深圳地处南方，冬季温和，可以像四季如春的昆明一样不顾户型朝向，如图 2-5 所示，甚至可以不顾西晒影响。从龙华某府的总平面图中，我们可以看到：为了避开与项目南侧相距 35m 的华海某城的对视，项目南端的吉府、逸府均为北向房，冬季将晒不到阳光。瑞府、祥府为向心而面向西南，从而造成严重的西晒，如图 2-6 所示，势必形成销售压力。

在空间设计时，还要规避不利的环境影响。在某府总平图上可见，社区整体为西向开口的 "C" 形围合布局，而大门向东，寓意紫气东来。某府项目西南侧为开阔绿地，视觉上正对地铁 4 号线高架线路，如图 2-7 所示。

图 2-5 某府项目楼栋向心围阻挡阳光

图 2-6 某府项目个别楼栋西晒严重

图 2-7 某府各栋楼所见西侧的地铁高架桥

案例三 总图级规划失误：未善用规划指标，使货值最大化

楼盘定位不是越高越好。跟一些开发商前期接触，发现他们喜欢谈曾经在那些一、二线城市的爆款项目，自己要借鉴过来做当地最高端的项目；谈企业创业的艰辛，要怎么回馈乡里，做最良心、最品质的项目；谈企业要找最好的设计院、委托某某品牌提供最好的物业，等等；谈市场上各个竞品的不足，自己的产品要完全碾压。这就是所谓的情怀陷阱。情怀陷阱使商业项目变成了他们的情怀秀，完全不去善用规划指标，使货值最大化。

2013年河北某县级市，开发商老总考察了一番南方各派小院、别墅，情怀泛滥，全然未从项目整体布局、产品业态组合、平面轮廓、单体建筑高度与体形出发考虑，拍板决定规划200亩全部做成徽派小院，引入温泉入户。然而，项目一期小院投入市场后，由于价格根本就不是当地消费水平可以承受的，无奈之下采用销代拓客到周边大城市，效果依然不明显，坚持了不到两年，只能放弃，被迫引入战略合作方，新的战略合作方对方案大调整，拆除一期已经做好的20栋小院（2400万元），按新的方案做成更适合当地的联排别墅和叠拼。

案例四 总图级规划失误：未对土方平衡等方面进行研判和优化

某开发商长沙某项目一期土方工程优化案例如下。

（一）投拓阶段的土方踏勘

投资决策阶段，进行土石方踏勘的目的是：相对准确地预估土石方成本、施工难度及施工工期，提前做好风险提示，为投资决策提供参考依据。

1. 土方踏勘关注点

投资决策阶段需要对土方工程进行以下四个方面的调研：施工难度、地质地貌、市场调研、土方平衡，如图2-8所示。

施工难度
石方爆破、施工道路、雨季施工难度是影响开盘和现金流回正的关键因素，如果存在上述情况，踏勘小组需要做出专项说明

市场调研
1. 周边土方富余还是稀缺；
2. 区域土方垄断化还是市场化；
3. 土源及弃土点远近；
4. 周边项目土方单价水平

地质地貌
不同地质地貌（土方、石方、淤泥）单价差异巨大，需要在踏勘表中进行注明

土方平衡
1. 根据强排方案，了解地库形式；
2. 预估开挖深度，项目内部平衡

图2-8 某项目土方踏勘关注点

（1）施工难度：调研石方爆破、周边道路、雨季施工等因素，对总体施工难度要有预判。

在现在住宅建设依然讲究高周转的情况下，除拆迁情况外，土石方工程的施工难度及工期是影响开盘与现金流回正时间的一大重要因素。

案例呈现：某些地块存在山体石方，需要爆破，一旦需要爆破，则需要到公安机关办理相关手续。而且如果加上周边道路不便，地块周边有非拆迁的居民会被爆破所影响，那么此时土石方施工难度将会变大，施工工期将会拉长。某项目土方作业现场如图 2-9 所示。

图 2-9　某项目土方作业现场

以上此种情况，土石方工程将会大大影响项目预售时间，使得项目现金流回正的时间变长，从而导致财务成本增加。此时，踏勘小组应针对此项工程做出风险提示。

（2）地质地貌：调研土方、淤泥、石方或者土质类型。

不同的地质地貌，对土石方的成本影响较大。如果是石方，有可能会增加石方爆破的成本，如果是淤泥，则外运单价较高或者需要进行换填。所以，踏勘表中应清晰体现地块现场的地质地貌。

（3）市场调研：调研周边土方富余还是稀缺，区域土方垄断化还是市场化，土源及弃土点距离，周边项目土方单价水平。

此项市场调研，目的是要能相对准确地预估土方综合单价。

周边土方是富裕还是稀缺：如果周边土方的富余与稀缺与地块项目情况刚好相反，则对土方成本大大有利，如果情况刚好相同，则相应会增加成本。

区域土方是垄断化还是市场化：市场化，定单位采用招标；垄断，定单位采用直接委托。摸排这个情况，可以有助于快速开盘。如果公司对拿下这个地块有 100% 的信心，那么在地块摘牌之前，可以提前将土方合同直接委托确定好或完成招标工作。为避免签订无效合同，未完流程通常只剩下发放中标通知书，或者合同盖章，这样基本可以做到摘牌即开工。

土源及弃土点距离：通过当地政府关系，可以大致摸排周边弃土场的分布情况，有利于初步判断土方单价的区间范围。

周边项目土方单价：通过了解周边项目土方单价以及土源及弃土点的距离，基本可以在较小范围内锁定土方单价，从而相对准确地预估土石方成本。

（4）土方平衡：大致预估挖填方量以及是否能尽量达到地块内平衡。

根据以上调研数据，然后结合强排方案与地库形式及开挖深度，可初步估算土方平衡情况，从而达到相对准确预估该项目的土石方成本的目的。

2. 土方踏勘清单

为了能够让投资拓展小组人员快速而准确地对土石方工程完成踏勘，应针对此项工程制作专门的"土方踏勘清单"，投资拓展小组人员只需要根据踏勘清单——完成相关要素的调研即可，避免了因人为因素缺漏相关调研因素。某标杆企业的土方踏勘清单样表如图2-10所示。

		××区域××项目(×期)前期土、石方工程踏勘要点统计表	
1.4 项目地块基本情况	地表情况	□杂草 □树林 □猪圈 □坟 □民房 □鱼塘 □高压线塔 □河道 □海 其他：清场情况	
		备注	
	需要清表	□否 □是	
		备注	
	地块地貌	□山地 □平地 □丘陵地 □坡地 □谷地 其他：	
		备注	
	是否围蔽	□否 □是	
		备注	
	内外高差	山顶高出周边(规划)道路约_____米，山坳低_____米，平均高/低约_____米	
		备注	
	地块内高差	□平缓 □陡峭；高差约_____米；	
		备注	
	水位影响	□无 □有；	
		备注	
	地下管线	□无 □有；	
		备注	
	红线位置与山坡关系	□山底 □山腰 □山顶；	
		备注	
	山体护坡	□无 □有：共_____处；	
		备注	
	地块历史情况		
2.土石方施工			
2.1 土方	土质	□砂土 □普通土(壤土) □黏土 □软土(淤泥) 其他：	
		备注	
	当地土资源价值	□稀缺 □普通 □富余；	
		备注	
2.2 石方	石方信息	地块内是否外露岩面：□否 □是；地块周边是否外露岩面：□否 □是；石质：□中风化石 □微风化石 □花岗岩	
		备注	
	石方分布	□未知 □可预估 □基本已知	
		备注	
	需要裂土器(鹰嘴)等大型机械辅助开挖	□需要 □不确定 □不需要；	
		备注	
	需要爆破	□需要 □不确定 □不需要；	
		备注	
	爆破作业环境	爆破影响：□小 □普通 □大； □邻近小学 ☑邻近民居 □邻近高压线塔 □邻近市政道路 其他：	
		备注	
2.3 淤泥	是否有淤泥	□否 □是：可否预估深度：□否 □可，约_____米；	
		备注	
	清淤难度	□易 □普通 □难；	
		备注	
2.4 施工条件	是否平衡	□基本平衡 □外运 □外购；	
		备注	
	运输道路概况	内运道路情况：□易 □普通 □难；	
		备注	
		外运道路情况：□易 □普通 □难；	
		备注	
	是否垄断	□否 □土方垄断 □爆破垄断 □不确定；	
		备注	

3.地下室			
地下室情况	规划地下室	□无 □有；	
		备注：	
	地下室回填土	有无就近弃土作为预留回填土条件：□无 □有；	
		备注：	
4.雨季			
雨季影响	主要雨季时间(月份)		
	预计施工时间	预计在_____月至_____月；	
	雨水影响	□小 □普通 □大；	
		备注：	
	地块内的排水难度	□容易 □普通 □比较困难 □十分困难；	
		备注：	
5.当地土、石方参考价格			
土方	场内中转(1km内)	挖运单价_____元/m³	
	基坑开挖(1km内)	挖运单价_____元/m³	
	外运(____km)	挖运单价_____元/m³	
	外购(____km)	挖运单价_____元/m³	
石方	炸药爆破	石方爆破单价_____元/m³	
备注：			
6.其他			
其他情况说明			

图 2-10 土方踏勘清单样表示意图（节选）

（二）土石方成本的前期策划

前期策划的目的是：着重于通过前期资源整合或者结合规划方案，来降低整个项目的土石方成本。

1. 调研同期内土石方富余或稀缺情况相反的项目

对同期内土方富余或稀缺情况相反的项目进行调研，如图 2-11 所示。

图 2-11 土方富余或稀缺情况相反的项目

此种情况，虽然可能性不大，但是在项目开始前期最好对周边 3~5 千米范围内的正在施工的项目进行初步摸排。一旦出现富余/稀缺情况相反，且预计在同期施工的项目，则可与对方达成合作，在招标或者直接委托时规定项目土方来源或弃土点，会大大减少土方成本。

2. 土方富余，可用于建造景观微地形，减少土方外运方量

如果场内土方富余，则在做总图确定标高的时候，可以考虑用于建造景观微地形，一来可以大量减少土方外运成本，二来，景观层次感增加，可以增加客户的体验感。长沙某湖开发的某项目，售楼部直接建在山坡上面，使得视野极佳，如图 2-12 所示。

图 2-12 景观微地形示意图

长沙龙湖湘风原著：该项目毗邻谷山体育公园，项目内部土方富余，
一期售楼部及样板房建在一个独立的山坡上，视野极佳

3. 地库抬高或者采用节地模式，大大节约土方成本

节地模式是人们在节约集约利用土地实践中所采取的一系列先进技术、规划理念、管理手段和政策措施在时空上的优化组合形式，其不局限于资本要素和土地要素，而是多因素共同作用产生的集合体。我国主要有以下三种节地模式：平面节地型，立体开发节地型，时间节地型。

对于需要大量外运土方的项目，如果能够抬高地库或者采用节地模式，则可大大减少土方开挖成本，如图 2-13 所示。但是使用此种方案的前提条件是：规划允许或者政府允许，地库抬高部分不计容，否则导致损失货值，则得不偿失。长沙龙湖湘风原著与长沙湘江世纪城均采用了这种节地模式。

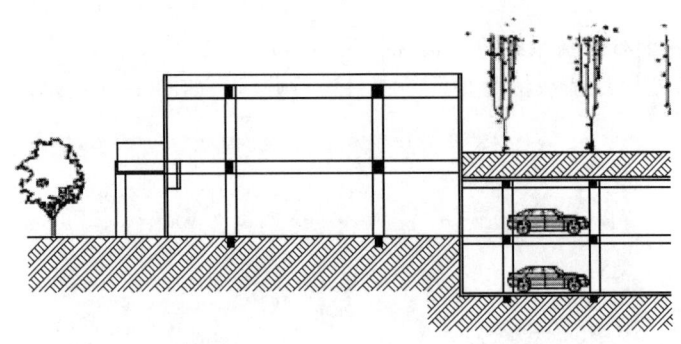

图 2-13 节地模式示意图

但是上述情况有相应的适用范围：

适用情况一：防洪区域（沿江沿河）；

适用情况二：规划管理技术规定中，抬高一定程度不计容；

适用情况三：与政府沟通较好，可在满足规划管理技术规定（三四五线城市）的前提下充分利用规则。

警惕因素：应注意限高的±0 从哪里开始计算。

4. 采用坡地建筑

利用原地貌中的山体地形，塑造坡地别墅，如图 2-14 所示。此种情况特别适用于高端旅游地产项目，或者依托山体公园的别墅洋房项目。这样不仅仅可以节约土方，而且可以大大增加别墅及洋房的视野通透度，可以给项目带来高溢价的效果。

图 2-14 山体坡地利用示意图

> **案例五** 敏感性分析不足：建筑标准与楼盘定位不符，不能有效把握购房客户对产品的敏感度，成本投入分布未优化

1. 案例简介

从 2018 年开始，地产结束高周转、低品质的时代，转而进入高品质、低速发展时代，消费升级、政府政策趋导等各种因素叠加在一起，让低品质的住房与业主理想之间的矛盾变得更加激化，群诉事件成为了这两年房地产市场最为典型的矛盾聚焦点。在多重的压力之下，在保品质和保利润的矛盾之中，开发商的生存境况越来越难。地产产品线，显然是这场降本增效运动中的主角。

敏感性要素的成本投放需要被强化。比如，景观工程是客户对项目品质的高敏感区域之一，也是产品实现卖价很重要的体现。景观成本也是成本较为敏感的分项工程，占工程成本的 2%～4%。（以景观成本 400～650 元/m²，建筑建安成本 3000～3500 元/m²，地下占比 25%，地上容积率 2～3，建筑密度 25% 测算。）

表 2-1 为某开发商的景观产品线适配标准。

表 2-1 某开发商的景观产品线适配标准

产品线		A 版	B 版	C 版	D 版
软景	软景面积占比	70%			软硬景综合
	成本指标/(元/m²)	600	400	350	
硬景	硬景面积占比	30%			
	成本指标/(元/m²)	600	415	350	
软硬景综合成本指标/(元/m²)		600	415	350	300
折合到总建面成本/(元/m²)		233	161	136	117
备注		考虑容积率1.8,建筑密度30%			

项目景观从低配版 D 版到高配版 A 版，各产品线的景观成本增幅为 17%（C 版比 D 版）、38%（B 版比 D 版）、100%（A 版比 D 版）。

为打开市场形成品牌效应，一般开发商在开发一期时，景观常采用B版标准。陕西某地级市住宅项目二期开发时（正处于地产市场低谷期），由于控制成本需要，选择最低标准的D版。由于景观园林工程效果较一期（B版标准）差距大，造成收房后业主大规模投诉。为平息事件，该开发商无奈承诺增植苗木数量，增设景观小品，达到一期园林景观标准，为此，再次支出近180万元。那么怎么能既达到预期效果又少花钱呢？笔者建议：

（1）硬景成本比软景高得多，所以要控制软硬景比例；

（2）景观中花钱多并不一定效果好，合理搭配才重要；

（3）绝大多数客户对绿化的感觉比硬地铺装要好，可合理选用；

（4）水景让人感受亲切，但存在夜间噪声大、夏日蚊蝇多、后期维护管理费用高的缺点，应根据实际需要合理选用。

2. 三大成本指标含义

开发企业应针对不同业态进行不同的成本规划体系的编制，以客户感知和不同品类客户需求为逻辑主线，进行产品设计和部品配置等决策工作，从而建立合理、有效分配的成本管理方法。从结构性成本、敏感性成本、功能性成本的产品角度进行二次不均衡分配，用更少的成本，获得更好的产品体验。结构性成本、敏感性成本、功能性成本的含义如下：

（1）结构性成本：指对承受各种荷载、起骨架作用的空间体系（如桩基、基础、梁、板、柱、墙等）所投入的成本。这部分不太受业主关注，但属于建筑物的必备要素，需要对其指标（如钢筋含量、混凝土含量、模板含量、砌体含量、窗地比、外立面造型等）进行控制。

（2）敏感性成本：指某些成本参数的小幅度变化可导致经济效果指标发生较大变化的成本。这是相对投入较少、成本回报较高、最受业主关注的部分，如园林景观工程、门窗工程、外立面装修、大堂精装修、电梯前室装修、智能化工程、体验示范区等。

（3）功能性成本：分基本功能和附加功能。基本功能是实现项目用途必不可少的功能，附加功能是基本功能之外的其他功能。

3. 成本控制原则

上述成本控制的原则是：

（1）严控结构性成本：对桩基、基础、柱、墙、梁、板等分项工程指标应严格控制；

（2）投入敏感性成本：对园林绿化、门窗、外立面、入户大堂、智能化等工程应合理投入；

（3）合理分配功能性成本：功能配备合理，实现必要功能，减少不必要功能。

案例六 多余的使用功能及客服需求：配置和增加的产品功能、质量及数量未获得客户的认可和使用

下面将以某开发商外立面工程为例，对此项无效成本进行分析。

在房地产项目中，外立面工程是设计和成本协同管理的重点，其重要性体现在以下三个方面：①建筑外立面包含外墙涂饰、门窗幕墙系统、屋面花架、格栅等，工程量大，系统复杂；②建筑外立面材料丰富，成本波动性大，成本敏感性较高；③直接影响建筑物的品质，最容易受到外界破坏。

绝大部分开发商都是通过如表2-2所示的组合方式对外立面工程进行限额控制。

表 2-2 外立面工程限额控制项目组合表

控制项	开发商 A	开发商 B	开发商 C	开发商 D	开发商 E	开发商 F	开发商 G	开发商 H	开发商 I
分级分档（产品线）	√	√	√	√	√	√	√	√	√
按部位分类设计材质	√	√	—	√	—	√	√	√	√
指导综合单价	√	√	√	√	—	√	√	√	√
标准化立面风格	√	—	—	—	√	—	—	—	√
外立面率	—	—	√	√	—	√	√	√	—

某开发商的饰面产品线适配标准如表 2-3 所示。

表 2-3 某开发商饰面产品线适配标准表

控制指标		A 版	B 版	C 版	D 版
石材/幕墙	标准配置	1~3 层石材（楼层基座）	单元入口石材	不设置	不设置
	成本指标/(元/m²)	900	800		
真石漆	标准配置	3 层以上	不超过 4 层		
	成本指标/(元/m²)	90	70		
涂料	标准配置	不设置	四层以上	全楼设置	全楼设置
	成本指标/(元/m²)	—	45	45	45
外立面率		1.1	1.1	1.1	1.1
外饰面成本/元		2166019	611372	433204	393822
折合到总建面成本/(元/m²)		235	66	47	43
备注		仅考虑 3 层石材，以上全部真石漆	考虑门头面积 914m²，1~4 层使用真石漆，其他余料	全部涂料	全部涂料

从低配版 D 版到高配版 A 版，各产品线的外饰面成本增幅为：10%（C 版）、55%（B 版）、450%（A 版）。

陕西某地级市住宅项目二期开发时（正处于地产低谷期），由于控制成本需要，取消了屋顶花架和格栅。一般开发商在开发一期时，均会为打开市场，建立品牌效应，而提高产品配置。该项目一期建造了花架和设置了格栅，二期又将其取消，两相对比差距大，造成收房后，业主大规模投诉。为平息事件，无奈承诺再次建造花架和设置格栅，达到一期效果标准，为此支出近 85 万元。

那么怎么能既达到预期效果又少花钱呢，笔者提出以下建议。

（1）用产品线进行成本适配。头部企业会建立标准化的立面手册，用于指导设计和成本控制。

（2）根据业主的敏感度，进行材料的使用，尤其是限制高价格材料的使用范围。

（3）约束综合单价，便于成本控制。

（4）采用其他成本控制方法，如控制外立面率和建筑风格等。

案例七 多于合理水平的材料及设施消耗

有的公司由于设计过于保守,过多考虑风险预留,未充分优化设计方案,造成经济性不合理。

某广州项目为高层产品,施工图出具后成本部门对结构含量进行计算,其中钢筋用量为 $67kg/m^2$,混凝土用量为 $0.43m^3/m^2$。经与紧邻项目的标杆企业竞品项目进行对比发现,对方的钢筋用量仅为 $42kg/m^2$,混凝土用量为 $0.38m^3/m^2$。该项目结构含量远远超过标杆企业竞品项目,造成成本浪费,经分析,两对标项目条件基本一致,造成结构含量差异巨大的原因是该公司聘请的施工图设计单位为外地设计机构,对广州市的地质、标准等不太了解,为了保险考虑加大了结构含量的取值。

下面列举某标杆房企地上及地下结构设计限额指标以供参考。

(一)地上结构设计限额指标

地上结构指标(表2-4)适用范围:标准层及不含转换层的地上结构。

地上结构指标计算范围:当有地下室时为地下室顶板(±0.00)以上至屋面结构板,当无地下室时为±0.00以上至屋面结构板。

表2-4 某标杆房企地上结构设计限额指标表

区域及结构高度		结构含量	限额指标			
			6度(0.05g)	7度(0.1g)	7度(0.15g)	8度(0.2g)
西南、华东Ⅰ、中南	(≤15m)4层及以下	钢筋/(kg/m²)	37	39	40	43
		混凝土/(m³/m²)	0.32	0.33	0.35	0.36
	(≤24m)5~8层	钢筋/(kg/m²)	31	33	36	38
		混凝土/(m³/m²)	0.31	0.32	0.33	0.35
	(≤60m)9~20层	钢筋/(kg/m²)	34	37	40	42
		混凝土/(m³/m²)	0.29	0.34	0.35	0.36
	(≤80m)21~26层	钢筋/(kg/m²)	35	40	41	43
		混凝土/(m³/m²)	0.30	0.34	0.35	0.36
	(≤100m)27~33层	钢筋/(kg/m²)	36	41	42	49
		混凝土/(m³/m²)	0.33	0.37	0.38	0.39
	(≤120m)34~40层	钢筋/(kg/m²)	40	43	47	—
		混凝土/(m³/m²)	0.37	0.38	0.40	—
	(≤140m)41~46层	钢筋/(kg/m²)	46	—	—	—
		混凝土/(m³/m²)	0.39	—	—	—
华北、东北、西北	(≤15m)4层及以下	钢筋/(kg/m²)	38	41	43	46
		混凝土/(m³/m²)	0.32	0.33	0.35	0.36
	(≤24m)5~8层	钢筋/(kg/m²)	37	40	43	45
		混凝土/(m³/m²)	0.31	0.32	0.34	0.35
	(≤60m)9~20层	钢筋/(kg/m²)	38	41	44	45
		混凝土/(m³/m²)	0.31	0.32	0.36	0.37
	(≤80m)21~26层	钢筋/(kg/m²)	40	42	46	49
		混凝土/(m³/m²)	0.34	0.36	0.38	0.39

续表

区域及结构高度		结构含量	限额指标			
			6度(0.05g)	7度(0.1g)	7度(0.15g)	8度(0.2g)
华北、东北、西北	(≤100m)27～33层	钢筋/(kg/m²)	43	45	48	53
		混凝土/(m³/m²)	0.36	0.37	0.39	0.40
	(≤120m)34～40层	钢筋/(kg/m²)	45	47	50	—
		混凝土/(m³/m²)	0.36	0.38	0.39	—
	(≤140m)41～46层	钢筋/(kg/m²)	48	—	—	—
		混凝土/(m³/m²)	0.38	—	—	—
华东Ⅱ、华南	(<15m)4层及以下	钢筋/(kg/m²)	40	42	45	48
		混凝土/(m³/m²)	0.33	0.35	0.36	0.37
	(≤24m)5～8层	钢筋/(kg/m²)	38	40	43	45
		混凝土/(m³/m²)	0.32	0.33	0.34	0.36
	(≤60m)9～20层	钢筋/(kg/m²)	38	42	43	45
		混凝土/(m³/m²)	0.32	0.34	0.36	0.37
	(≤80m)21～26层	钢筋/(kg/m²)	41	42	47	49
		混凝土/(m³/m²)	0.35	0.36	0.38	0.39
	(≤100m)27～33层	钢筋/(kg/m²)	45	46	48	53
		混凝土/(m³/m²)	0.37	0.38	0.39	0.40
	(≤120m)34～40层	钢筋/(kg/m²)	47	50	51	—
		混凝土/(m³/m²)	0.37	0.38	0.39	—
	(≤140m)41～46层	钢筋/(kg/m²)	49	—	—	—
		混凝土/(m³/m²)	0.39	—	—	—

注：1. 以上钢筋含量指标以层高3.0m为基准，层高每变化±0.1m，钢筋含量指标相应可变化±1kg/m²，混凝土含量指标相应可变化±0.01m³/m²。

2. 表中高度为结构高度，以室外地坪起算；当结构高度与层数不匹配时，以结构高度为准。若当地对结构高度有特殊要求，按当地要求执行。如重庆区域：当地下车库为全埋时，结构高度从车库顶板起算；当地下车库为非全埋时，结构高度从嵌固端起算。

3. 场地类别为Ⅲ、Ⅳ类，抗震设防烈度为7度（0.15g）、8度（0.20g）时，含钢量限额可增加1kg/m²，混凝土含量指标可增加0.01m³/m²。

4. 本数据为外墙非现浇数值，当外墙全现浇时：

6度（0.05g），钢筋含量指标应增加1.5kg/m²，混凝土含量指标应增加0.04m³/m²；

7度（0.10g），钢筋含量指标应增加1.0kg/m²，混凝土含量指标应增加0.03m³/m²；

7度（0.15g）、8度（0.2g），钢筋含量指标应增加0.5kg/m²，混凝土含量指标应增加0.03m³/m²。

5. 本数据均为传统现浇结构，不适用于装配式项目。装配式项目采用总成本增量控制。

6. 高层住宅的高宽比，6度区、7度区超过6、8度区超过5时，高宽比每增加1，钢筋含量指标增加2kg/m²，混凝土含量指标增加0.01m³/m²。

7. 转换结构（一般指框支剪力墙结构）按标准层面积均摊的钢筋含量指标一般增加2～2.5kg/m²，混凝土含量指标应增加0.01m³/m²。

8. 本数据包括建筑钢筋部分（砌体构造柱、过梁、砌体拉结筋及防治现浇楼板开裂等技术措施钢筋等）。

9. 当高度大于140m时，钢筋含量指标、混凝土含量指标宜进行专项论证。

10. 表中数据均为"合格上限值"，"优秀值"≤"合格上限值"×98%。

11. 优秀值作为区域、城市下达设计任务书依据值。

12. 若采用《建筑结构可靠性设计统一标准》（GB 50068—2018）之前的老规范，按本表数据下调3%作为上限值考核。

（二）地下结构设计限额指标

地下结构指标（表2-5、表2-6）计算范围：桩基础顶面以上至地下室顶板（±0.00），含天然基础、结构底板、车库地坪、承台和基础梁（不含桩基础、垫层）。

表2-5 某标杆房企地下结构设计限额指标表（钢筋）

抗震设防烈度	塔楼信息	钢筋含量/(kg/m²)			
		单层普通车库		单层人防车库	
		普通地下车库（含塔楼区）	纯地下车库	普通地下车库（含塔楼区）	纯地下车库
6度(0.05g)	80m以下	桩基:108 独基、条基:113 片筏基础:124	桩基:103 独基、条基:110 片筏基础:113	桩基:139 独基、条基:144 片筏基础:154	桩基:129 独基、条基:134 片筏基础:144
	80m以上	桩基:110 独基、条基:115 片筏基础:126		桩基:141 独基、条基:146 片筏基础:157	
7度(0.1g、0.15g)	80m以下	桩基:113 独基、条基:118 片筏基础:129		桩基:144 独基、条基:149 片筏基础:160	
	80m以上	桩基:115 独基、条基:120 片筏基础:131		桩基:146 独基、条基:151 片筏基础:162	
8度(0.2g)	80m以下	桩基:118 独基、条基:124 片筏基础:134		桩基:149 独基、条基:155 片筏基础:165	
	80m以上	桩基:121 独基、条基:126 片筏基础:136		桩基:151 独基、条基:157 片筏基础:167	

注：1. 普通地下车库指包含塔楼的地下车库；纯地下车库指塔楼平面投影不在车库范围内，且仅有通道与车库相连的地下车库。

2. 当基础存在多种基础形式时，钢筋含量指标按所占面积进行加权取值。

3. 表中数据按有梁楼盖，覆土1.5m考虑。覆土增加0.3~0.5m（规划要求）以上，含钢筋含量指标增加5~7kg/m²。

4. 抗浮水位高于车库室内地坪2.5m时，抗浮水位每增加1m，该高度范围内钢筋含量指标增加3kg/m²。

5. 当未做结构底板时，钢筋含量指标减少10kg/m²。

6. 人防区按防核武器抗力级别6级（简称核6）考虑，防常规武器抗力级别6级（常6）的钢筋含量指标减20kg/m²，防核武器抗力级别5级（核5）增加30kg/m²。

7. 半地下车库（外围开敞长度达到周长的25%及以上的地下车库）较地下车库钢筋含量指标减少15kg/m²。

8. 当存在负二层车库时，根据负二层投影面积与负一层投影面积之比确定钢筋含量指标，占比为100%时减10kg/m²，占比为90%时减9kg/m²，以此类推。

9. 超常规的复杂项目钢筋含量指标可增加10kg/m²。

10. 当在地下车库进行转换、车库为较为复杂的鱼骨状时，其限额指标由区域设计职能部门向集团设计管理部报备审核，并将审核意见反馈至区域成本职能部门及集团成本管理部备案。

11. 表中数据均为"合格上限值"，"优秀值"≤"合格上限值"×98%。

12. 优秀值作为区域、城市下达设计任务书依据值。

表 2-6　某标杆房企地下结构设计限额指标表（混凝土）

抗震设防烈度	混凝土含量/(m³/m²)			
	单层普通车库		单层人防车库	
	普通地下车库(含塔楼区)	纯地下车库	普通地下车库(含塔楼区)	纯地下车库
6 度(0.05g)	桩基：0.95 独基条基：1.00 片筏基础：1.05	桩基：0.90 独基条基：0.95 片筏基础：1.00	桩基：1.00 独基条基：1.05 片筏基础：1.10	桩基：0.95 独基条基：1.00 片筏基础：1.05
7 度(0.1g/0.15g)	桩基：1.00 独基条基：1.05 片筏基础：1.10		桩基：1.05 独基条基：1.10 片筏基础：1.15	
8 度(0.2g)	桩基：1.05 独基条基：1.10 片筏基础：1.15		桩基：1.10 独基条基：1.15 片筏基础：1.20	

注：1. 普通地下车库指包含塔楼的地下车库；纯地下车库指塔楼平面投影不在车库范围内，且仅有通道与车库相连的地下车库。

2. 当基础存在多种基础形式时，混凝土含量指标按所占面积进行加权取值。

3. 表中数据按有梁楼盖，覆土 1.5m 考虑。覆土增加 0.3~0.5m（规划要求）以上，混凝土含量指标增加 0.08~0.10m³/m²。

4. 抗浮水位高于车库室内地坪 2.5m 时，抗浮水位每增加 1m，该高度范围内混凝土含量指标增加 0.05m³/m²。

5. 当未做结构底板时，混凝土含量指标减少 0.30m³/m²。

6. 人防区按核 6 考虑，常 6 的混凝土含量指标减 0.10m³/m²，核 5 增加 0.20m³/m²。

7. 半地下车库（外围开敞长度达到周长的 25% 及以上的地下车库）较地下车库混凝土含量指标减少 0.05m³/m²。

8. 当存在负二层车库时，根据负二层投影面积与负一层投影面积之比确定混凝土含量指标，占比为 100% 时减 0.10m³/m²，占比为 90% 时减 0.09kg/m²，以此类推。

9. 超常规的复杂项目混凝土含量指标可增加 0.1m³/m²。

10. 当地下车库进行转换、车库为较为复杂的鱼骨状时，其限额指标由区域设计职能部门向集团设计管理部报备审核，并将审核意见反馈至区域成本职能部门及集团成本管理部备案。

11. 表中数据均为"合格上限值"，"优秀值"≤"合格上限值"×98%。

12. 优秀值作为区域、城市下达设计任务书依据值。

13. 若采用《建筑结构可靠性设计统一标准》(GB 50068—2018) 之前的老规范，按本表数据下调 3% 作为上限值考核。

案例八　山寨版的奢华，或为追求品质，配置过高，选用过于昂贵、过于复杂或奢华的设计

国内房地产行业发展至今，建筑风格大约每五年一次小调整，每十年一次大调整。从 20 世纪 90 年代的现代建筑风格，21 世纪 00 年代的欧美建筑风格，到 21 世纪 10 年代的新中式风格，大致如此。

当然每一个大风格下面，还有好些细分的风格。比如欧美风格，就有西班牙、地中海、英式、法式、美式等细分风格，而这些细分的风格又可以细分出更精细的风格。

这么多的风格以及细分的风格变化，使得地产行业建筑风格丰富多彩，总是有新的更有创意的项目出现。不过在这些表面风格的变化下面，隐藏着一个不变的主旋律，就是对奢华的追求（图 2-15）。在地产项目实践中，奢华的体验确实带来了实实在在的销售回报。因为就像偷面积满足了人们的"饱腹感"一样，奢华也满足了人的虚荣感。于是奢华就成为许多项目的追求和名片标签。

图 2-15　某项目品质配置复杂豪华

盲目使用过于奢华的设计也可能导致无效成本的发生。某项目位于广州增城（非主城区），项目定位刚需，预计售价 25000 元/平方米。在做配置标准时，营销为了提高项目竞争力，提出项目要做成高配，如层高做到 3m，系统窗、洁具使用杜拉维特品牌，等等，但此配置与项目定位及售价不匹配，结果降低了项目利润率，造成了投入浪费。

一味追求项目高配置，但项目配置标准不适配，标准未结合项目定位或严重偏离竞品，这类过度的投入无法带来收益，反而造成成本浪费。

真正的奢华是高成本的，但在预算有限的条件下，开发商有办法"偷奢华"。开发商与设计师通力合作，就有了各种模仿奢华的装饰元素，比如模仿石材踢线脚的 PRC 线脚，模仿实木构件的木皮构件等。这些模仿来的奢华造价低廉、工艺简单，属于山寨模式，是镜头里的奢华，不能持久。

第三节　标杆房企拿地、规划及方案阶段无效成本控制要点

下面将介绍标杆房企为了在容许的成本范围内给客户提供性价比最高的产品，总结多年研发经验，提炼成的成本优化策略，供大家参考学习。

一、拿地阶段关注点及优化经验

（一）周边现状

1. 噪声源

关注点：周边快速干道、飞机航道、打靶场、地铁站、公交站、火车站等。

成本优化经验：判断是否需要建设噪声隔离设施。

2. 污染源

关注点：污水处理厂、排污管道、垃圾处理场、土质污染、光污染源、发射塔等。

成本优化经验：判断是否需要进行污染源处理。

3. 不利因素

关注点：加油站、高压线、精神病院、公墓、监狱等。

成本优化经验：是否需处理移位措施，如是，则需要测算、预估成本。

（二）配套和费用

1. 配套要求

关注点：水电容量取值。

成本优化经验：提前与政府沟通，争取水电容量取低值。

2. 行政事业性收费

关注点：征地费用、商业补地价。

成本优化经验：争取少交或晚交，部分城市政府给予地价返还。提前与政府沟通如何返还，何时返还。

3. 大市政配套费

关注点：供电、供水、排污、燃气、有线电视、通信等。

成本优化经验：提前与政府沟通相关费用是否可含在地价中，争取少交或不交。

二、规划、方案阶段控制优化点

（一）路网规划优化

1. 路网布置

优化原理或经验：道路（包括基层和面层）造价远高于同等面积软景造价，在满足规范与交通组织的前提下，减少不必要的道路面积，代之以软景，可以节约大量的道路开支。

成本优化原则：减少路网的不合理曲线和弯折。

2. 出入口布置

优化原理或经验：每设置一个道路出入口就意味着需增加管理人员及相应的设备费用，并且此类费用将长期发生，同时也会带来一定安全隐患问题。

成本优化原则：在满足消防、交通流向疏导等的前提下，应尽量减少出入口。这样既可节省出入口的建造成本，又可减少出入口长期的人员管理费用。

3. 道路宽度

优化原理或经验：道路宽度与道路长度一样，减少道路宽度同样起到减少道路面积、增加建设用地、节约成本开支的作用。

成本优化原则：

（1）在满足消防与交通流量的前提下，适当地减少道路宽度，以节约建设用地；

（2）注意双车行道设置与单车行道设置，单车行道较双车行道节约占地；

（3）通过设置单车行道会车区，可以有效地满足消防验收需要。

（二）停车规划优化点

1. 停车场提高土地利用效率

优化原理或经验：在项目停车位规划要求数量一定的情况下，地下停车位与地面停车位是一个此消彼长的关系，而地下停车位的建造成本远高于地面停车位。因此，在规划阶段科学而又尽可能地利用好土地，合理安排地面停车，可大幅节约成本。

成本优化原则：

（1）地面露天停车位最大化；

（2）地面停车按照最大边线原则布置。

2. 停车方式

优化原理或经验：同样一块停车面积内，科学规划的停车方式设计与不合理的停车方式设计所能得到的有效车位数量有很大差别。同样，从地面到地下各种停车位的建造成本也有巨大的差别。

成本优化原则：

（1）停车位平面布置最优化，限定面积内停放量最大；

（2）停车位建造成本由低到高的顺序为：地面露天停车位→首层架空停车位→地上独立

车库→半地下停车位→地下停车位，具体停车方式要结合容积率情况综合考虑。

3. 停车位体形控制

优化原理或经验：

（1）建筑高度越高成本越高，因此对停车位高度应有所关注；

（2）在满足停车要求的前提下，单个停车位面积越小，同样范围内排布停车位数量越多。

成本优化原则：

（1）控制停车位高度；

（2）控制单个停车位面积。

4. 停车位设置

优化原理或经验：集中设置地下室不仅可以节约地下室基坑和自身建造费用，减少车库出入口设置，还能更有效地组织停车。

成本优化原则：

（1）车库宜集中设置，减少建造成本；

（2）合理设置机械停车位及地下车库高度预留。

（三）配套及商业优化

1. 配套面积

优化原理或经验：配套成本都需要由可销售的产品来承担，因此控制配套面积是控制配套成本的最关键点。

成本优化原则：

（1）会所面积优化；

（2）学校面积优化；

（3）物业用房面积优化；

（4）架空层面积优化。

2. 商业面积

优化原理或经验：建造的商业面积过多而无法实现完全销售，无疑是成本的浪费，而且会带来后期长期的维护费用支出；建造的商业面积过少显然不利于实现项目利润的最大化。

成本优化原则：

（1）商业面积控制；

（2）商业布局优化。

（四）组团配置优化

1. 合理确定组团大小

优化原理或经验：组团大小对成本的影响要点如下所示。

（1）每个组团一般需要1~2个出入口；

（2）每个组团均有围墙；

（3）每个组团均要考虑消防要求；

（4）每个组团出入口均需配备专门的安全管理系统与设施。

现实中的经验是，如果组团布置过小，则上述费用均大幅增加；如果组团布置过大，物业服务能力可能跟不上。

成本优化原则：合理确定组团规模，避免组团规模过大或过小。

2. 合理布置组团出入口

优化原理或经验：如果能由一个物业管理人员同时管理集中布置的若干个出入口，可以减少后期小区管理费用。

成本优化原则：相对集中布置出入口。

（五）土石方优化

1. 按原有地势规划

优化原理或经验：土方工程中的任何多余耗费均可以视为无效成本，优化土方工程方案的最基本原则就是动土量最少。尽可能按原有地势建造产品，例如在坡地上建造坡地建筑，在洼地中建造地下室，能有效减少动土量。

成本优化原则：按原有地势排布产品，使动土量最小。

2. 场内土方平衡

优化原理或经验：外运及外购土方在项目实施过程中不仅耗费大量成本，而且耗费极大精力，应尽可能减少土方外运及外购量。

成本优化原则：尽可能使场地土方挖填平衡，减少外运（购）土量。

3. 规划场地标高

优化原理或经验：项目场地标高的确定直接影响场地内土方工程量，标高一旦确定则场地土方量确定，同时局部影响建造成本。

成本优化原则：根据原有地形、管网布置情况、道路情况，合理制订场区标高。

4. 关注排水坡度

优化原理或经验：雨水和污水均为无动力排水，成本受排水坡度影响。对于长距离的排水，排水坡度的大小将决定相应地面的标高点。

成本优化原则：大量填土地块，考虑降低排水坡度减少填土量。

5. 关注排水泵站

优化原理或经验：排水泵站可利用泵的动力将低洼地区经收集的污水提升到其下游排水系统中，从而降低低洼区场地标高。排水泵站需要长期维护。

成本优化原则：大量填土地块，考虑排水泵站的长短期成本与土方回填成本比选。

（六）临时设施优化

1. 临时设施的排布

优化原理或经验：对临时设施的布局要求是科学布局、减少搬迁、避免重复工作。临时设施仅在建造过程使用，与最终交付客户的产品无直接关系，若不进行科学的布局与计划，则易增加拆除与重复建设的成本。

成本优化原则：避免临时办公室，施工生活区，项目临水、临电的重复建设。

2. 临时道路设置

优化原理或经验：出于文明施工要求，项目开发过程中的临时道路往往也被要求建设为混凝土路面，同时由于其上部载重，其基层做法也有较高要求。因此，完全可以考虑将临时道路与后期永久道路结合起来。

成本优化原则：尽量安排永久道路与临时道路的综合使用。

（七）产品选型优化

1. 成熟产品选用

优化原理或经验：使用成熟产品不仅能够节约时间、提高效率，而且能够大幅度地减少后期的变更签证费，从而降低产品建造成本。

成本优化原则：尽量选用成熟产品。

2. 可售比控制

优化原理或经验：未经过市场科学判断的大赠送面积的建筑形式，会出现很大的成本风险。

成本优化原则：建筑应该结合地形情况确定赠送面积大小，而不能仅根据销售需要。对要求随楼附送的面积，应有书面的、科学的市场分析。

（八）方案选型优化

1. 建筑体形

优化原理或经验：建筑外部体形的长宽比例、对称性以及复杂程度直接影响建筑物结构成本的高低，同时建筑体形对节能也会产生较大影响。

成本优化原则：高层建筑单体应选择对称形式；低层建筑尽量形体简单；考虑抗震及成本要求。

2. 优化外挑外挂构件

优化原理或经验：合理布置外挑外挂构件能较好地提高产品的品质，烦琐和过分复杂的外挑外挂构件不仅在建筑上显得多余，而且增加成本支出。

成本优化原则：精减过度的外挑外挂构件，形成建筑设计和成本核算的双赢。

3. 山地建筑

优化原理或经验：山地建筑的处理较为复杂，因地制宜是最好的选择。

成本优化原则：

（1）根据山体高差确定产品类型；

（2）山地建筑赠送的地下室面积应根据地形设计而不能完全按营销要求。

4. 简化屋顶造型

优化原理或经验：坡屋面与平屋面、老虎窗与天窗、屋顶上不同的造型构件之间均存在成本差异，对比选型时应予考虑。

成本优化原则：既有经济性的比选又满足建筑设计美观性和功能性的要求。

（九）地下室优化

1. 控制地下室面积

优化原理或经验：地下室造价高昂，对建造地下室的要求是，在满足人防要求的前提下能少建则少建。

成本优化原则：严格控制地下室面积。

2. 控制地下室层高

优化原理或经验：在地下室层数确定的情况下，地下室层高是决定地下室埋深的主要因素，控制层高能够减少埋深，从而降低地下室结构成本。地下室层高的确定一方面需考虑地下室停车和设备放置的需要，另一方面应考虑机械车位设置的可能性。

成本优化原则：严格控制地下室层高。

3. 减少地下室层数

优化原理或经验：地下室层数、层高以及室外地坪标高共同决定地下室埋深，从而影响地下室建造成本。如果通过对地下停车布置的优化，能在两（一）层地下室内解决三（两）层地下室的停车要求，则无疑应减少地下室层数。

成本优化原则：严格控制地下室层数。

4. 简化地下室排水

优化原理或经验：地下室内排水通过建筑找坡实现，将地面水收集到排水沟。由于地下室面积较大，建筑找坡需进行大量混凝土浇筑，费用昂贵。

成本优化原则：在满足设计要求的前提下，取消或简化地下室建筑找坡层。

（十）边坡支护优化

优化原理或经验：在山地或坡地中使用较多，由于其对形成产品无直接作用，因此应考虑采用最经济而可靠的边坡支护形式。常见的边坡支护形式有毛石砌筑、钢筋混凝土挡墙、普通锚杆、预应力锚杆、花管注浆、喷锚护壁、自然放坡等。

成本优化原则：在可靠方案的基础上，通过经济性比选，采用最经济的边坡支护方式。

（十一）层高优化

优化原理或经验：建筑层高直接影响建筑柱、墙体、垂直向管道管线的工程量，一般来说建筑物每增加 0.1m，单层建筑成本增加 2% 左右。在高层建筑中层高的累积则会对建筑的基础产生较大影响。

成本优化原则：控制层高。

第三章

标杆房企设计阶段无效成本案例分析及控制要点

第一节 标杆房企设计阶段无效成本案例分析

设计实施性阶段牵扯到当地政府部门的报批报建,政府因素和开发商的决策常常相左,极其容易在总图、立面、配套等设计上和概念方案出现不一致,这都会造成方案调整带来的无效成本。施工图设计落实方案设计的意图,落实过程中的各种变化,也容易造成方案阶段的目标成本超过拿地测算的成本,影响项目整体运营的指标。施工图设计阶段的主要无效成本风险如下。

(1) 施工图指标测算差别导致与方案指标的差异,易损失核心指标。

(2) 建筑设计核心指标控制不严谨:如配置标准、门窗幕墙设计、保温设计、建筑做法、栏杆扶手做法、其他部品部件选择、泛光照明设计等。

(3) 结构设计核心指标控制不严谨:如结构构件布置、抗浮设计、桩基设计、荷载取值等。

(4) 机电设计核心指标控制不严谨。各机电专业设计的系统选型对项目成本起着至关重要的作用。应设置合理的设计标准和参数、末端点位数量和位置,设备和材料应根据集团控购名录、集团战略合作供应商名录选择与项目档次相匹配的产品和厂家。各机电专业及专项做到设计单位与施工单位分开,总成本将更加节省。

(5) 景观/室内设计核心指标控制不严谨:这些指标如景观软硬景比例、材料做法、装饰造型等。

(6) 错漏空缺产生的无效成本。

设计阶段的无效成本如图 3-1 所示,下面将分析此阶段各种导致无效成本的案例,希望给读者带来启示。

案例一 对设计效果把握不准

一些设计师对项目往往有理想情结,过于强调效果而忽略了实现难度,又或者因为对现场施工不够了解,做出来的方案很难保证施工效果。

2016 年陕西西安某综合体商业项目,精装地面铺装设计太过复杂,模数太多,加大了施工的难度,拉长了施工周期,结果遇到施工工艺又比较差的班组,铺装出来的效果远远没

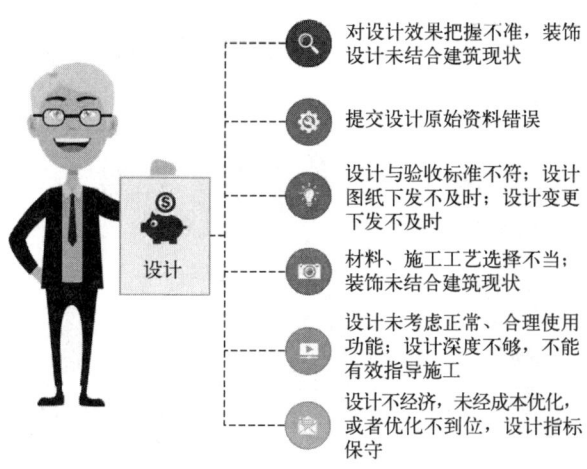

图 3-1　设计阶段无效成本示意图

有达到预期，且所花费的费用超过模数化设计的铺装费用至少 40 万元。如果一开始就采用模数化设计，不仅能减小施工难度，还能解决质量问题，更能提高效率。

再如在国内号称高品质项目的深圳某府项目，其设计效果把握不准，细节上经不起推敲。

1. 总图规划不够合理

由于小区西侧布置了某府幼儿园、单体商业建筑及一条小区路，使得某府西侧的围合建筑退红线约 50m，大大缩小了中心花园面积（图 3-2）。某府占地面积比旁边竞品略大（某府占地 3.57 万平方米，竞品占地 3.5 万平方米），但是中心花园却比竞品还要小。

图 3-2　某府项目西侧商业建筑和小区路压缩了中心花园面积

2. 建筑外墙落后

建筑外墙也是设计效果与成本应平衡考虑的方面。2009 年均价 4 万元/m^2 的某小区建筑外墙采用陶板幕墙；2012 年均价 2.2 万元/m^2 的位于其对角的小区，也采用了陶板幕墙。时间来到 2019 年，均价 10.2 万元/m^2 的某府建筑外墙，仍然采用陶板幕墙（图 3-3）。

自从 2016 年均价 11.5 万元/m^2 的某项目 3 期外墙采用铝板幕墙之后，如今，深圳的 10 万元/m^2 以上的项目，建筑外墙均采用国际高端住宅流行的铝板幕墙。

而 2019 年的某府，没有与时俱进地采用更为简洁大气的氟碳铝板幕墙，仍然采用 500mm×

图 3-3　某府项目的陶板幕墙细部

1000mm 的陶板幕墙，显得传统而琐碎。铝板幕墙的质感独特，色泽丰富，历久弥新。其重量轻，刚性好，延展性好，强度和安全度较高，耐腐蚀性能好，氟碳漆可达 25 年不褪色。虽然陶板幕墙比铝板幕墙的成本低，但品质稍差。

3. 中心花园不中不西，中心泳池"始见终弃"，风格定位模糊混乱

某府以国风大宅著称，其府名、楼名均以中式命名。但其中心花园除了下沉水幕庭院显示中式意境外，地面之上却是欧式草坪，让不大的中心花园一眼看得到底，既单调又无趣。另外，从某府最初的鸟瞰图（图 3-4）中，可以看见设有中心泳池，但在其后却未见建设。

图 3-4　某府项目鸟瞰图

4. 户型使用率难达承诺标准

某府户型使用率承诺为 80%。超高层住宅由于剪力墙较厚，其使用率明显低于高层住宅。某府面市于 2019 年年底，已经不能"偷面积"，也就难以大幅增加使用率。

在深圳超高层住宅 3 梯 5 户、3 梯 6 户的平均实用率 74%，某府虽然巧妙地混淆了实用率和使用率的概念，但 2 梯 2 户 155m² 的单元，又是怎么实现 80% 使用率的呢？

水土不服的设计效果前期屡屡失误（图 3-5），导致了销售窘境。

第三章　标杆房企设计阶段无效成本案例分析及控制要点

图 3-5　某府项目的非典型深圳豪宅

案例二　提交设计原始资料错误

甲方提供的基础资料是设计人员工作开展的基础,其重要性不言而喻。由于各种原因,常出现因甲方提供基础资料错误而导致设计人员无法准确设计的情况,造成设计图无法指导施工。作为设计工作的起点,如果甲方提供的基础资料存在错误,导致完工项目达不到甲方的预期,承包人也无法移交项目,无疑会产生巨大的社会资源浪费。

2019 年陕西某开发商三期项目地勘时发现靠近西侧红线处有混凝土质样,初步估计可能为早期建筑垫层或基础,由于靠近西侧红线,不确定是否一定影响到本项目基础(年代过于久远),也许会在红线之外,所以让设计院继续按容积率指标设计地库基础。当项目桩基施工时,发现西侧靠近红线位置桩基无法入土,当整体开挖此部分后,发现了原早期防空洞在红线附近穿插近 250m。此时设计看后,花了近 2 个月重新设计地库图纸和桩基布置图,决定取消防空洞所占建筑面积近 $2500m^2$。地库面积减少了,间接带来车位的减少,这为项目上市带来了新的难点。

对于甲方而言,前期应当做好设计和招标前的准备工作,由其单方提供的或者不可更改的基础资料,更应该确保准确。有些情况下甲方对于其提供的基础资料是否准确并不确定,此时可在招标文件中要求承包人对提供的基础资料进行核实,且应当为承包人提供可以核实数据的客观条件。对于承包人而言,应尽早尽快学习掌握甲方要求和基础资料,招标文件中要求承包人勘察现场或核实基础资料的,要按照合同谨慎要求落实甲方要求和基础资料的审核工作,不能固化在传统施工总承包的思路里,认为凡是业主提供的基础资料有误都将以变更等方式解决。

案例三　设计与验收标准不符

设计工作比较难做的还有一个原因是政府的政策变化比较快,国家规范经常性调整,各地的政策又不一样,从而导致设计没有办法做到完全标准化。近几年,大型规范调整如下:2019 年,《托儿所、幼儿园建筑设计规范》调整;2020 年,《建筑结构可靠性设计统一标准》

调整；2021年，《建筑与市政工程抗震通用规范》调整；2022年，《建筑防火通用规范》《住宅项目规范》调整；2023年，《民用建筑通用规范》调整。这还只是列出的非常少的部分，可见相关技术规范一直在调整过程中，特别是容积面积规范的调整，几乎是一年一次。

某项目就因为对当地的规范解读不到位就造成了项目损失25万元。

当地的《加气混凝土砌块墙》（L13J3-3）规定，加气砌块的最低强度等级不应低于A2.5，用于外墙时，其强度等级不应低于A3.5。该项目原设计方案中墙体砌块强度为A5.0，远高于规范，项目地上总建筑面积约6万平方米，包括五个单体，仅砌块一项就造成了25万元左右的成本损失。

案例四 设计方案屡改造成提交图纸不及时

某集团渭南公司2017年在开发项目第三期（面积约10万平方米）时，在设计方案上出现了巨大的、频繁反复的修改，其公司内部在按二期设计户型（中小户型为主）继续做还是按市场调研反馈增加改善型户型之间产生分歧。由于自2016年开始，低迷了近三年的房地产市场开始有起色，二期销售走量很好，开发部门和工程部门坚持按二期既有设计向前走，这样可以节省很多时间，尽早完成项目建设，创造更多走量货值。但营销部门和项目总经理根据市场调研认为改善型户型方案更受欢迎。两方迟迟不决定，最后折中，先让设计单位参考二期项目出地下图纸，让桩基和基础先施工起来，在此过程中，争取方案决定落地。直到基础施工至基本完成时，方案终于定下，按改善型户型走，设计单位这才着急画图纸。新的图纸迟迟给不出，等到图纸总算交付现场，发现已施工完成的基础跟设计的地上结构的要求不完全符合，需要进行加固。原基础被迫修正增加了巨大的工程量，直接影响造价近490万元。

现在的地产项目三边工程依然很常见。要么"边勘察、边设计、边施工"，要么"边设计、边施工、边办证"，或者"边设计、边施工、边修改"。总之，就是不按建设逻辑关系组织工程进度，图纸还没出完，现场就开工了；或等到工程做到一半图纸才出来，却发现图纸与现场做法出入太大，只能拆了重做。这个问题最主要的原因还是高周转，设计的合理周期无法得到保障，导致设计与施工不得不改"串联"为"并联"。此外，也与房企重视方案、忽视施工图的现象有关。施工图是实现从设计思想到产品落地的关键环节，施工图纸的质量很大程度上决定了开工后的设计变更的多少。

很多房企方案设计阶段的周期达到半年甚至以上，期间方案不断设计、评审、修改，再评审再修改，反反复复折腾多次，直到后面发现进度滞后了，有些连扩初图都没出，又急急忙忙催促设计单位出施工图。基础开挖图一到手，就立马组织土方工程开挖，边施工边出剩下的图纸，三边工程就这样出现了。这样没有质量可言的图纸意味着设计补充不断，也意味着更多的变更正在路上。

案例五 设计变更下达不及时

某集团浙江公司2017年新项目一期与当地合作伙伴合作开发。由于新到当地市场，项目团队初次磨合，在制定项目审批流程时，力求民主公平，于是每个部门的负责人加起来近十人，外加各个总监，总计近二十人，无论大事小情，无论专业与否，都放在审批流程上。

众所周知，项目开发过程中，工程上的事情往往专业性较强，不专业的部门虽然在流程审批上不太提意见，但如此下来一个设计变更走完至少都要两三周，严重耽误了项目建设效率，导致进展缓慢，总包单位牢骚不断，现场逐渐变成了一个火药桶，工程部门办公室天天人员聚集不断，现场因设计变更下达不及时导致总包、分包提出的索赔单量大大增多。索赔有要工期的，有投诉窝工的，还有要脚手架租赁费的，随便一项都涉及几十万甚至近百万元。最后总部过来调研，责成项目公司既要民主公平也要流程效率，将审计、开发、办公室等专业无关部门从审批流程中去除，从而使审批效率大幅提升，设计变更下达时长相应变短。

设计变更下达不及时，主要表现在两方面，以前更多是集中在设计单位变更出图较慢（前些年地产红火，设计院活多人少），现在梗阻更多是在甲方单位审批流程太漫长。变更审批是风险把控的必须流程，但如果审批流程过于冗长，对整个项目的负面作用可能甚至超过变更本身。一方面，审批流程过长，耽误了开发进度，影响开盘和交付节点；另一方面，建筑施工工序是环环相扣的，一道工序慢了，后面跟着停滞。但工人不可能一直等着，有时审批流程还没走完，工地就先动工，而最后审批下来的意见与原设计变更不一致，造成不必要的整改。

有的房企对项目公司没有清晰的授权机制，每个设计变更都要等待集团层面重要领导审核，流程前前后后经过将近 20 个审核节点，签字的人多达二十来人，一个流程下来都要好几天。特别是遇到高层领导忙的时候，审批的时间更长。

这样看似层层把关，其实审批的人过多，反正责任不明晰，大家都希望前一节点或后一节点的人认真审核，自己则看都不看就签字同意。如果到了后面环节才发现问题，流程又得驳回重新发起，占用的时间就更多。对项目来说，对项目公司适当授权，才能高效处理设计变更问题，降低后续无效成本。

案例六　材料、施工工艺选择不当

某项目的设计方案中，地下室地下走道顶棚为石膏板吊顶。但由于地下室面积大，通风效果不佳，吊顶因过度潮湿而发霉，喷涂防霉涂料也无法改善。不得已之下，将石膏板吊顶拆掉改成铝扣板，此项工程直接增加了 30 万元的成本。

某项目外墙砌筑材料原设计选用 BM 连锁砌块，如图 3-6 所示，招标时亦按该材料报价并计入总价。施工过程中提出该材料内部为空腔，不利于外墙防渗漏（图 3-7），设计变更为加气块。施工单位借此要求重新核定单价，导致成本增加约 15 万元。

图 3-6　BM 连锁砌块

(a) 连锁砌块浇水背面渗漏现象　　(b) 加气块浇水背面无渗漏现象

图 3-7　现场试验

案例七　多工序、各专业设计图矛盾

有些房企内部对设计管理部门的进度考核抓得很严，设计人员一直在赶节点，生怕一不小心就被扣绩效。设计人员只顾着抢眼前的节点，无暇顾及对下游设计环节的影响，造成图纸矛盾。

1. 各专业设计图矛盾

某项目地下室采暖干管原图设计为贴梁底敷设，影响后期室内装修空间，故需要将采暖主管改为穿梁敷设，并加设碳钢套管，其中 33♯、46♯、51♯ 楼地下室采暖干管已按原图安装完成，需拆除，此项图纸专业打架带来 16 万元的成本增加。

2. 未考虑使用效果，设计图矛盾

某项目二期 1♯、2♯ 楼某户型次卧空调板原设计位于山墙处，并已部分实施，后公司在职能巡查时提出，空调板设置不便于日后业主安装室外机，故将空调板调整至次卧外窗下，涉及拆改费用 60 余万元。

案例八　需求部门未充分沟通，多工序设计图矛盾

沟通不足容易引发许多工程问题，下面列举一些情形。

（1）设计方案未与需求部门充分沟通，孤立设计，或需求部门在设计阶段参与度不高。

（2）由于需求部门，如营销、商业、物业等部门在设计阶段参与度不高，导致设计方案与实际需求出现偏差，后期产生大量的拆改，甚至施工单位的索赔。

（3）由于赶时间，许多项目上下游设计单位在交接的时候并没有进行交底，方案图纸出来后，直接以设计任务书的形式交给施工图单位。再加一些设计任务书过于草率，下游的施工图单位更加无法充分理解甲方的意思，图纸出来之后与预期相去甚远，导致图纸修改不断，也增加了开工后设计变更的风险。

案例九　装饰设计未结合建筑现状，使用过高、过大、过于复杂的设计

陕西某项目一期外窗外立面窗楣做成三台立体造型，使用 GRC 材料定制。虽然外立面效果确实线条优美，与当地竞品比较起来独树一帜，也为一期项目在当地市场打出品牌做出

了贡献，但这样的造型施工起来相当困难，同保温衔接和外涂料施工相当麻烦，在二期时直接由三台造型改为两台造型。到三期为进一步控制成本，将两台造型直接做成线条，并且直接用保温板做线条，成本相比三台造型、两台造型分别节省 45 万元和 20 万元，施工工期分别减少 28 天和 15 天。

案例十　设计未考虑正常、合理使用功能

设计需满足营销需求，提前做好交付标准，合理布置使用功能。底部商业或者独立商业大概率有餐饮商家入驻，是否在规范允许的前提下做好水、电、气、热条件的预留，能在一定程度上影响销售，所以设计上做好足够的预留条件必不可少。

某项目原设计如图 3-8 所示，原设计独立商业没有考虑预留烟道及餐饮条件，导致业主购买的意愿降低，后续通过设计变更增加烟道条件，成本增加 14 万元左右。

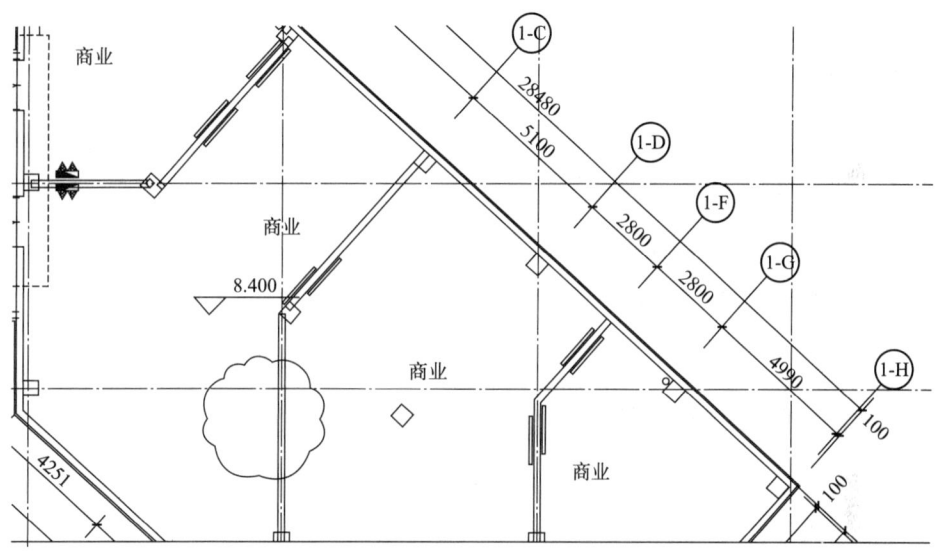

图 3-8　原设计独立商业没有考虑预留烟道及餐饮条件

反思：建筑设计之初建造标准应与其他部门交圈，做好足够的预留预埋，减少后续变更带来的成本增加。

案例十一　设计深度不够，不能有效指导现场施工

对于容易标准化的方面，比如户型、建造标准等，极其容易发生一些看起来不大，却在项目及项目之间广泛复制的问题，这就导致小问题引发大的成本增加。

某项目原设计开敞阳台做法如图 3-9 所示，开敞阳台需要做保温砂浆（热桥处理措施），室外阳台需要有楼面防水，原设计做法为在保温浆料上做防水涂料，实际保温浆料涂刷防水材料难以施工，施工单位提出保温浆料上需做 20mm 厚 1∶2 水泥砂浆找平层，每平方米成本增加二十多元钱，项目整体成本增加 13 万元左右。

```
■    水泥砂浆防水楼面
适用范围：开敞阳台。
1. 预留30厚装修做法
2. 1:2水泥砂浆结合找坡层，找1%坡向地漏，最薄处20厚
3. 1.5厚聚氨酯防水涂料
4. 黏结型玻化微珠保温层(保温厚度详节能专篇)
5. 现浇钢筋混凝土楼板，随打随抹平，满足防水施工要求
6. 板下黏结型玻化微珠保温层(保温厚度详节能专篇)
```

图 3-9　原设计图纸做法

案例十二　设计未经成本优化，或优化不到位，设计指标过于保守

如果决策过于保守，设计就会偏于安全和富余，但成本升高；如果决策过于激进，就会带来风险。

某项目止水帷幕设计，场地内分布有 1～5m 的卵石层，局部少量 7～8m，地勘认为常规搅拌桩工艺难以进行成孔，建议进行引孔施工。地勘资料如图 3-10 所示。

```
根据场地工程地质条件，高层住宅楼建议采用桩基础，可采用预应力管桩或钻孔灌注桩。
若采用预应力管柱，考虑周边环境影响，为减小噪声建议采用静压法施工，但由于上部荷载较
大，要求桩身较长，而场地内较普遍分布第⑤层卵石、第⑧-1亚层含卵石粉质黏土。第⑤层
卵石呈中密～密实状态；第⑧-1亚层含卵石粉质黏土卵石含量10%～50%。若采用预制桩基础，
基桩施工将较为困难，需采用引孔措施，因此本报告不推荐采用预制桩基础。
```

图 3-10　地勘资料截图

设计决策时考虑：

（1）已经施工地块的止水帷幕，同样的地质条件，已经有三轴搅拌桩成孔的成功案例，可以有效参考；

（2）高水位地区，不建议引孔，引孔成孔效率低且易塌孔，不建议采用；

（3）本地区引孔的经验较少，施工企业较少，若引孔成本不低；

（4）如若直接引孔，设计保守，不出问题，但是造成无效成本浪费的概率大（后期测算直接采用引孔比现方案增加 500 万元左右）。

根据上述经验判断，还是采用常规的双轴搅拌桩工艺，冒进决策。实际施工后发现地块东侧双轴搅拌桩工艺成孔没问题，南北大部分及西侧遇到大直径的卵石成孔困难。经专家论证后，南北大部分及西侧改为高压旋喷桩成孔工艺，此部分增加 300 万元左右成本，但相比直接引孔工艺，仍节省了两百万元左右。

反思：地产设计管理和设计院的区别之一就是地产设计管理在做选择题，需要决策的东西太多，既然有决策就很难避免出现问题。这时容易出现两种情况，一是决策保守，成本浪费，设计方案安全、余量大，但易成为成本升高的责任方；二是决策激进，成本节省，但一旦出现问题，将成为追责的责任方。

第二节　标杆房企设计阶段无效成本控制要点

那么在设计阶段最值得关注的要点有哪些？最应该避免的坑有哪些呢？笔者推荐某标杆房企的研究成果，这些成果根据设计意图真正实施过程中反馈的问题和现场即时给出的解决方案编制而成，参考意义极大，因篇幅有限，精简之后罗列如下。

一、建筑篇

（一）消防设计

（1）存在问题：消防车道没有 4m 宽，没有回车场或回车道，园林种树影响消防车辆。

解决措施：按照规范执行，消防车道宽度按规范设置，消防车回车场如果上部做草坪，下部构造设计必须符合消防车通行要求，园林总图应经建筑设计人员审核，并报消防部门审批通过。

（2）存在问题：电梯前室开窗面积不够 $3m^2$。

解决措施：按照规范执行，不够 $3m^2$ 可加设加压送风井。

（3）存在问题：各栋楼之间防火间距不够。

解决措施：按照规范执行。

（4）存在问题：楼梯间首层与地下室没有隔开。

解决措施：按照规范执行。

（5）存在问题：发电机组、消防水泵不在第一期，拖延第一期验收时间。

解决措施：在一期应考虑完善配套，裙楼不装修、暂时不使用也应先设计消防系统，待施工完成后方可验收。

（6）存在问题：消防水泵房没有直通安全出口。

解决措施：按规范执行。

（二）屋面防水

（1）存在问题：南方地区 911 防水材料质量不稳定。

解决措施：

① 选用防水卷材，根据国家规范确定厚度。

② 北方地区的别墅，按二级防水等级做两道卷材防水。

（2）存在问题：保温隔热层设置位置不明确。

解决措施：

① 采用挤塑聚苯板保温材料。

② 北方地区先做保温，后做防水；南方先做防水，后做保温。

（3）存在问题：天面女儿墙底裂缝渗漏。

解决措施：300mm 以下做混凝土女儿墙。

（4）存在问题：凸出屋面的管道、井、烟道周边渗漏。

解决措施：凸出屋面的管道、井、烟道周边应同屋面结构一起整浇一道钢筋混凝土防水反梁，平屋面时反梁标高定于屋面结构最高完成面以上 250mm，坡屋面为完成面 250mm。

（5）存在问题：管道穿越楼板、屋面处渗漏。

解决措施：按规定选用和埋设套管；套管处要用沥青麻丝和防水油膏充填。

（6）存在问题：屋面西班牙瓦的施工方法设计有两种做法，一种为挂贴，一种为卧贴。

但按挂贴施工的别墅屋面大部分有渗水现象。

解决措施：改为卧贴工艺。如确实因屋面坡度太陡时，卧贴工艺中应增加挂网等加强措施，或将卷材防水层加厚（30mm以上）再采用挂贴工艺施工。具体做法均以各公司地区规范为主。

(7) 存在问题：别墅部分户型设计有暗天沟，但由于设计时此处未采取加强措施，许多屋面出现暗天沟漏水现象。

解决措施：统一改为明沟。

（三）室内防水

(1) 存在问题：浴室墙面渗漏。

解决措施：柔性防水上返300mm高，以上部分做防水砂浆。北方地区墙根部混凝土上返120mm。

(2) 存在问题：安装卫生间设备时无法固定且易渗漏。

解决措施：卫生间墙体建议全部采用实心砖。

（四）外墙防水

(1) 存在问题：外墙裂缝渗漏。

解决措施：外墙是涂料的基层掺抗裂纤维水泥砂浆。

(2) 存在问题：墙体材料选用虽经济但不利于防水做法。

解决措施：南方地区试用加气蒸压混凝土砌块，但应增加相应的抗裂措施（如内外墙批荡挂网，抹灰层加抗裂纤维）。

(3) 存在问题：窗楣、窗台处漏水。

解决措施：窗楣要做滴水线；外窗台要低于内窗台，做足排水坡度；铝合金窗下框要有泄水结构；铝合金窗外边要打防水胶密封。严格执行施工规范。

(4) 存在问题：GRC外装饰构件多，而部分外墙GRC线脚上没有设计挑檐，容易造成GRC构件与外墙交接处出现渗漏水现象，而且GRC构件之间的连接也极易产生裂缝。

解决措施：

① 尽量减少使用GRC，并减少GRC线条的样式数量。

② 选定供应商后，及时将安装节点提供给设计单位。待设计确认后方可安装。

③ 设计院在图纸中要对装饰线条的排水坡度、滴水槽及不同材料搭接的防裂措施有所标注。

④ 设计部定板中要考虑线条泛水、渗水的问题。

⑤ 工程部要认真审核装饰线条的施工方案。

（五）地下室防水

存在问题：防水材料质量不过关。

解决措施：采用卷材防水，防水等级及设计执行国家规范。

（六）门窗

(1) 存在问题：出天面门采用木门，规范不允许。

解决措施：出天面门禁用木门。

(2) 存在问题：塑钢门出阳台梁处理不当。

解决措施：将该梁顶标高降低2～3cm（根据具体情况采用）。

(3) 存在问题：

① 门窗大样分格尺寸不详。
② 交楼标准中门尺寸与建筑图不符。
③ 主体完工后，门窗位置、尺寸更改。
④ 门窗开启扇高度、宽度与规范不符。

解决措施：按标准图统一，门窗尺寸应满足国家规范。

（4）存在问题：有些楼盘的防火窗设计为上悬窗形式，但按要求必须有自动关闭装置，多次招标厂家均表示做不了。

解决措施：结合方案考虑，尽量采用固定窗。

（5）存在问题：由于甲方考虑成本因素，准备取消一些楼盘的门窗钢附框，但取消钢附框后，会导致结构完成后门窗洞口无法及时收口，对工程进度影响极大，而且也极易造成铝框的污染、破坏。

解决措施：总承包核算费用后，在设计时充分考虑。

（6）存在问题：当电梯在首层，秋冬季风力很大时，电梯厅门关不到位，需要外力才能关上。

解决措施：设计时由建筑专业出图，充分考虑大堂电梯避风，使电梯门开关自如。

（七）栏杆

（1）存在问题：铁艺、铁花、防护栏杆大样不齐，不能作为施工依据。

解决措施：
① 由承包单位提供铁艺铁花大样图库资料，供设计人员选择。
② 设计公司设计大样图。

（2）存在问题：栏杆高度小于1100mm。

解决措施：按规范执行。

（3）存在问题：阳台栏杆的预埋件在主体施工时因没有栏杆的立杆间距而无法预留，在安装时又不允许打膨胀螺栓，造成要改动结构。

解决措施：设计确定间距及大样图。

（4）存在问题：阳台镀锌钢管油漆脱落、生锈。

解决措施：设计必须明确相匹配的油漆。

（5）存在问题：室内飘窗窗台护栏存在设计问题。

解决措施：由标准化设计小组统一制定标准图。

（6）存在问题：根据住宅设计规范，外窗窗台距楼面、地面的净高低于0.8m时，应设有防护设施，所有窗台高度低于0.8m的开启窗，应设置安全护栏。飘窗内的护栏高度偏低，儿童易撞碎玻璃摔下，建议增高护栏高度。

解决措施：按规范执行。

（7）存在问题：由于推拉窗不能封闭，也没有防盗装置，多个楼盘均出现从业主家平台推拉窗处进入室内的失盗事件。

解决措施：设计中充分考虑，天台、平台各户型之间设置防护栏杆，防止外来人员穿过，确保安全。

（八）装饰细部

（1）存在问题：走道管井门面贴瓷砖颜色与整体不协调。

解决措施：由装饰专业出大样，确定颜色。

（2）存在问题：室内木质柜与墙体接合处理不当。

解决措施：由装修处理。

(3) 存在问题：卫生间、厨房墙面地砖的规格太大，易空鼓、损耗大。

解决措施：建议墙砖不宜太大，应不大于600mm×600mm，且不用玻化砖。

(4) 存在问题：墙面地面砖采用斜贴损耗大。

解决措施：在交楼标准中，明确尽量不使用斜贴。

(5) 存在问题：橱柜验收不合格，导致煤气工程验收不合格。

解决措施：执行规范。设计和施工时在煤气软管和煤气表放置的封闭空间预留透气孔，安装透气板。

(6) 存在问题：有时水倒灌入电梯井内，影响电梯的运行。

解决措施：电梯的门槛应高于地面，门槛与地面应有一个合理的坡度。

(九) 屋面工程

(1) 存在问题：斜屋面坡度太大。

解决措施：在不影响设计效果的情况下，尽量减缓坡度。

(2) 存在问题：施工单位经常提出屋面找坡材料的变更要求。

解决措施：由总包单位提出几种材料做法，由设计公司选定。

(十) 抹灰工程

(1) 存在问题：多联排别墅露台分户墙因雨水和灰尘的影响形成"泪痕"。

解决措施：设计要增设滴水线。

(2) 存在问题：地下室顶棚的设计做法基本是选用88J1-1图集的棚61做法，在保温板上直接刮2mm耐水腻子，很容易产生质量隐患（仅限北京地区使用）。

解决措施：需设网格布一道。

(3) 存在问题：外墙石材铺贴的构造做法南北方差异很大。

解决措施：需结合项目地区的保温做法。

(4) 存在问题：已交付使用水泵设备房的墙面、地面均为水泥毛坯墙面、地面，若再次进行设备房的改造时，影响正常供水，并污染水泵房设施。

解决措施：应按卫生防疫站核发二次供水卫生许可证的标准设计，在墙面、地面、排水沟内铺设墙砖、地砖。

(十一) 墙体工程

(1) 存在问题：有些地下室的隔墙也设计为轻质隔墙板，而轻质隔墙板的高度不能超过3.3m，否则会造成裂缝甚至断裂，但地下室的层高（特别是地下一层）都较高，均大于3.3m。

解决措施：建议地下室隔墙考虑改为砌块。

(2) 存在问题：有的剪力墙门垛设计过小，造成门套无法安装。

解决措施：门垛应不小于10cm（但尺寸应保证结构需要）。

(3) 存在问题：剪力墙与窗侧边的距离太小，但是图纸仍然设计砌体结构，增加施工难度，又容易产生裂缝。

解决措施：与混凝土墙、柱相连的墙垛尺寸小于120mm×120mm或某一边长小于120mm时，采用现浇混凝土墙垛。

(4) 存在问题：GRC轻质隔墙板裂缝。

解决措施：除板缝铺设玻纤网格布加强外，还需满铺玻纤网格布。

(5) 存在问题：由于有时招标时间较土建进度滞后，如不综合考虑各厂家设备尺寸提供相应预留尺寸，将造成浪费。

解决措施：电气预埋图纸尺寸应尽量留余量，如配电箱等。

（十二）楼地面结构

（1）存在问题：非沉箱卫生间的降板原来均为 3cm，使得卫生间内外高差不足，造成卫生间地面找坡很难施工，特别是门口处，很容易与外地面齐平甚至高于外地面，如果要保证有高差，又容易造成坡度不够，产生积水。

解决措施：地漏旁边楼板可再降低，具体在结构图中加以标注。

（2）存在问题：由于楼板厚度限制，使得预留采暖管道高出混凝土保护层管道交叉处，高度超高，不得不剔楼板。

解决措施：采暖管道留槽走明管，并且给行销部一个合理的解释，以利业主查问。

（十三）综合类

（1）存在问题：室外机安装困难，室内机和室外机平台相距过远，室外连接管路过长，影响楼宇的外立面美观。

解决措施：设计中住宅厅房应考虑各室的空调机位，便于室外机的安装、维修，机座应考虑容积宽阔，以便大功率室外机也可以安装。合理安排室内机和室外机平台距离。

（2）存在问题：有的楼盘有管路在烟道的出风口处通过，造成无法安装排风管。

解决措施：设计中充分考虑烟道与厨房内管线、排风管的避让。

（3）存在问题：设备房未预留承重钩（如水泵房、消防泵房、采暖机房、锅炉房、电梯机房等设备的天花内预埋挂钩），不便于重型的机械设备拆装维修。

解决措施：设计中充分考虑由设备专业提供土建设计条件，由结构专业出图。

（4）存在问题：消防中控室、闭路电视监控室不应设置在地下室，应安排在首层，且设置于同一房间内，以便管理及提高工作效率，减少值班人员，降低运行成本。

解决措施：设计中充分考虑由消防及弱电设备专业提供土建设计条件，由建筑专业出图。

（5）存在问题：小区各户型内的管道竖井没有检查口，业主维修困难。

解决措施：设计中应充分考虑预留检查口，方便维修。

（6）存在问题：小区的路灯基础应考虑梯形墩设置，一来稳固，二来可以避免周边混凝土高出路灯基座而导致绿化无法覆盖的问题。

解决措施：设计中充分考虑由景观设计电气专业提供土建设计条件，由结构专业出图。

（7）存在问题：有的小区，有车通过的路面、广场采用广场砖铺设，负重后砖频繁翘起、破裂，维修率较高。

解决措施：设计时应考虑铺设较大的、负重的道路专用砖。

（8）存在问题：燃气控制阀应设置在专用设备房内，以免造成人为的停车故障。如小区各楼内的燃气阀被安装在公共通道开放外露，则易造成误关。

解决措施：执行燃气设计规范。

（9）存在问题：各楼栋大堂玻璃门采用对角装饰夹，配廉价地弹簧，不适合北方地区风大的使用环境，破损率达到 60%。应采用带框玻璃门配优质的闭门器。

解决措施：设计中充分考虑，由建筑专业出图。

（10）存在问题：配电室安置在地下室，地面应高于楼道地面或在室内门口制作防水台阶，但实际未考虑。

解决措施：设计中充分考虑，由建筑专业出图。

（11）存在问题：空调孔板设计位置或距离不详。

解决措施：
① 客厅出阳台空调孔与阳台水落管应避免冲突，孔边距墙边必须超过 200mm；
② 空调出阳台、出墙或空调出厨房后阳台，应避免各孔边距墙边仅 100mm 等转弯半径不够的情况；
③ 客厅空调板宽应≥1100mm。

（12）存在问题：燃气热水器设计位置或距离不详。
解决措施：
① 挂热水器部位 800mm 宽墙均应实墙砌筑；
② 阳台安装燃气热水器时，其要挂热水器的实墙 600mm 宽，同时也应实墙砌筑。

（13）存在问题：家具布置时，每一个房间均需布置，但工人房、杂物房经常漏画；厨房灶台及洗菜盆、排烟井布置随意。
解决措施：设计中充分考虑，由建筑专业出图。

（14）存在问题：预留孔洞不全。
注意事项：
① 建筑图标明楼梯间正压送风口；
② 强、弱电箱预留孔必须标出；
③ 各种排水管、雨水管必须标出；
④ 燃气热水器直排孔必须标出。

（15）存在问题：复式有退台时，下层室内层高不定。
解决措施：复式有退台时，则下层室内层高应为 3.2m。

（16）存在问题：飘窗窗台 100mm 厚的侧墙应为混凝土墙，图示时应用深黑色。
解决措施：设计中充分考虑，由建筑专业出图。

（17）存在问题：转换层问题如下。
① 卫生间沉箱易出问题，转换梁偏出卫生间墙。
② 各种下水管与转换梁冲突。
③ 有室外露台时，需考虑解决室内高差问题。
解决措施：设计中充分考虑，由建筑专业出图。

（18）存在问题：小区园林道路由于路牙与路面平齐，且绿地高于路面，很容易被绿化用水污染路面。
解决措施：建议设计时提高路牙。设计中充分考虑，由景观设计专业出图。

（19）存在问题：地下车库的电梯大堂要与首层大堂一起进行装修设计，车库与地下大堂应整洁，明亮，与小区整体的档次相合。
解决措施：设计中充分考虑，由建筑专业出图。

（20）存在问题：车库的坡道长、面积大、拦水沟少；雨季来临时，易造成雨水涌入车库。
解决措施：设计考虑增加拦水沟或阳光棚。

二、结构篇

（一）部门、专业间配合类

（1）存在问题：女儿墙、沉厕管井侧墙、屋面天窗壁等，大多是在钢筋混凝土板上砌筑的砖或砌块墙体，砌体和混凝土两种不同材料界面处易形成裂缝，造成漏水。
解决措施：所有建筑要求做泛水处，均采用现浇混凝土泛水，泛水高度如建筑无特定要求的，按 250mm 高。

(2) 存在问题：梁与板混凝土强度等级不同，施工不便。

解决措施：同时浇筑的梁、板混凝土强度等级应一致。

(3) 存在问题：地下室后浇带要在至少 60 天后方可浇筑，但地下室外墙的防水及基坑回填工程却需要先行施工，如何处理。

解决措施：地下室外墙后浇带处，在外侧设一通高预制钢筋混凝土板，该板置于地下室外墙防水层内侧，建筑设计需考虑该处的防水做法，结构设计需考虑该板在后浇带尚未浇筑前用于拦挡回填土。

(4) 存在问题：有些墙垛的尺寸太小，不便于砌筑且质量不易保证。

解决措施：与混凝土墙、柱相连的墙垛尺寸≤120mm×120mm 或某一边长小于 120mm 时，采用现浇混凝土墙垛。

(5) 存在问题：有时隔墙、填充墙强度不好。

解决措施：非承重墙的墙体材料强度等级在图纸中应予注明。

（二）解决现浇混凝土楼板裂缝类

(1) 存在问题：屋面板混凝土强度等级偏高，易产生裂缝而漏水。

解决措施：屋面结构混凝土强度等级尽可能小于 C25 级。

(2) 存在问题：地下室底板混凝土强度等级偏高，易产生裂缝而漏水。

解决措施：施工周期较长的大体积混凝土（如地下室底板、外墙等），设计时宜考虑混凝土的后期强度，可采用不少于 60 天龄期的混凝土强度。

(3) 存在问题：地下室底板及侧墙后浇带新旧混凝土界面处易产生裂缝，经常出现渗漏。

解决措施：后浇带接缝处应做成企口；主筋在后浇带处按断开处理；采用膨胀止水带。

(4) 存在问题：现浇混凝土板内预埋 PVC 管时，混凝土板经常沿管线出现裂缝。

解决措施：钢筋混凝土板中预埋 PVC 等非金属管时，沿管线贴板底（板底主筋外侧）放置 300mm 宽 $\phi 1.0×10mm×10mm$ 钢丝网片。

(5) 存在问题：现电梯间前室有大量设备管线暗埋在混凝土板内，造成结构隐患，易出现裂缝。

解决措施：预埋管线较多的板（如高层建筑电梯前室等），板厚宜按结构设计所需板厚 +30mm。

(6) 存在问题：屋面等有防水要求的混凝土板，对裂缝控制要求较严，不好控制。

解决措施：有防水要求的屋面板结构混凝土内添加抗裂纤维。添加量由招标中心或总承包提供中标产品参数，由设计单位确定。

（三）防止首层地坪沉陷类

(1) 存在问题：首层隔墙自身发生沉降，墙身出现沉降裂缝。

解决措施：首层隔墙下应设钢筋混凝土基础梁或基础，不得直接将隔墙放置在建筑地面上，不得采用将原建筑地面中的混凝土垫层加厚（元宝基础）作为隔墙基础的做法。

(2) 存在问题：室外踏步、花台等发生沉陷、变形。

解决措施：建筑室外配件设计时，应考虑其地基及基础的设计。

(3) 存在问题：室首层地面回填土较厚，回填质量不易保证。

解决措施：回填时，监理必须到位，加强质量控制及自检措施，在严格按照规范要求进行回填的前提下，根据实际工程情况，可采取以下加固措施。

① 当回填砂、石等低黏聚力大粒径材料时，不另行加固。

② 当回填土厚＜500mm 时，不另行加固。

③ 当回填土厚≥500mm 且≤2000mm 时，地面长跨小于 3000mm 的，在建筑地面做法的混凝土垫层底部放置 $\phi6@200$ 双向钢筋网片，网片应锚入或搁置在周边结构上；地面短跨≥3000mm 的，除按上述要求增加钢筋网片外，在垫层底部增设地垄墙，地垄墙与周边结构形成的网格边长不大于 3000mm。地垄墙做法由设计单位出具，地垄墙材料宜采用砌体，与上部的混凝土垫层的支承关系应有保证。

④ 回填土厚＞2000mm 时，采用预制钢筋混凝土或现浇钢筋混凝土地面。

三、设备篇

（一）给排水专业

(1) 存在问题：车库应考虑冲洗车辆的给水阀。

解决措施：设计考虑给水龙头并设置相应的排水设施。

(2) 存在问题：各地块应设计量总表，各支路也应设计量分表，以便寻找漏水点。

解决措施：由市政设计考虑加设水表。

(3) 存在问题：水表型号的选用要考虑防水防潮问题。

解决措施：设计选用符合要求的产品。

(4) 存在问题：应重视水表计量问题，做到绿化、清洁及各地块均有表计量。

解决措施：应加强园林设计，设置必要的计量设施。

(5) 存在问题：沉箱式卫生间无侧排地漏，使得沉箱内容易积水而形成渗水隐患。而准备补加侧排地漏时，又由于管井面积不够，无法增加立管。

解决措施：建议加大管井的面积，沉箱式卫生间设计侧排地漏。

(6) 存在问题：卫生间设置管道井时，管道井壁（沉箱内部分）往往只是 8~10cm 厚混凝土墙或者采用砌砖，无法较好地安装防水套管。

解决措施：沉箱内部架空，沉箱管道井壁厚 12cm。

(7) 存在问题：室内给水管被打穿。

解决措施：水暖管道尽量不从门口经过，从门侧穿墙过。

(8) 存在问题：室内卫生间、阳台排水地漏使用钟罩式地漏，水封易干涸，易造成反冒臭气、传播传染疾病等问题。

解决措施：建议设计明确取消钟罩式地漏，采用带存水弯加普通地漏方式。

(9) 存在问题：楼面给水采用压槽工艺，最大压槽深度 1.5cm，而管件最大直径 4.5cm，容易造成过度压深，压低负筋，引起板开裂的问题。

解决措施：

① 有采暖的北方地区，增加板面找平层至 5cm；

② 无采暖的南方地区，管线集中处局部降板处理，户内管管径较小，采用压槽。

(10) 存在问题：设计图纸未说明塑料给水管压力等级的选用问题。

解决措施：塑料给水管压力等级较多，应根据设计工作压力选用合适的压力等级。压力等级过高，会造成造价偏高，建议选用的管材压力等级应略高于工作压力，但不应超过一个压力等级范围。

(11) 存在问题：卫生间地漏排水采用多通道地漏；因为多通道地漏自身高度较高（25cm 左右），安装后有可能影响下层吊顶的高度，且多通道地漏是集中排水，容易堵塞。

解决措施：建议不采用多通道地漏，选用一般地漏加存水弯的排水方式。

（12）存在问题：高层建筑排水立管采用三管式 PVC-U 实壁排水光管。

解决措施：据分析，内螺旋消音管可以满足 18 层以下高层建筑排水压力要求且减噪效果较 PVC 光管好。建议 18 层以下高层建筑排水立管采用两管式 PVC-U 内螺旋消音管，相对综合成本降低。

（13）存在问题：水表井未考虑排水系统，结果是容易造成维修管理上的不便。

解决措施：水表井应增加排水设施。

（14）存在问题：各户型内的厨房没有地漏，一旦由于水源安装质量较差或阀门渗漏，就会造成下面的厨房天花漏水。

解决措施：为业主安全考虑，防止煤气泄漏，建议不设地漏；厨房地面做防水处理。

（15）存在问题：电梯底坑与旁边的积水坑相通，常常造成水倒流。

解决措施：应考虑积水坑内的启泵排水水位在电梯底坑地面以下，并由设计确认水位控制器型号。

（16）存在问题：锅炉房内电缆沟与排水沟相通，造成电缆沟积水。

解决措施：电缆沟不应与排水沟直接连通，电缆沟单独设置集水坑排水。

（17）存在问题：部分集水坑内，未使用带绞刀的污水泵或未加装过滤网，造成水泵堵塞烧毁。

解决措施：设计根据具体要求采用带绞刀的污水提升泵或加设过滤网。

（18）存在问题：部分地下车库的排水设施不够。

解决措施：应根据地下室出入口平面排水情况计算设计。

（19）存在问题：某小区未考虑地热水回水管，易造成热水浪费，且供热效果不好。

解决措施：建议改用局部双管系统。

（20）存在问题：地热供暖的热水系统末端温控阀未考虑专用电源。

解决措施：由设计单位的水电专业协调，采用专用电源。

（21）存在问题：给水管道基础施工处理随意，留下隐患。

解决措施：施工时应按规范进行。

（22）存在问题：毛坯房交楼阳台和露台的排水地漏是按最终完成面设计的，但在业主没有装修前地漏与阳台面还有一定高度，这样雨水不能有效地排除。

解决措施：工程部在施工过程中控制地漏的标高。

（二）采暖通风

（1）存在问题：水暖图纸中的设备表基本上都没有详细列明设备的所有参数，招标前要花大量的时间去找甲方或设计沟通，但往往会拖延好久才解决，严重影响招标工作。

解决措施：建议建设单位和设计单位及时进行设备选型，列出设备表并标明详细的设备参数。

（2）存在问题：部分变配电房的风道、风口小，风量不能满足室内的换气要求。

解决措施：设计需根据不同房间的通风要求，增设排风装置。

（3）存在问题：部分管井内的各户暖气分支路较多，供热效果较差。

解决措施：在满足国家有关技术要求的前提下合理确定供暖分支路，必要时增加立管系统。施工中做好管道的清洗工作，初运行时做好系统的调试。

（4）存在问题：北方采暖地区的别墅要考虑冬季无人使用时的泄水装置。

解决措施：设计加设泄气阀，采用吹气工艺泄水。

（5）存在问题：室内管径小，容易堵塞。

解决措施：按规范施工，并须进行管道清洗程序。

(三)强电部分

(1) 存在问题:区内路灯灯杆内未设保险。

解决措施:设计须说明设置短路及过载保护装置。

(2) 存在问题:大市政与小市政接口处电力工井做法不明确,前期工程均设置手孔井,造成高压电缆进出施工非常困难,很难通过。

解决措施:大市政与小市政接口处电力工井根据现场情况按照当地建筑标准设计图集选用不同规格人孔井。

(3) 存在问题:消防风机、水泵电气控制柜安装存在二次控制电路不详细的问题。

解决措施:消防风机、水泵的电控柜内的二次控制电路应说明与消防报警系统联动如何接口。

(4) 存在问题:电缆桥架、金属线槽的规格尺寸未标注清楚。

解决措施:电缆桥架、金属线槽的规格尺寸及标高需标注清楚,不能漏标。

(5) 存在问题:卫生间等电位连接设计不清楚。

解决措施:卫生间的等电位连接应根据卫生间的实际布置情况,在平面图中或卫生间大样图中将等电位线路连接表示清楚并画出系统图。

(6) 存在问题:双电源转换开关(ATS)电路设计前面加两只断路器规格不统一,转换开关没有用PC级产品。

解决措施:建议双电源转换开关前面取消两个断路器;按消防要求采用PC级产品,不选用CB级产品。

(7) 存在问题:IC卡电表设在管井里,不便业主使用,且管井太小。

解决措施:IC卡电表装在业主便于观察的公共部位,管井空间要考虑设备安装、使用。

(8) 存在问题:部分园林路灯及车库照明未考虑不同时段的照明需要,造成浪费。

解决措施:设计时应考虑采用多路控制方式及夜间值班照明回路。园林照明应采用定时控制器控制。

(9) 存在问题:户内的总开关比管井内的电源开关容量大,如果户内电器短路故障时,将造成电器开关越级跳闸,造成恢复困难,业主投诉。

解决措施:户内总开关整定值不应大于上级开关,户箱总开关选用断路器。

(10) 存在问题:部分户外的配电箱、柜未具备防水功能。

解决措施:设计应注明IP防护等级,采购时严格按照设计订货。

(11) 存在问题:电缆线埋深大部分达不到设计要求。

解决措施:加强监理工作力度,埋深应符合设计要求。

(12) 存在问题:草坪灯、地灯施工埋深较浅,穿管采用PVC线管防护效果差。

解决措施:施工时需按设计要求并采用重型PVC线管。

(13) 存在问题:部分线管预埋处的楼板开裂。

解决措施:凡是PVC线管通过的地方,板筋下用钢丝网加强,防止开裂;尽量避免线管集中布置,尽可能间隔一定距离。

(14) 存在问题:地埋管线接头多,易发生故障且难寻找。

解决措施:保护管内电缆不允许有接头,需做接头时须按施工规范施工。

(四)弱电部分

(1) 存在问题:规划设计时应避免弱电箱(包括其他公共设施)在业主院内。

解决措施:在确定规划平面后应及时进行其他专业的设计,规划时预留公共设施的安装位置。

（2）存在问题：红外系统在使用中受到庭院围墙中绿化的遮挡，不能达到其真正功效。

解决措施：弱电系统专业公司在设计中红外探测装置设置位置与景观相关专业在施工图出图前进行沟通并确认。以避免外围绿化植物遮挡，保证红外装置防范功能。

（3）存在问题：消防报警系统，有些线路没有线号回路编号。

解决措施：对于总线回路、电源回路、电话回路、广播回路、多线联动控制回路等，每个回路及分支回路均需设计线号，以便于安装调试及维修查线。

（4）存在问题：消防梯、客梯轿厢内的紧急呼叫系统，不能作为三方通话使用。轿厢内的应急电话，因数部应急电话通过一条消防电话线路连通，通话质量不能保证；电话无编码定位，无法确认求救源，不能实施快速救援。

解决措施：

① 设计预留管线，满足三方通话，增加带地址码手报并带电话插孔。

② 应启用电梯内的紧急呼叫系统，采用屏蔽线路与监控中心或消防中心对号连通，并准确定位，确保通话质量，达到快速救援的目的。

（5）存在问题：小区出入口未设可视对讲机，小区入口保安与业主联系不方便，不便于安防管理。

解决措施：小区出入口安装可视对讲主机，以便访客在小区入口与业主联系，并确认准许进入。

（6）存在问题：车库内进入各楼的门未设置门禁、可视对讲系统。

解决措施：增加相应的安防系统。

（7）存在问题：部分弱电系统（包括消防报警）未设专用防雷保护装置。

解决措施：强弱电系统均增加浪涌保护装置，与防雷保护系统综合设计。

（8）存在问题：小区入户电话容量不够，竖井内各户只预留2个号码位，业主报增时无法满足需求。

解决措施：公寓式建筑在总容量上按每户2.5个号码预留。

（9）存在问题：部分的中控消防、闭路电视监视系统包括摄像机未采用集中供电方式，只就近取电；在管理过程中发现电源被人为拔掉，导致工作中断。

解决措施：采用集中供电方式，设备系统应配备应急备用电源（双路互投）。

（10）存在问题：住宅入户大堂和电梯轿厢要考虑增加视频弱电线路，可播放营销及其他广告。

解决措施：设计中充分考虑，由电气专业出图。

（11）存在问题：弱电管线施工质量不好，穿线困难甚至穿不过。

解决措施：施工时须按施工规范进行，管线配件齐全。

（五）综合部分

（1）存在问题：屋面中管道穿越楼板导致屋面处渗漏。

解决措施：按规定选用和埋设套管；套管处要用沥青麻丝和防水油膏充填。

（2）存在问题：设备房缺少大样图。

解决措施：设备房、管井房提供详细的设备平面布置图及剖面大样图。

（3）存在问题：水、电、通风空调专业管线冲突。

解决措施：在地下室，通风空调的风管、给排水管道、电缆桥架、金属线槽、母线槽等须标注其安装位置及高度。

（4）存在问题：有时设计选用的设备为独家生产的，如水箱自洁器，可能会加大工程成本或质量隐患。

解决措施：建议设计选用成熟的通用设备和产品，以利于形成竞争，择优选用。

（5）存在问题：有的楼盘线管在厨房烟道口处通过，使排风管无法安装。

解决措施：在有可能出现这种情况时设计须标出管线的准确位置并避免冲突。

（6）存在问题：低压配电室内的配电柜未预留基础座。

解决措施：应增设基础座，室内的电缆沟与排水沟分离。

（7）存在问题：水泵房（生活水房、中水房）内的排水沟，应满足水箱跑、溢水时的排水量。

解决措施：设计应进行计算，确定合理的排水沟断面尺寸。

（8）存在问题：部分水箱的液位控制系统经常出现故障，出现严重溢水情况。

解决措施：选用可靠的液位控制系统，报警信号引到值班室。

（9）存在问题：电梯因停电出现困人现象，造成业主投诉。

解决措施：增加自动平层功能（加应急 EPS 电源）。

（10）存在问题：旧楼盘的电梯均采用单控方式，增加了电梯的运行费用和业主的等候时间。

解决措施：采用群控方式。

（11）存在问题：电梯机房夏天的室内温度很高，机房内的通风设备不能降低室内温度，造成电子设备不能正常工作。

解决措施：机房内增加空调机。

（12）存在问题：设备房未预留承重钩，不利于重型机械设备的拆装维修。

解决措施：设备机房内按需要预留承重钩（结构增加埋设件）。

（13）存在问题：施工破坏管道现象严重。

解决措施：各种管道应设置标志。

四、其余控制要点

（一）建筑设计中经常出现的错误

（1）地下工程的防水问题经常容易被忽略，地下工程的防水应根据地下水位的高低来决定做法。电缆地沟也常忘记做防水，对于地下水高的地区仅做内防水还不行。另外，防腐工程对水也很敏感，不做防水，防腐的面层与基底黏结就不好，容易脱落。

（2）建筑的水沟虽然是一个小部位，但是也是不容忽视的。水沟的盖板也不是随便挑选的，要根据荷载来决定，有的项目存在需要上卡车的情况，这时候就要选能承重的重型盖板，而且盖板下要埋设角钢加强，过路的地沟要加钢筋加强。

（二）配电室门窗问题

（1）配电室门一般至少要有一个进配电柜的稍大的门，电气专业一般要求不小于 1.2m× 2.4m，建议做 1.5m×2.7m 的门，门上做上亮，上亮下的中梃要求厂家做成可拆卸型，这样在头次安装和以后的维修中需要进出配电柜时，就将中梃取下，平常走人则用下面的 2.1m 高门即可。尽量不做 2.4m 高门，一方面有时不满足安装要求，因除去门框后净高未必够，另一方面如为安装柜子做成通高 2.4m 的门扇，尤其是钢门则很沉重，开启不方便，门轴处也易坏。有时电气专业忘记提门高条件，还需设计部门根据经验及时与其确认，避免将来安装时出问题。

（2）配电室一般长度超过 7m 要设两个疏散门，超过 60m 还宜增加一个出口。

（3）高压配电室宜设窗台高度不低于 1.8m 的固定窗，低压配电室宜设配纱扇的开启窗，不能一律开成普通窗。

（4）配电及有危险的化验室的门要求外开，很多人在设计时不注意，但其实在配电的规范里都有相关要求。两个配电装置之间的门应开向危险程度低的一面，《20kV及以下变电所设计规范》（GB 50053—2013）第6.2.2条中规定相邻配电室之间有门时，此门应能双向开启。

（5）室外的电缆沟要加集水井，同时沟要向集水井找坡。

（6）配电室，在有危险气体（比空气重，有爆炸危险）聚集的可能时，室内外高差要大于等于600mm。

（三）结构尺寸类问题

（1）一般设计图所标窗尺寸均为洞口尺寸，飘窗要将洞口全部维护起来，故窗要分别固定在洞口外边缘，窗中心距的距离大于洞口尺寸，而在设计平面图中标注窗尺寸仍要标注洞口尺寸，只在立面展开图中体现窗的实际尺寸。由于窗固定在外边缘，给结构提条件的时候要注意挑板的尺寸要大于洞口宽度，一般每边多出80～100mm（具体根据窗框选型确定）。

（2）关于门宽的问题，建筑设计有很多都要求门的宽度而不是洞口的宽度，无视混凝土结构的要求，无视施工因素和施工材料因素。比如有的设计者在混凝土柱处设计10cm的门垛，但没有要求浇混凝土，有的还只有6cm，如何砌砖？

（3）高度24m以上但未超过50m，每层建筑面积大于1000m^2的商业楼、综合楼以及24m以上每层建筑面积超过1500m^2的商住楼划入二类高层建筑，造成防火分区的划分、疏散楼梯的设置以及相应消防设施的配置等一系列错误，而且这类错误几乎是灾难性的，所以有必要引起重视。

（4）在做上人屋面时，女儿墙压顶距屋面完成面的距离低于或等于0.45m，且压顶的宽度大于或等于0.22m时，栏杆的高度应从可踏部位顶面起计算。一般女儿墙如为砖墙类，混凝土压顶一般宽出墙边80mm，宽度很容易超出0.22m，这时在计算栏杆高度时一定要注意应计算压顶面距屋面完成面的距离。

第四章

◆ 标杆房企招投标阶段无效成本案例分析及控制要点

第一节 标杆房企招投标阶段无效成本案例分析

招投标阶段是整个开发过程中承上启下的阶段，随着地产行业下行，开发商也意识到了供应商是房企的同路人，地产招采是供应商的引路人。在现实中，因为"引路人"没把好准入门槛，定不好游戏规则，导致成本浪费的现象比比皆是。比如采购策划不足，使得项目施工过程中产生被动应急采购，采购的次数增加，采购成本上升，同时影响工期和质量，进一步增加开发成本。再比如招标的时候只重经济标不重技术标，哪家便宜用哪家。有些房企招投标，压价已经压到施工单位无利可图，本以为捡了个便宜，没想到其实是挖了个大坑。低价中标的施工单位进场之后，常常搞各种小动作来搞签证索赔。

招投标阶段的无效成本如图 4-1 所示，笔者将分析此阶段各种导致无效成本的案例，希望给读者带来启示。

图 4-1 招投标阶段的无效成本

第四章 标杆房企招投标阶段无效成本案例分析及控制要点

> **案例一** 招标策划：招投标流程、入围单位、定价原则、标段划分不合理，计划性不足

主要表现为要么标段划分过大，导致承包人资金实力、管理能力难以胜任，从而拖延工期；要么标段划分过细，导致承包企业过多，增加建设单位管理成本且大型企业投标兴趣不高；要么将不宜划分标段的工作面划分了标段，导致工作界限不清晰、后期承包单位扯皮的问题。一般招标工程标段划分遵循的原则是根据建设工程的投资规模、建设周期、工程性质等具体情况，将建设工程分期实施，以达到缩短工期的目的。因此招标代理单位根据建设单位的建设目标，合理制订分期实施的具体计划，应作为招标策划的首要工作。

（一）划分标段几种情况的分析

（1）投资规模的大小直接决定分标段实施的可行性，对于投资规模较小的工程建议考虑一次实施，因为分标段实施可能会使招标缺乏竞争性，也不利于工程管理，同时还会造成不必要的财力浪费，对工期的影响也不明显，且较难做到清晰划分标段界面。

（2）标段的划分还应考虑设计方案，必须满足设计上单体建设物的独立性和可分割性，以保证施工分标段实施后不会产生质量隐患。

（3）现场场地大小、平面布置、临时设施安排、场地道口的位置等条件也是考虑因素。因为如果现场条件较差，分标段实施可能会带来相互间的交叉干扰。

（4）建设单位对建设工期是否有所压缩、建设资金的到位情况也是要进行综合分析的。因为分标段实施会带来投资的增加、资金运作的调整，所以代理单位必须对此进行全面分析。

（5）还可根据工程性质，对不同专业分标段进行实施。在施工现场允许的情况下，可将那些专业技术复杂、工程量较大且需专业施工资质的特殊工程，作为单独的标段进行招标施工。

（二）划分标段要考虑的关键点

（1）责任明确：质量、安全、成本、工期责任明确。

（2）经济高效：标段细分，业主实际控制权大，各标段协调量大，协调风险也高；总承包，价高，协调量小，容易取得工程的高效率。需要掌握经济与效率的平衡点。

（3）客观务实：从实际出发，考虑潜在竞争对象的实际情况、建设方的财力（信誉）和管理力量、市场情况、投入计划等。

（4）便于操作：找出主要因素，综合考虑标段的划分。

（三）标段划分不合理现象及容易产生的后果

（1）同类型工程，工程量划分很不均衡。如50口井，把标段划分为1、5、10、15、19，容易造成竞争不充分，造成施工单位管理、设备、措施的投入比例与施工量不均衡，投标价格偏离较大。

（2）把一体的单位工程强行划分开，招标范围界面不明确。如把一个楼按层数划分标段。必须满足设计上单体建设物的独立性和可分割性，以保证施工分标段实施后不会产生质量隐患。一个楼划分为基础、主体、装饰行吗？有些开发商就是这样的。再如把货物、工程、设计按标段划分开。合同范本不同，重复的地方过多，不同投标人看招标文件不知道适用哪个地方。

（3）划分标段过小、过细。这样易造成施工不容易组织，水电道路等施工条件安排不畅，又有变相安排队伍的嫌疑。伴随着还要设置其他条款，如一个队伍只能在一个标段中

标，或最多两个标段中标等，可能产生多个问题。

所以每个项目要分析所建设工程的实际情况、潜在投标人的情况，保证有一定的竞标对象，可以形成一定的竞争；协调建设单位的可操作性，包括工期、工程界面、质量、管理、环保等方面的搭接关系；考虑建设工程标底的可控性（也许图纸不那么完善）；保证知识产权和资金供应上的可操作性。

如下述为某开发商在初次进入长沙某区建设开发时其土方招标策划案例，涉及招标方式选择、计量方式、计价方式以及界面划分等内容，策划示意图如图 4-2 所示。

图 4-2　某项目土方招标策划示意图

1. 招标方式：能够招标、绝不直委

（1）取得相关政府部门的支持。土方工程涉及的政府相关部门有：渣土办、城管、环卫、公安等。公司高层可以向政府高层传达一个信息：公司制度要求，土石方工程必须进行招标，但是在同等条件下，会尽量尊重当地的要求。

（2）重视投标单位组成。投标单位通常有如下几类：村组内半垄断势力，村组内当地村民推荐的代表，地区内有绝对压倒性势力的土方单位，项目上根据当地情况推荐的单位，当地的渣土公司，集团推荐有强劲实力的土方单位。投标单位要具备以下两个条件：第一，一旦中标，有协调各方的能力，顺利完成工程；第二，具有一定的资金实力，没有卷入高利贷债务。

（3）各投标单位充分沟通。为尊重各方投标单位，来参加投标的单位，不管是否中标，均有投标补偿金额（1 万元～2 万元不等）。跟各家来投标的单位，均要充分说明当地势力的复杂情况。跟各家单位说明，合理低价中标是要求，但是招标人有不选择最低价中标的权利。

当然，招标的前提是没有完全垄断，项目有引入竞争、打破垄断的可能。

2. 计价方式：能够综合，绝不分项

如果是进行招投标，则建议采用大包干综合单价，不区分土方、石方、淤泥、建筑垃圾费用与开办费。但是综合单价包含的内容，需要提前说明，并且为了便于投标单位预估石方的量，需要提供地勘报告作为招标依据之一。

如果是进行单一对象的直接委托，在价格谈判的时候，很有可能会出现对方不想承担相关风险（淤泥工程量、石方工程量的不确定性）的情况。所以，在此种情况下如果谈判陷入僵局，则建议可以将石方、淤泥费用与开办费单独列支，以推进谈判进展。

3. 计量方式：事前约定好，事中不扯皮，事后好结算

计量方式应事先约定，以下四个方面最有可能出现问题。

（1）放坡及工作面是否计算工程量。计算或者不计算都没有问题，但是应事先在合同或者招标文件中明确。

（2）淤泥的计量方式。如果场内全部为鱼塘，那么淤泥深度的界定则显得非常重要，现如今淤泥深度的界定并没有非常合适的办法，图4-3为某标杆企业合同中对于淤泥深度的界定规则。

> 3. 挖、填土(石)方工程量的测量及验收
> 3.1. 挖、填土前，由甲方派测量队对挖填区域的土(石)方量进行测量(乙方必须自行测量对比甲方测量的数据)，<u>在回填区，池塘、河沟、湖泊的淤泥测量是以成年人踩踏的深度计50%，淤泥最深只计算到(/)cm</u>。乙方对甲方的测量结果确认后才能进行土(石)方施工。进行土(石)施工后，乙方不得对双方确认的测量数据的结果有任何异议。

图4-3　土石方工程量测量及验收资料截图

（3）石方的计量方式。对于单独少量不规则的石方，则只能采用现场丈量，体积预估，按三方确认的原则进行计量。如果是成片的石方，则一定要采用方格网来进行测量，方格网的选取，可以根据现场的实际情况，三方商讨确定。切不可仅直接在草签单中注明石方的工程量，因为石方涉及金额较大，这样的收方单数据无可追溯性。

（4）场内转运土方再次外运，是否计算松散系数。一般情况下是不予计算松散系数的，但是如果合同中并未明确约定，后期有可能出现索赔风险。

4. 界面划分：界面划分一定要清晰（土方与总包、土方与支护、土方与桩基、土方与景观）

（1）土方与总包。一般大开挖土方为土方单位施工，清槽、侧壁、房心、基坑基槽土方为总包单位施工。对于地库侧壁回填与地库顶板回填，在有条件的情况下，建议归为总包施工。有的地区垄断性较高，无法归为总包的除外。

（2）土方与支护。两个工程的交界面主要存在基坑边坡的平整度的问题，如果平整度不够，则支护单位需要重新进行边坡修整才能进行支护。如果界面划分不清，则容易导致最终支护单位的索赔。如果支护形式相对简单，则建议在同等价格条件下，将支护工程委托给土方单位施工，则不会出现界面划分问题。如果支护形式稍偏复杂，土方单位没有相应的资质和施工能力，则需要分开，在分开时需要在土方合同中进行约定：土方修坡的平整度需要通过支护单位的验收方可。同时在支护单位的合同清单中要注明：支护的综合单价需要包含人工修坡。

（3）土方与桩基。某些地区垄断较为严重，就连人工挖孔桩的土方也必须由土方单位进行外运，那么此时应在桩基招标清单中注明成孔土方由土方单位负责外运。桩基单位出土后，由于没有归堆，或者土方归堆过于零碎，导致土方单位需要进行二次归堆之后，才能一次开挖装车，此时土方单位会要求进行索赔签证。这种情况需要在桩基清单中务必进行备注：成孔土方必须按照甲方的要求，在场地内进行成堆堆放。其堆放方案，工程部的同事在事前最好先跟土方单位进行商议，尽量达成一致的要求，避免发生后期签证。

（4）土方与景观。两者主要存在种植土与景观土方塑形是哪个单位施工的问题。如果是景观单位施工，则相对较为简单。如果垄断性较强，种植土与景观土方塑形必须由土方单位施工的话则必须在土方合同中约定，种植土源的选择必须征得景观单位的认可。最终验收需要景观单位参与并且签字确认，避免后期景观单位将苗木的死亡归咎于种植土不合格。

案例二 招标策划：不按事先采购策划进行定标

在招标和定标环节，最核心的目的就是找到最佳合作单位。投标单位参与投标，有这几种情况。

（1）当地市场首个项目，目的可能是打开当地市场，为拓展市场打造"敲门砖"，不惜牺牲一部分利润甚至小额亏损。

（2）为了赚取利润，同时扩大市场份额及企业规模。

（3）不为了赚取利润，保本即可，主要为了扩大市场份额及企业规模。

每一种情况对利润的诉求不同，对报价的高低影响也比较大。但是，不管什么情况，对低于成本报价单位要坚决弃用，应安排有丰富经验的成本人员参考标底进行多维度分析，找出这种单位。如果这个时候招采部门对低于成本报价单位放行甚至让其中标，后续大概率会出现"低价中标、高价索赔""累死自己、饿死同行、拖死业主"等各类风险问题。

诸多房企还不具备上述专业化程度，会出现三轮以上的谈价，那么该从哪些维度谈？谈价不是硬压价，尤其是中小地产会面临店大欺客的情况。那么该如何谈价，让供应商赚取合理利润，从而对降价心服口服？其实，供应商最怕甲方比乙方还专业。

有个项目，跟其招采总交流得知，他们招标门窗时，把门窗涉及的配件相关工厂，全部进行了考察。在考察报告中，关于生产设备、原材料等进行详细拆解，比如胶条、玻璃、五金件的市场信息，门窗主辅材是一线品牌还是二线品牌都掌握得非常清晰。通过专业知识，反向指导门窗厂的上游供应链优化，即便后期出了什么问题也知道如何处理。跟另一位招采总交流，他们则更进一步，拿着投标人的单跟厂家上游的原材料商洽谈，通过上游的原材料商的合理让利，促进投标人给予同等让利空间。

不管是事后谈价还是事前询价时的充分沟通，可以从6大维度释放信号让供应商给予合理报价。

① 从供应商生产维度谈价。

原材料价格：从供应商上游入手；

生产能耗：水煤气还是天然气，成本会不一样；

工艺：工艺不同，工序不同，造价会有差异；

税收：相关政策补贴等或者是一起实施税务筹划。

② 通过竞品维度迫使降低价格。利用同档次的竞品报价施压，迫使供应商降价。

③ 利用聚量维度获得价格让利。多项目的采购量指定唯一供方，或事前分配好订单量，策划组织本地多房企联合采购实现聚量采购。

④ 借助厂家设计优化维度改善产品。常用方式是将标准款改为定制款，原厂生产供货改为不限场地生产供货。

⑤ 锁定周期性时间差维度降价。某些品类有季节波动，在对方销售淡季时间下单锁定库存，掌握原材料的波动性，在低点时储备一定的库存采购。

⑥ 通过友好的付款方式获得让利。预付款＞零预付按进度付款＞以货换货＞以房抵款＞供应链融资。

招标是个技术活，招采人员绝不能沦为走流程的工具。不管是一轮报价还是多轮谈价，都会有诸多专业技术的约束。深耕品类，不断变得更专业，在招标过程中自然而然就能掌控全局，把握招标的主动权。超过3轮的谈价，甚至达到7~8轮，其实已经处于失控了。另外，招采人员还得多从供应商的痛点出发，分担他们的风险，他们才会让利。总想把风险转嫁给投标人，供应链的价值就会丧失，那就不是供应链了。

案例三　招标策划：市场信息、价格把握不准确

某公司对材料价格走势带来的成本变化缺乏敏感性。在签订的电缆年度协议中，正值铜价处于历史最高位，所有人都预计铜价将大幅下挫。但该公司没有主动了解掌握信息，按照固定单价与供应商签订合同。次年价格大跌，致使公司蒙受的损失达50万元。另该公司签订的电缆年度供货协议，约定按照铜价走势进行价格调整，由于成本人员对铜价走势不敏感，导致了如下情形：当铜价上涨的时候，施工单位会主动要求调价；但当铜价出现下浮时，该公司未获取信息，未主动约施工单位谈降价事宜，公司遭受损失。读者可能会说，降价时主动约谈施工单位是多么简单的事啊。但是根据统计，每个项目都会有几次在价格下降时未主动去约谈的情况，都等着最后结算时一并考虑呢，但不是每种材料都会记得住在结算时去统计下调的，除非是大宗的，而有些小宗调价就稀里糊涂地过去了，所以损失、无效成本就这么来了。

改进要点和建议：成本人员应及时收集整理涉及造价的各类市场信息。

案例四　资源选择：施工单位/供应商考察失误，投标竞争不充分

多数房企都会对潜在投标人进行考察，大型地产集团对入库单位严格把关，招采管理部门、工程部门、研发部门都需要参与其中，并由分管上级审批供方库成员。原则上，只有入库的单位方有资格参与投标，对供应商主要从组织架构、履历、历史业绩、产品性能、财务状况等方面进行考察。

（一）不同供应商特点

可从以下方面把握不同供应商特点。

1. 中央国有企业

优势：技术优势；资源优势；重视安全投入；重视企业名誉。

不足：

（1）国有经营管理，员工积极性相比民企略显不足；

（2）一般经营重点不是住宅，侧重公建、工建，特别是高、大、特等标志性建筑；

（3）住宅工程一般是辅助业务，内部重视程度不足；

（4）企业领导更换对合作影响较大。

2. 地方国有企业

优势：当地资源丰富；当地政府关系强；有一定的技术能力；重视名誉。

不足：

（1）与当地政府部门关系密切，有可能会借助政府关系向甲方施加压力；

（2）国有经营管理，员工积极性相比民企略显不足；

（3）住宅工程易存在内部承包、合作挂靠等情况，对分包管控能力被削弱。

3. 民营企业/集体企业

优势：工作效率高；成本低。

不足：

（1）技术能力较弱；

(2) 经济实力不强；

(3) 重视自身经济利益，自身利益未得到满足时可能采取的手段多、力度大。

陕西某市开发商三期项目机械车位设备采购安装工程在供应商考察时，开发商虽然是第一次做机械车位，但还是了解到主要分为电控升降式和液压升降式两种方式，在考察时四家是电控式，只有一家是液压式，这对产品性能的选择提出拷问，参加考察的各部门人员分成两部分意见，一部分支持电控式，一部分支持液压式，这涉及招标文件中技术需求的定位。因为无法将两种要求同时写入一份评分标准中，经过从经济性、易用性、可完成能力（本次780个车位）、维护维修性等深入讨论，决定此次招标不考虑液压式，但再补充考察一家电控式，以增加投标的竞争性。

（二）供方推荐的原则

供方推荐的三大原则如下。

（1）达标原则，即所有入围单位的各项条件必须符合招标文件要求，这是保证供应商质量的基本门槛和必要条件。

（2）竞争原则，尽可能在供应商之间形成市场竞争，以选择出相对最优的供方。在具体执行中，很多标杆企业明确要求邀请招标的有效标底数必须大于等于 $2N+1$，N 为实际需要合作的供应商。

（3）新人原则，即在邀请招标时尽量保证至少有一家未合作供应商参与，规避串标，整体上确保招标过程的良性竞争。

案例五 资源选择：施工单位/供应商未有能力承接，存在诚信、私自转包或配备不实问题

"中"字头总包单位实力不可谓不强，当初招标考察它们的时候，企业资质是最高的，业绩也是最突出的，参观的项目也是相当地可圈可点，在国内再找出比它们实力更强的总包单位可能都很难。怎么中标后，做项目却也常常出现配合不到位、商务扯皮、项目团队责任心不强、现场管理不到位、关键时刻还掉链子的情况呢？主要原因就是项目管理团队"偷梁换柱"。同样的企业、同样的资质，企业内部的项目部也存在企业自营、内部承包、合作挂靠等模式。"中"字头企业承接项目一般都用的总部的资质，但真正实施项目履约的却是不同的分公司、项目团队。参观考察的项目很可能是该企业在当地的"标杆工地""明星项目"，负责这些项目的一般都是很有实力的项目团队，但中标后与项目合作的却是当地临时社会招聘组建的团队，项目员工大部分签订的是项目合同（项目合同是指以某项目开工至竣工期限作为劳动合同期限）。导致"好的供应商做不出好项目"的原因也可简要总结如下。

第一，同一家企业不同管理团队之间管理能力相差很大。

第二，同一项目部前后两项工程由于部分管理人员更换或合作分包更换导致管理效果相差较大。

第三，同一项目部同一劳务分包施工，不同责任人管理的片区之间工程质量也可能相差较大。

所以，在引入优秀供应商的时候，也要重点关注或者合同约定好合作项目的管理团队。那么如何防范围标、串标，阻止恶意投标人入围呢？一般通过以下方式。

（1）推行资格后审，增加投标人数量，提高竞争性。

（2）开标时加强监管，如：要求投标人的法定代表人或拟派项目经理持有效证件到场，并提供单位为本人缴纳社保的证明文件，增加围标、串标的难度。

（3）加强投标保证金管理，如要求投标保证金从投标人本单位基本账户转出，开标时要

求提供原始转账凭证。

（4）制订有针对性的评标办法，如采用"经评审的最低投标价法"，不限定投标人数量，有效评标价通过计算和评审确定，就增加了围标、串标的难度。

（5）推行工程量清单招标和电子评标。通过 IP 地址检测，检查投标方报名、购买招标文件、澄清答疑、回标等环节异常情况。

（6）通过清标检查投标报价异常情况。集团定期组织招采检查，监测供应商串围标行为，通过暂停投标、没收投标保证金、列入黑名单等形式处罚及警示违规供应商。对恶意串标者剔出合格供方库，并在征信体系中予以公布。

案例六　招标范围：招标范围不准确，界面不清，造成交叉、重复作业

招标范围不准确，界面不清，造成交叉、重复作业，这主要发生在费率招标和模拟清单招标上。很多时候，考虑到工期、资金回笼等原因，特别是"三边工程"，业主需尽快确定施工单位，无法编制施工图预算或工程量清单，此时，可选用费率招标或模拟工程量清单招标，以换取项目在时间上的利益。诚然，费率招标是定额计价模式的产物，有其历史性和局限性，使用中有诸多的问题，比如一旦哪里范围约定不清可能就会带来中标后的争议。笔者经历的南昌商业综合体项目就是模拟清单招标，在措施费的垂直运输、超高费上争议涉及几百万元，即使双方最后协商一致，项目也向外支出了一百几十万元，界面当时约定也是不清，在与后续分包招标碰头时，经常扯皮，到底谁来做，这样的争议也涉及三四百万元，这些都是无效成本从隐性变成了显性的过程。此时，作为成本管理者，需要思考的只有一件事——如何避短，即如何控制风险，将已知风险的预防措施前置，扬长避短，完善优化费率招标模式下的管理方法。

现从费率招标本身存在的问题切入来谈管控思路和对策，从计价方式、合同条款两个方面切入，重点讲费率招标（模拟清单）应该怎么做。

（一）费率招标常见的问题

费率招标是以定额为依据，投标人填报综合费率或下浮率，待施工图纸完成后以合同约定的取费编制施工图预算的招标方式。费率招标常见的问题如下所述。

1. 定额本身的问题让费率招标的遗留问题多

作为费率招标的依据，定额本身的主要问题及局限如表 4-1 所示。

表 4-1　定额本身的主要问题及局限

序号	问题及局限性	举例
1	定额本身可能就是不平衡报价的源头	上海 2000 定额中，桩基工程、降水工程与市场相比偏高较多，而砌体人工费与市场相比偏低较多
2	部分定额与普遍采用的施工方案不匹配	上海 2000 定额中，模板采用工具式组合小钢模，与市场上普遍使用的木模板施工方案不匹配，其价格偏差较多
3	现场条件多变、复杂，定额子目选用亦具有灵活性与争议性	上海 2000 定额中，钢筋可以按照直径套用，也可以按照构件类型套用，而两种方式定额水平略有差异

2. 不能事前定价，难以得到合理价格

信息价中材料费的计取价格缺失，使得中标后定价对甲方不利。信息价中不可能包含所有材料价，尤其品质或技术有特别要求的材料价格的缺失，施工过程中存在大量的核价工作，中标后的定价不仅不利于甲方得到合理价格，同时大量的谈判、协商工作也增加了管理成本。

3. 界面划分不清晰,责任约定不明确

很多费率招标合同相对简单,加之没有完善的图纸,对总包、分包(图 4-4)、甲供材的范围,总包方的管理责任,施工标准等约定不明,这无疑增加了现场管理和协调的难度。

图 4-4　垂直运输不同分包界面示意

4. 合同条款不完备,争议问题较多

费率招标最大的诟病是工程造价的事前不确定性、不可控性。不可控来自于事前没有约定或约定不明,致使施工过程中出现大量的现场签证及索赔的活口,施工方可以通过设计变更或工程变更达到增加合同额的目的。例如,一些措施项目约定不明,造成费用增加。

由于很多企业对费率招标模式的操作过于简单,风险预控意识不强,导致传统的费率招标在施工过程中有大量核价、结算争议。如何有效地避免或者减少费率招标的弊端是值得思考的问题。

(二)费率招标下的成本管控对策

既然对费率招标的问题已心中有数,那么,从问题出发优化费率招标,可从两个方面着手破局。

其一,计价方式:在计价方式上,定额计价与清单计价两种方式相结合,取长补短,灵活地调整定额偏差较大的子目。

其二,合同条款:在合同条款的制订上,事前约定材料价格,理清工程界面,做好责任划分,对易争议项尽可能约定详细。

1. 计价方式

(1)针对定额的局限性,可采用定额计价模式+清单计价模式相结合的计价方式,以取长补短。结合各个分部分项工程、措施项目的不同特点,可以对应两种不同的计价方式,如表 4-2 所示。

表 4-2　两种不同计价方式的适用范围

计价模式	适用范围	举例
定额计价	实体的分部分项工程	—
	常规施工方案且定额水平与市场水平差异不大的措施项目	模板、脚手架、垂直运输采用定额计价模式

续表

计价模式	适用范围	举例
清单计价	与施工方案关联较大的措施项目	降水工程,定额含量与实际情况偏差较大,按定额计价高出市场价较多,并不合适,可要求设计院先行设计出降水方案,编制工程量清单由投标人报价,也可由招标人在招标文件中约定采用事前定价的方式定价
	定额项中未涉及的项目	定额计价中未包含的特定情况下的施工扰民费等

(2)针对定额含量偏差较大的问题,灵活调整定额不合理的项目。

深究定额,其本身是最大的不平衡报价体系,即定额中部分子目的消耗量与实际消耗量水平存在一定幅度的偏差。例如:上海2000定额中,桩基工程、降水工程、模板工程与市场水平相比,消耗量偏高;砌筑工程人工含量相较于市场水平整体偏低。有的人会有这样的顾虑:定额本身是个体系,若将某一分部或某一分项工程分离出来就破坏了定额体系,不利于投标单位报价的测定。事实上,保证单价合同每个子目单价的合理性才能最大限度上保证总价的合理性。所以,应摒弃自我设限的思维,打破定额时期的认知体系,即使是费率招标,也可合理确定工程造价目标,用活用好费率招标模式。

笔者曾实施过费率招标模式对上海2000定额中的模板定价予以调整,针对单价、计算规则、工作内容三个方面的约定如下:

① 单价。采用固定全费用综合单价形式计价,不论实际采用钢模或木模,均按60元/平方米的全费用单价计取,不再取费、计税、下浮。

② 计量规则。工程量按与混凝土接触面积计算,不区分构件类型、支模高度。

③ 工作内容。工作内容包括模板及支撑的加工、制作、运输,支模,拆模,以及固定模板的穿墙及止水螺杆安装(因地下室外墙止水螺杆是结算争议较大项,止水螺杆等工作内容已包含在模板及支撑工程内,避免结算时增加此部分费用)。

2. 合同条款

(1)事前约定材料的价格或定价方式

无合适定额套用项或无信息价的材料价格约定可采用以下形式。

① 指导价。根据项目特点,结合以往项目经验,可将信息价中没有或不适合套用定额的项目的材料价或者综合单价在招标文件中以指导价的形式一一列出,并说明技术或品牌要求。例如环氧地坪漆、成品烟道、高性能膨胀抗裂剂、外墙保温或屋面保温材料、防火门等。

② 定牌定价项目。对材料品质或技术要求较高的材料可在招标文件中约定使用前采用定牌定价的形式定价,并约定好管理费和税金的取费。

③ 核价。其他没有约定的材料价格,招标文件中应明确核价的流程、方式等。

(2)清晰划分工程界面及责任

不论采用何种招标模式,理清工程界面是成功招标的前提。招标文件中应明确约定总包和各分包方的施工界面,明确指定分包工程、甲供材、独立工程、甲指乙供及限定品牌的材料等。对总承包管理,需明确以下责任:

① 对甲供材管理的约定,对采保费的计取方式、损耗率以及结算方式的约定;

② 对指定分包管理责任的约定;

③ 总包管理费及水电费计取方式的约定。

(3) 细化合同中易争议项的约定

① 约定专业定额的优先级。

② 对易存在争议项的定额子目的套用需事前详细约定。

事前详细约定易争议项，可避免后期发生争议。可对以下类似问题进行约定：大开挖土方后平整场地费是否计取，钢筋按直径套用定额还是按照构件类型套用定额，钢筋接头电渣压力焊、机械连接是按定额套用还是以指导价计入，采用商品混凝土是否计取泵送费，干粉砂浆按散装还是袋装计取，找平层、楼地面等粗装修用混凝土采用泵送还是非泵送混凝土等。

图 4-5　马凳筋示意

③ 与施工方案有关的非实体部分的约定。与施工方案有关的非实体部分需事前约定是否计取费用、如何计取，需要尽可能详细地约定。有些施工单位采用低价中标策略，中标后通过不断索赔增加利润。例如，地下室外墙止水螺杆、马凳筋（图 4-5）是施工方常常高价索赔的方面。笔者曾在结算审核时，发现马凳筋工程量超出较多，原因是编制人员按照监理审批的施工方案中的马凳筋间距 0.6m 计取，而实际设计规范是间距不大于 1.0m，该部分工程量偏差 60 多万元。对于此类问题可在招标时约定如下：马凳筋等措施钢筋间距按照设计规范最值计算，若实际需提高标准且增加造价的必须事前通过业主方设计、工程、成本等部门的联合审批方可执行，且需施工过程中三方现场取证，方可作为结算的依据。

④ 对零星用工的约定。

(4) 其他约定

① 对施工图预算（包干预算）时间的约定。

② 对施工工艺标准的约定。

(三) 实际招标案例分析

以上海 2000 定额为例，笔者以曾实施的费率招标模式作为案例，介绍费率招标的应用。投标报价说明：采用三种计价方式，案例中的全费用单价部分和固定总价部分均由招标人定价，投标人无需对该部分报价，招标人定价的部分也可采用清单或模拟清单模式由投标人报价。各投标人依据招标文件要求分别填报下浮率。其中部分内容如下。

(1) 定额计价部分。考虑到定额中降水工程、模板工程、混凝土拆除工程与市场行情存在较大偏差，将这三个分部工程从定额计价中剥离出来由招标人结合项目特点按市场价定价。除这三项外其他分部工程按约定的计价程序采用定额计价。

(2) 全费用单价包干部分。包括：土方外运费、围护工程拆除费、钢筋拆除及型钢回收费、模板及支撑费、大型机械进出场费、其他措施费项目。即，定额中未含或不适宜定额计价的项目由招标人采用全费用单价形式定价。也可采用模拟清单计价模式，由投标人报价。

(3) 固定总价部分。包括：施工降水排水费。即，在降水方案已明确的情况下，招标人对该部分采用固定总价形式定价。也可采用总价包干的清单计价模式，由投标人报价。

具体约定如表 4-3 所示。

表 4-3 总价包干的清单计价模式

序号	费用名称	计价基础	报价/下浮率	说明
一	定额计价部分	定额及现行造价管理站发布的文件	建筑工程下浮率/％ 安装工程下浮率/％	不含降水工程、模板工程、混凝土拆除工程。详见《费率计价编制说明》
1.1	建筑	人、材、机的计取及定额约定详见编制说明	—	—
1.2	安装	人、材、机的计取及定额约定详见编制说明	—	—
1.3	综合费	—	—	含管理费、利润
1.3.1	建筑	1.1×5％	—	—
1.3.2	安装	1.2中RGF×30％	—	—
1.4	安全文明施工费	(一+二)×3.2％	—	—
1.5	规费	社会保障费=(1.1+1.2)中RGF×15％,其他执行文件	—	—
1.6	税金	(1.1+1.2+1.3+1.4+1.5)×3.41％	—	—
二	全费用单价包干部分			
2.1	土方外运费	全费用单价包干	70元/m²	具体约定见《费率计价编制说明》
2.2	围护工程拆除费	全费用单价包干	绳锯无损切割方式拆除按700元/m³计入;其他方式470元/m³	具体约定见《费率计价编制说明》
2.3	钢筋拆除及型钢回收	全费用单价包干	−2000元/t	具体约定见《费率计价编制说明》
2.4	模板及支撑费	全费用单价包干	60元/m²	具体约定见《费率计价编制说明》
2.5	大型机械进出场费	仅计取塔吊,塔吊进出场及安拆费全费用单价包干	75000元/台	具体约定见《费率计价编制说明》
2.6	其他措施费项目	建筑面积	12元/m²	以上未包含的措施项目,具体约定见《费率计价编制说明》
三	固定总价部分	—	—	—
3.1	施工降水排水费	固定总价682500元基础上报浮动率	下浮率％	价格组成详见《降水、排水费组成表》
四	工程造价	一+二+三	—	—

由招标人定价的部分也可以由投标人报价。最终该项目的下浮率在测算的范围内,项目的过程管控及结算也非常顺利。若建筑做法已初步确定,以上模式中定额计价部分也可采用示范预算模式,类似于基准价下浮模式。不同的是以定额子目为模拟项,同时单价套用定额确定。表 4-3 是笔者曾实施的费率招标的案例,仅抛砖引玉,实际运用中可以结合项目的实际情况、公司惯用的模式灵活应用。

（四）总结

费率招标是定额计价模式下的产物，并不为大多数同行所喜欢，很多造价人谈到费率招标即色变，认为它是落后的、非市场的、与时代不适应的计价模式。但费率招标并非不可用，我们可结合实际，扬长避短，将风险预控前置。采用"定额＋清单＋包干"模式对使用者提出了较高要求，既要对定额有深刻理解，也要了解市场水平。在计价方式上，摒弃费率招标单纯采用定额计价的老套路，而采取扬长避短、取长补短相结合的策略，在招标环节可缩小风险范围；同时，在合同条款上，针对费率招标的常规问题有针对性地采取事前约定材料定价方法、清晰界定合同界面、细化争议条款等措施，有利于使履约环节可控。

在工作中，全过程有针对性地管控风险有助于做好费率招标模式下的成本控制。如招标时定好规则，做好预控性工作；对施工中的履约管理做好合同执行的规范性动作；结算时量价结合，提高对资料真实性的识别能力和谈判水平。

案例七 招标/合同文件编制：合同条款有误，经济标、合同清单编制出现失误

合同结算条款编制不合理的案例时有发生。

某公司原定合同条款"乙方上报的结算申报价超过最终审定价3%，甲方有权把最终审定价降低5%"的违约处罚存在不合理处，某承建商为此将被处罚近50万元。工程结算时与该承建商爆发严重争议，最终折中酌情处理，并在后续合同中修正这一条款。

改进要点和建议：合同条款编制合理才能有效。

房地产企业如何编制高质量的工程量清单呢？一般通过如下方式：房企一般会采用模拟清单、施工图清单、费率三种形式组织招标，为有效缩短项目整体开发周期及减少后期结算争议，总包模拟清单招标较为普遍，先行确定总包进场施工，待施工图出具后，及时转固。

根据计价体系不同，房企清单控制价可分为国标体系及港标体系，其中国内房企普遍采用国标计价体系，港资、外资及部分广深房企习惯采用港标计价体系。国标清单主要依据13清单计价规范、历史项目价格等编制清单；港标清单主要依据港标规范、历史项目价格等编制清单。但不管国标清单还是港标清单，在项目组价时均比较弱化定额组价，一般采用类似项目价格，无类似项目价格时也是优先通过询价组价，后才参考定额组价。部分房企在国标或港标清单的基础上，结合自身企业开发产品情况，制定企业标准清单。大多数房企控制价不公开（除国有投资项目要求必须公开招标外），仅作为内部招标价格控制及清标的依据。

案例八 招标/合同文件编制：合同附件编制出现失误

合同附件、约谈记录、评标过程记录缺失的案例时有发生。

某公司城市花园空调百叶招标过程中，与当时拟定标单位——某建筑公司电话沟通确定最终优惠价格。但由于未留有书面记录，对方最后在合同上拒不签字。导致后期更换单位造成人力、时间成本增加。

改进要点和建议：招标过程中涉及经济标内容的变化文件应完整。

第四章 标杆房企招投标阶段无效成本案例分析及控制要点

案例九　评定标：评标分析失误，恶意最低报价中标后高价索赔

这是行业内常见的套路，利用发标方评标喜欢找最低价中标的心理，投标单位先以超低价中标，再在实施过程中通过合同漏洞、工期变动、市场材料波动、变更签证等进行索赔，甚至很多施工企业对每个承接项目都有二次经营、三次经营甚至四次经营明确的指标考核。对于发标方来说，实施过程中满足或部分满足投标方的索赔要求，往往意味着工期的拖延，这对房地产企业，尤其是高周转的房地产企业来说是不可接受的，因而很多房企会选择花钱消灾，这也助长了这些低价中标高价索赔的投标单位的气焰。而且这种情况下也容易产生串通舞弊的问题，毕竟非理性的超低价最容易中标，先中标是他们的目的。

某公司招标评标过程中未设立内部定标参考价，经济标分析不够明细，陆续发生下述三个事件。

① 某项目最低价中标，但事后发现最低价仍高过正常市场价 30%。

② 某项目最低价中标，事后发现此最低价明显报价偏低，实际操作中承建商经常以亏损为由拖延工期，工程质量也较差。

③ 某项目绿化工程在结算时发现超出合同价较多，原因在于该单位在投标时不平衡报价，对后期极易增加工作量的草皮报价较高，而图纸明显有误的非本地乔木树种报价较低，在工程实施过程中也确实以设计变更的形式更改了非本地树种。成本管理部在经济标评审中未发现不平衡报价的问题，导致最终结算多支出 30 万元。

改进要点和建议：编制招标参考价是招标工作的最基本要求。

那如何来评判不合理低价恶意中标呢？对于不合理低价的判定需要谨慎，既不能把可以拿到的合理低价屏蔽，又不能让真的不合理低价恶意中标，建议用多指标来评判。不合理低价可以通过几种方式确定。

（1）历史情况分析：统计一定时期低价中标且出现问题的招标事项，分析其与次低价、有效回标平均价等价格的差异百分比，比如普遍偏差在 15%，那么可以初步推断出不合理低价的评判标准。

（2）外部对标：现在很多房地产企业都做了不合理低价的预防措施，笔者认为可以参照相关做法，比如有的企业将异常低价与招标指导价、次低价、有效回报平均价等价格进行对比，同时低于这些指标一定百分比就判定为不合理低价。

（3）反复验证：通过上述方式确定了自己企业不合理低价的评判标准后，还需要进行反复验证。定期统计分析不合理低价确定情况，如果大部分招标事项都存在不合理低价，那说明评判标准过严，如果只有个别招标事项存在不合理低价，那说明评判标准过松，建议半年内评定存在不合理低价的比例在 10% 左右比较合理。

（4）注意事项：评判不合理低价需要非常谨慎，有一些需要特别注意的方面需要考虑。

① 不合理低价评判规则要坚持，制订了不合理低价的评判标准就要严格执行，不可以有的适用，有的不适用，即便是特殊情况也要通过特殊审批渠道解决，以保证不合理低价评判标准的严肃性。

② 不合理低价评判标准为复合指标，不合理低价评判是很严肃的事情，因而不能用单一的指标评判，而应该结合多个指标评判，建议跟招标指导价、有效回标价格平均值、次低价进行比较，如果同时满足比这些指标都低一定百分比才能判定为不合理低价。

③ 不合理低价评判标准要分类，施工类、材料设备类、设计咨询类等不同招标事项其合理偏离度是不一样的，不能用一套标准，建议施工类按 10%～15%，材料设备类按 15%～

20%，设计咨询类的按 20%～30%。有的读者会提出，这个偏差率是不是也要考虑标的大小？的确，同样的偏差绝对值，对大标和对小标产生的偏离百分比差异很大，但笔者认为，小标即便评判为不合理低价，对总价影响也不大，可以忽略不计。

低价中标，尤其是不合理低价恶意中标是各大房企乃至国家都在抵制的商务行为，房企也应该结合自身情况制订评判标准，供应商质量是房地产企业提高管理水平、打造品质项目的基础，通过合理的制度尽量降低供方风险才能保障企业的健康发展，打造越来越多的体现工匠精神的高品质项目。

> **案例十** 直接委托：出于利益或其他考虑，直接委托承包，后期又随意拆分合同

2012 年河北某市一期项目，业主采用平方米包干单价同总包签订合同，以 1248 元/平方米单价完成 5 栋楼共计 85000 平方米的施工任务。当时在三、四线城市开发商管理比较粗放，喜欢用这种方式直接委托给总包施工，若按该合同协议施工，完成施工任务，双方结算也很简单快速。但实施过程中，甲方将外墙涂料和外窗拆分出来给其他单位施工，这对于原来总包是非常大的损失，因为外装和门窗利润比较高，况且总包把结构工作不好做利润又低的活都干完了，当然不想把高利润拱手让人。当年楼盘销售没有预想的快，资金比较紧张，总包多次催要，勉强维持现场施工，加上不想把利润给人，于是总包拖着不给工作面，前后僵持了近四个半月，这些都给后续结算带来了无尽的麻烦。甲方和总包互相埋怨耽误了工期，而总包迟迟拿不到结算款，天天到当地政府部门闹事，对甲方的楼盘销售带来了极大的负面影响。

> **案例十一** 采购材料失误：采购材料、设备或部品货不对板，导致质量问题或投诉；供货影响工期

某开发商陕西某市二期项目，通过招标选取一家当地园林景观绿化工程施工单位，室外铺装毛面花岗岩石材（约 $1000m^2$），留存各规格石材样板，施工过程中按样验收石材进场。施工完毕，整体效果出来后才发现石材色差明显（色差大的石材星星点点分散在不同之处），交房时，有不少业主对此投诉，要求开发商置换色差大的石材。不得已，开发商要求施工单位整改，施工单位再次订货、发货、验收进场，验收时发现新进石材还是与第一批石材存在色差。施工单位没办法只能再进材料，通过扩大遴选范围，选取符合色彩要求的石材，前后三个半月完成整改。无疑开发商在管理和指导过程中，也存在明显经验不足，一是验收把关不严，二是应对色差大的石材进行集中管理，集中使用，而不是满天星式使用，造成效果不达标。

第二节　标杆房企招投标阶段无效成本控制要点

本章最想提醒大家的是招投标的"水"很深，要避免入"坑"。要想实现阳光采购，或者优质中标，那么一定要掌握下边这些要点，帮助自己在工作中无论作为发包方还是投标方都能游刃有余。

一、招标"隐"套路

（一）招标人的套路

（1）泄密法：泄露其他投标人的相关情况。泄露标底、泄露评标情况、泄露关键人物名

单，如资格审查委员会或评标委员会名单。

（2）特殊定制法：为某个投标人"量身定做"有明显倾向性的条款，以此控标。招标前，与某一家供应商进行"实质性谈判"。提交投标文件截止时间后，让投标人补充、撤换或更改投标文件、更改报价（包括修改电子投标文件相关数据）。

（3）做局法：招标前已经内定中标人，组织投标人串通投标，比如压低或者抬高标价。招标人将一个既定标段拆分成多个标段，然后将内定的中标人分别安排在不同的标段，让各方利益均沾。让招标人之间或与招标代理机构另行约定，比如给予未中标的其他投标人费用补偿。招标人授意自己内定的无资质公司与有资质的公司商议，以有资质公司的名义投标，中标后，由无资质公司履约。

（4）指使、暗示法：指使、暗示或强迫要求评标委员会，进行倾向性引导。指使招标代理机构为内定的中标人提供帮助，进行区别对待。

（5）价格法：采取欺诈的方式，用大大低于成本价的低价中标，然后在项目实施中，通过变更服务量等手段，提高最终结算价格。

（6）装傻法：招标人发现一个投标人代表，在开标记录表上签多个投标人的名字却不制止。招标人发现不同投标人的法定代表人、委托代理人、项目负责人、项目总监等人员有在同一个单位缴纳社会保险情形而不制止，反而同意其继续参加投标。招标人发现有由同一人或存在利益关系的几个利害关系人，携带两个以上（含两个）投标人的企业资料参与资格审查、领取招标资料，或代表两个以上（含两个）投标人参加招标答疑会等情形但视而不见，同意其继续参加投标。招标人在资格审查或开标时发现有不同投标人的投标资料（包括电子资料）相互混装等情形而不制止，反而同意其通过资格审查或继续参加评标。开标中发现投标人的报价有明显串标迹象但视而不见，评标委员会提出来也授意评委继续评审。

（7）无所顾忌法：采用最低评标价法进行评审的项目，未中标公司质疑后，招标采购单位复议后还依旧维持原来评审结果。招标人无正当理由拒绝与中标候选人签订合同。

（二）投标人的套路

（1）兄弟相约：投标人之间相互约定，事前约定好谁中标、谁陪标、谁弃标。相互约定价格策略和投标策略，约定给予未中标的投标人费用补偿。围标公司一般是：投标人法定代表人之间相互参股的公司；或属于同一集团、总公司、协会等组织成员的公司；或利益同盟公司等。以上行为非常隐蔽，但是通过一些蛛丝马迹，也能发现端倪。

陪标特征：不同投标人的投标报价总价异常一致，或者差异化极大，或者呈规律性变化。不同投标人的投标总报价相近，但是各分项报价不合理，又无合理的解释。故意废标，中标人无正当理由放弃中标，或不按规定与招标人签订合同。故意按照招标文件规定的无效标条款，制作无效投标文件。投标人一年内有三次及以上参加报名并购买招标文件后，不递交投标文件、不参加开标会议。递交投标文件截止时间前，多家投标人几乎同时发出撤回投标文件的声明。不同投标人的投标保证金由同一账户资金缴纳。多个投标人使用同一个人或者同一企业出具的投标保函。售后服务条款雷同。故意漏掉法人代表签字。投标文件中法人代表签字出自同一人之手。审查投标人的这些布局应注重细节。

（2）"愚蠢"暴露法：招标文件惊人相同，比如格式相同，字体一样，表格颜色相同。招标文件中，错误的地方惊人一致。电子投标中，不同投标人的投标报名的IP地址一致，或者IP地址在某一特定区域。不同的投标人的投标文件，由同一台电脑编制或同一台附属设备打印。投标文件的装订形式、厚薄、封面等相类似甚至相同。一家投标人的投标文件中，装订了另一家投标人名称的文件材料，比如出现了另一家法定代表人或者授权代理人签名，加盖了另一家投标人公章等。投标人代表不知道公司老总的电话号码。投标人代表签字时手发抖,签的名字与名片名字不一致。不同投标人在开标前乘坐同一辆车前往,有说有笑,开标现场却假装不认识。

(三)评审专家的套路

(1)无为法:评审专家发现投标文件中存在不符合招标文件规定的地方,不指出。评审专家发现投标报价中存在明显不合理报价不指出。评审专家发现技术部分中存在明显不合理性或内容缺漏不指出。

(2)特殊对待法:评审专家明知与投标人有利害关系,不主动提出回避。投标文件的暗标部分,投标人做了特殊记号(很有可能是故意标给某个专家看的)。评审专家进行评审分值时,在没有合理理由的情况下,有意给某一投标人高分值而压低其他投标人分值,或不按照招标文件规定打分。

二、招标人、投标人以及评审专家知惑解惑

各种围标、串标、陪标都属于违规违法行为。《中华人民共和国政府采购法》《中华人民共和国政府采购法实施条例》《中华人民共和国招标投标法》等法律规章以及地方文件,都对这种不良行为认定标准和如何处罚作了规定。有的人明知故犯,有的人违规了却浑然不知。招标人或者投标人以及评审专家多半会在哪些方面搞起"迷惑"呢?

(一)投标人与招标人

(1)供应商直接或者间接从采购人或者采购代理机构处获得其他供应商的相关情况并修改其投标文件或者响应文件。

(2)供应商按照采购人或者采购代理机构的授意撤换、修改投标文件或者响应文件。

(3)招标人或采购代理机构编制的招标公告、资格审查文件以及招标文件等为特定投标人"量身定做"。

(4)招标人招标前已经内定中标单位,组织投标人串通投标或者指使招标代理机构为内定的中标单位提供帮助。

(5)招标人在规定的投标截止时间前开启投标文件。

(6)招标人在规定的提交投标文件截止时间后,允许投标人补充、撤换或更改投标文件、报价。

(7)招标人向投标利害关系人泄露标底、资格审查委员会或评标委员会名单,泄露资格审查或评标情况等应当保密的事项。

(8)招标人开标前与投标人就项目进行实质性沟通,或与投标人商定压低或抬高标价,中标后再给投标人或招标人额外补偿。

(9)招标人组织或协助投标人违规投标。

(10)招标人与投标人委托同一造价咨询公司提供服务。

(11)多家投标人的投标报价与采购预算均相差无几。

(12)招标人或代理机构与投标人间约定给予未中标投标人一定的费用补偿。

(13)评标时,招标人对评标委员会进行倾向性引导或干扰正常评标秩序。

(14)招标人指使、暗示或强迫评标委员会推荐的中标候选人放弃中标。

(15)招标人无正当理由拒绝与中标候选人签订合同。

(16)招标人在开标前将投标情况告知其他投标人。

(17)招标人将一个既定标段拆分成多个标段,然后将意向的中标人分别安排在不同的标段,同时商定由中标人支付其他投标人一定数额的补偿费用,让各方利益均沾,把招投标变成了各方瓜分利益的工具。

（18）投标人与招标人或招标代理机构间串通，事先内定中标单位，然后通过场外交易，获取中标。

（19）在一些工程招投标中，投标人与招标人采取欺诈的方式，低于成本价中标，然后在施工中采取变更工程量、多算工程量或材料人工费等手段提高结算价格。

（20）招标人授意自己中意的无资质公司与有资质的公司商议，以有资质的公司的名义投标，并给予一定报酬。中标后，由无资质公司履约。

（21）采购人向协议供货商询价，但结算时，同品牌、同型号、同期该产品，其他采购单位的购买价格远远低于采购人所购买的价格。

（22）最低评标价法的项目，中标人的报价比第二中标候选人高，所投产品质量也不如排名第二的公司。

（23）招标人向投标利害关系人泄露投标人名称、数量等。

（24）招标人发现一个投标人代表在开标记录表上签多个投标人的名字却不制止。

（25）招标人发现不同投标人的法定代表人、委托代理人、项目负责人、项目总监等有在同一单位缴纳社会保险情形而不制止，反而同意其继续参加投标。

（26）招标人对由同一人或存在利益关系的几个利害关系人携带两个以上投标人的企业资料参与资格审查、领取招标资料等情形视而不见。

（27）招标人对不同投标人区别使用废标条件。

（28）招标人在资格审查或开标时，发现不同投标人的投标资料混装等情形而不制止。

（29）招标人为参与建设工程的投标人提供影响公平竞争的咨询服务或为其制作投标资料。

（30）招标人对投标人报价的明显串标行为视而不见。

（31）代理机构标前悄悄组织仅几家公司参加的现场勘查。

（32）招标人授意审查委员会或者评标委员会对申请人或者投标人进行区别对待。

（二）投标人之间

（1）投标人之间协商报价、技术方案等投标文件。

（2）属于同一集团、协会等的供应商协同参加采购活动。

（3）投标人间事先约定由某一特定供应商中标、成交。

（4）投标人间商定部分供应商放弃采购活动或放弃成交。

（5）同一人或几个利害关系人携带两个以上投标人资料参与资格审查、领取招标资料等。

（6）同一项目中，不同投标人的法定代表人、委托代理人、项目负责人等在同一单位工作。

（7）投标人一年内有三次及以上报名并购买招标文件后，不递交投标文件、不参加开标。

（8）不同投标人委托同一人或企业为其提供投标咨询服务。

（9）投标人之间相互约定给予未中标的投标人以费用补偿。

（10）不同投标人委托同一人办理投标事宜。

（11）不同投标人的投标报名IP地址一致。

（12）不同投标人的投标文件内容有明显雷同或错漏一致。

（13）不同投标人投标总价相近，工程量清单中分项报价异常一致，仅少数分项的报价有差异。

（14）不同投标人的投标报价异常一致，或呈规律性变化。

(15) 不同投标人的投标文件由同一单位或同一人编制。
(16) 不同投标人的投标文件中项目管理人为同一人。
(17) 不同投标人的投标文件或者资格审查文件相互混装。
(18) 不同投标人的投标文件由同一台电脑编制。
(19) 投标文件工程量清单电子标书用同一软件制作。
(20) 不同投标人的投标保证金由同一账户资金缴纳。
(21) 参加投标活动的人员不能提供其属于投标企业正式在职人员的有效证明。
(22) 不同投标人开标前乘坐同一辆车前往,投标现场和开标现场却假装不认识。
(23) 递交投标文件截止时间前,多家投标人几乎同时发出撤回投标文件的声明。
(24) 第一中标候选人无正当理由放弃中标。
(25) 不同投标人的投标总报价相近,且各分项报价、综合单价分析表内容混乱。
(26) 不同投标人投标文件中的售后服务承诺表述异常一致。
(27) 多家投标人的投标文件出现的错误异常雷同。
(28) 一家公司挂靠数家有资质的企业参加投标,通过编制不同投标方案围标。
(29) 投标人故意按无效标条款制作无效投标文件。
(30) 投标报价中各分项报价不合理,又无合理的解释。
(31) 投标报价中数项报价雷同,又提供不出计算依据。
(32) 数项子目单价完全相同,又提供不出合理的单价组成。
(33) 主要设备价格极其相近。
(34) 没有成本分析,擅调擅压,或者技术标雷同等。
(35) 投标文件的装订形式、字体、图表、格式等类似,甚至相同。
(36) 故意漏掉法人代表签字。
(37) 法定代表人间相互参股。
(38) 投标人利用两家公司参与同一项目。
(39) 参加谈判的供应商不足三家,前来响应的两家各找一家公司来谈判。
(40) 已有三家公司投标,出现了第四家投标公司后,其中一家立刻要求使用第二套投标方案。
(41) 答疑开始之前点名,针对同一企业,多位代表喊"到"。
(42) 投标人代表不知公司老总电话。
(43) 投标人代表签名与名片不一致。
(44) 投标人的手机彩铃都是同一集团公司的介绍。
(45) 多家投标人投标文件的暗标中,封面加盖同一单位公章。
(46) 多家同时递交投标文件的投标人的报价异常相似。
(47) 在标前现场考察中摸清供应商信息,之后分别联系。
(48) 网上询价采购,供应商报价时间相近,价格相差不大。
(49) 投标人间相互约定,一致抬高报价。
(50) 投标人间相互约定,在招标项目中轮流中标。
(51) 投标人间相互约定,在招标项目中分别以高、中、低报价。
(52) 投标人间先内部竞价,内定中标人,然后再参加投标。
(53) 投标文件中法人代表签字出自同一人之手。
(54) 多个投标人使用同一人或同一企业出具的投标保函。
(55) 除不可抗力因素外,报价与排名第二相差甚远的第一中标候选人放弃中标。

(56)第一中标候选人在确认中标结果后再也联系不上。
(57)合同实施过程中,由未中标人实际进行施工。
(58)同一公司的所有子公司全部参加投标,投标文件惊人一致。
(59)投标人为谋取中标或排斥特定投标人而联合行动。
(60)不同投标人的投标文件相互书写了对方名称。
(61)一家投标人的投标文件中加盖了另一家投标人的公章。
(62)一家投标人的投标文件装订了另一家投标人的文件材料,或出现了另一家法定代表人或授权代理人的签名。

(三)投标人与评审专家

(1)评审专家明知与投标人有利害关系而不主动回避。
(2)评审专家发现投标人投标文件中存在不符合招标文件的规定而不指出。
(3)评审专家发现投标人投标报价中存在明显不合理报价而不指出。
(4)评审专家发现投标人技术部分存在明显不合理或内容缺漏而不指出。
(5)评审专家进行分值评审时,在没有合理理由的情况下,有意给某一投标人高分值而压低其他投标人分值,或不按照招标文件规定打分。
(6)投标文件的暗标部分,投标人做了特殊记号。

第五章

标杆房企施工阶段无效成本案例分析及控制要点

第一节 标杆房企施工阶段无效成本案例分析

施工阶段是整个开发过程中最终落地的阶段，施工建造是项目开发周期中历时最长、牵涉单位最多、细节最复杂的一个阶段。进度、质量、安全，人机材法环任意一个环节出现偏差，都极易出现成本的"跑冒滴漏"。地产工程涉及的工序工法繁多，前后工序、相邻工序之间少不了界面交叉，一旦出现交叉就很难避免相互干扰破坏，导致整改返工，浪费成本。做了拆，拆了做，对项目的人力物力财力来说都是一种浪费。出现这种情况，除了设计方面的原因，还常常与前期的施工策划有关。

实际建造过程中进度、质量失控更是司空见惯，间接造成成本陡升。最后在交付验收时，大部分的项目工程质量或多或少都存在瑕疵，往往由于大规模客户投诉而进行长达数月的整改返工的项目也不在少数。本来已经到了交付阶段，资金即将可以结转，却因为房子交不出去而被耽误，还要付出大量的整改费用，这对任意一家房企来说都是沉重的压力。本阶段无效成本的大致情况如图5-1～图5-3所示，笔者将分析此阶段各种导致无效成本的案例，希望给读者带来启示。

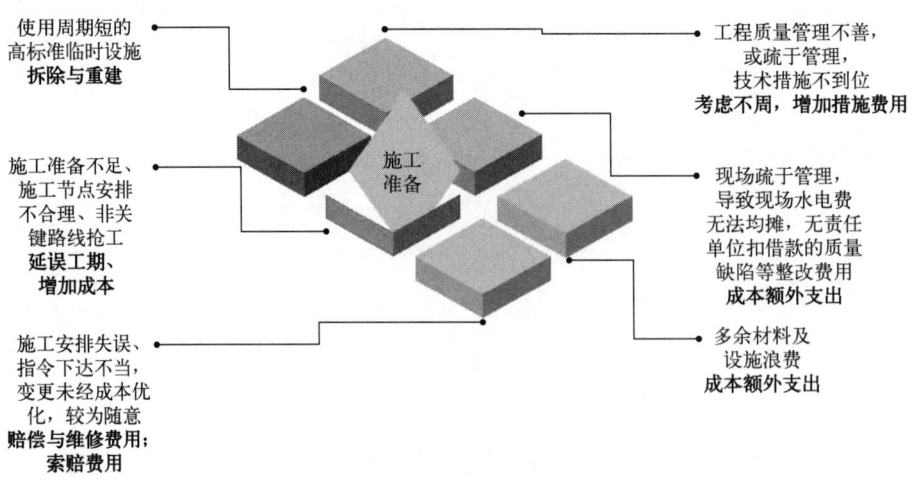

图 5-1 施工准备阶段的无效成本

第五章 标杆房企施工阶段无效成本案例分析及控制要点

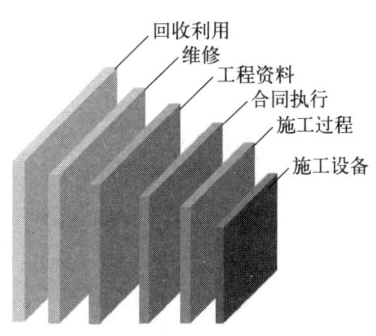

图 5-2 施工阶段的无效成本

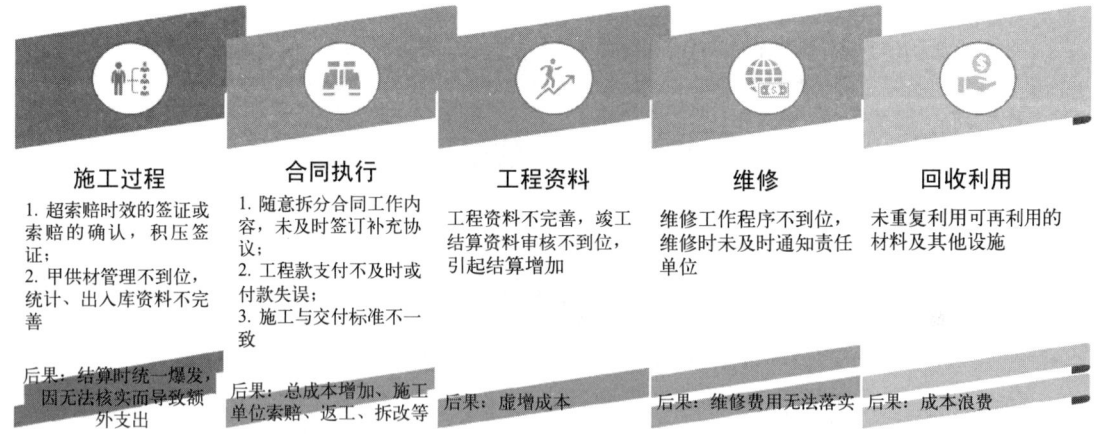

图 5-3 施工阶段无效成本示例

案例一 施工准备：使用周期短的高标准临设或者临设选址影响项目开发

某项目紧邻一条市政待建道路，甲方在场地安排时，将总包临建放在了待建市政路两侧，在项目开发过程中由于道路市政单位进场，场区内总包单位的临建房影响市政单位施工，但总包单位负责范围内的施工还未完成，临建房还需继续使用，因此甲方要求总包单位将临建房拆除并二次搭建至拟建道路以外不影响市政施工的区域，因此造成成本增加 6.7 万元。

案例二 施工准备：土方工程、成本策划准备不足

土方工程过程实施中有许多要点，需有策划、有预警、有方案，最终方案方能顺利实施，且成本可控。其过程实施的要点及难点如图 5-4 所示，下面将逐一分析。

（一）大盘土方成本策划难点

对于有三个以上地块的大盘，忌讳分地块垄断，一定要做到价格统一。大盘土方的成本策划难点如图 5-5 所示。

某开发商在初次进入长沙某区建设开发时其土方工程、成本策划案例如下。

本项目作为大盘（300 万平方米），因为地块横跨几个村组，由不同的人来承包土石方工程，这里面存在以下几个隐患。

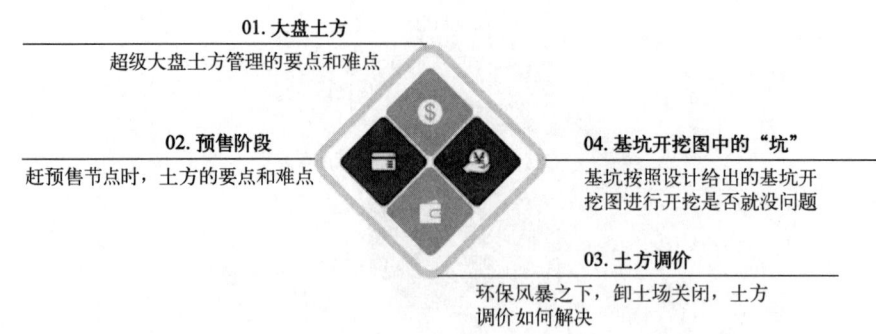

图 5-4　土方工程过程实施的要点及难点示意图

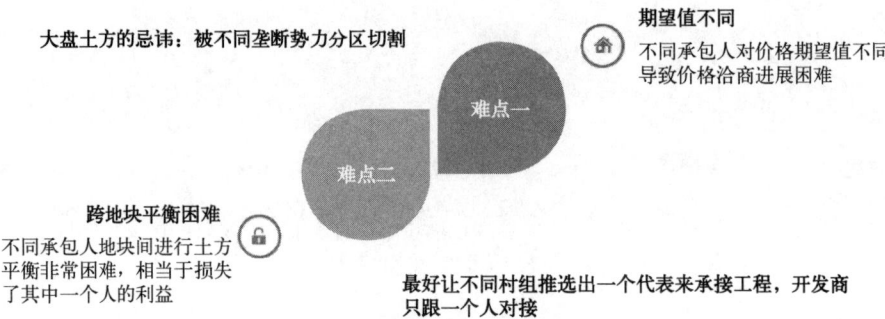

图 5-5　大盘土方成本策划难点

一是大盘跨地块土方平衡将难以进行。

因为从 A 地块挖土，运输至 B 地块回填，如果只给 B 地块土方场内转运及回填的钱，则 A 地块老板肯定不会同意。A 地块老板会产生到口的肥肉被人抢了的感觉，而且各个地块承包人也会抱团不同意这样操作。

二是大盘土方各个地块价格期望值不一致。

各个地块承包人对于价格的期望不一致，导致最终土方承包价格不一样的话，将会带来巨大的隐患。价格低的承包人肯定觉得吃亏，而且要想达成一致的价格非常困难，因为并没有一个领头的人来跟开发商谈判。

解决方案：在项目开发之初，必须意识到这样隐患的存在，在前期，想尽一切办法协调背后的村组，一个大盘只跟一个土方承包人进行谈判。背后赚取的利润由各个村组之间自行分配，且承包人应获得各个村委会的联名签字确认，同意由某个承包人承包大盘土方。当然上述解决方案是在没有办法引入招标机制的情况下才采用的。

（二）预售阶段成本策划难点

对于要赶预售节点，但又无法出土的情况，应制订场内转运方案，并且进行报批。预售阶段土方工程成本策划难点如图 5-6 所示。

作为项目成本管理人员，如果是为了赶预售节点，该增加的成本应该是要支持的，但是一定要注意以下四点。

要点一，转几栋楼的土方需要慎重。

假设本地块有 6 栋楼，如果项目同事要求为支持预售节点，现在无法出土，需要场内转运 6 栋楼的土方，那么要特别注意：所有楼栋是否同一时间推出？如果分期推出，是否可以只转运第一批预售的楼栋的土方，下一批预售楼栋看情况再定？

要点二，塔楼土方和纯地库土方的范围如何界定。

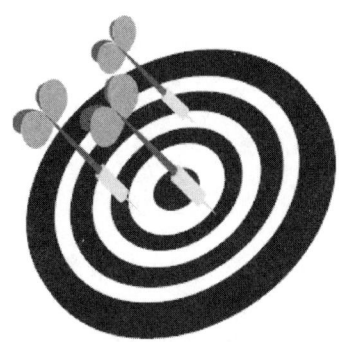

图 5-6　预售阶段土方工程成本策划难点

在同意工程部此种情况进行签证的同时，需要迅速地让工程部出具塔楼基坑的开挖转土方案。工程部确认后，方可进行塔楼基坑的开挖，如果工程部没有方案，那么土方单位很有可能随便那么一挖，一栋主楼就可能多转 100 多立方米的土。

要点三，开挖完成面标高收方确认。

开挖完成后，立刻对开挖完成面进行标高收方确认，这样可以进行转土工程量的确认。

要点四，提前预警，避免二次转土。

此时成本管理人员应给出预警，需要工程同事注意土方堆放位置（尽量避免堆放在楼栋位置），避免土方随意堆放，造成最终二次转土。本项目一个重大教训是：一次场内转运，工程部将一组团的土方堆放在二组团楼栋位置，原定二组团半年后开工，有充足的时间。随后集团突然调整供货节点，要求二组团马上开工，为抢二组团供货节点，当二组团土方仍然不能外运时，部分一次转运的土方再次场内转运，增加无效成本。

（三）运距增加，土方单位要调价如何解决？

如果土方是进行招标，则运距调整不建议调整单价，招标文件里面除了模糊确定土方卸土场与运距由投标方自行考虑外，还要特别注明相关风险提示：土方单位选定的卸土场需要考虑证件是否齐全、卸土区容量是否充足等各种情况，如果因为国家政策原因或者外界因素导致原投标单位选定的卸土场关闭或者无法使用，则运距的改变导致的成本增加，招标方不予承担。

如果是只有单一对象的直接委托，则建议在合同中明确运距及卸土场位置。因为运距是影响土方外运单价的重要因素，环保政策的收紧常常会导致部分卸土场关闭，如果运距调整，土方单位必然以此为理由向甲方要求调整外运单价。因而，在直接委托合同约谈之时，需要确定运距变化导致的土方外运价格调整的原则。但是这里要把握一个重要原则：新增加的运距，调价原则只保证增加土方单位因此而导致的成本增加，不能包含任何的利润。一旦包含利润，则土方单位后期会以各种理由说需要增加运距，让甲方进行价格调整，而甲方很难核实卸土场的相关情况，因为卸土场除了与合作的车队进行对接以外，不与其他任何人对接业务问题。

（四）注意基坑开挖图中可能发生的争议

设计给出基坑开挖图的阶段，一般还在总图阶段，但是实际上在后期施工图审查过程中，承台的标高有可能会进行部分调整，已开挖的基坑需要进行二次开挖或者回填，导致土方单位的索赔。一般二次开挖的方量均可以计取，但是索赔争议的主要焦点在于：二次开挖的降效费用是否给予？土方单位一般的诉求为，如果其一次性开挖完成，则效率要高很多，因为甲方原因导致二次开挖，效率降低，甲方应进行相应补偿。所以设计给出的基坑开挖图，需要设计和工程同事进行签字确认。并且在合同中约定，如果开挖完成后应开挖标高需要进行调整，只计取二次开挖的工程量，其余费用不予计取。

案例三　施工准备：施工节点计划不合理

地产进入微利时代，房企的生存压力空前。过去一招鲜吃遍天，有的以快取胜，有的以好取胜，各有各的活法。而当下做项目则是既要成本低，又要速度快，还要质量好。所谓"又快又好"，过去只是喊喊口号，现在成了不得不做的必选题。"快"还能"好"？一提到项目开发快，人们第一反应就是质量不行。"萝卜快了不洗泥"，过度追求开发效率，盲目抢工，容易导致工艺粗糙，甚至破坏了建造工程必须遵循的自然规律，这也是近几年住宅最为人诟病的地方。地产工程虽然不是工期越长一定做得越好，但进度过于紧张，对工程质量或多或少都有影响。供货高压之下，地产项目如何少抢工保质量？

低效抢工的项目，费钱费力却还干不好，纵观当前的地产项目，不抢工的几乎不存在。一般来说，地产项目开发应做到两头紧中间松，前端抢开盘，后端抢交付。有房企总结为，开盘前保供货，开盘后保品质，兼顾速度和质量。不过，也有一些项目从开工到交付，看似常年处于抢工状态，进度依然严重滞后。原计划两年交付，结果干了三年主体还没封顶。这类项目工期长、成本高，质量却未必上得去。

关键节点适当抢工无可避免，从头到尾都抢工，这就很有问题了。除了部分项目本身施工周期过短，进度极度紧张外，更多的是因为一些不合理、不科学的外部因素，挤压了施工作业时间，迫使现场不得不频繁抢工。

（一）开发计划定得不合理，打乱现场施工节奏

一部分房企在制定工期时过于乐观，对工效的预估超出了实际范围，节点定得太紧，或者压根没考虑到现场实际情况，不抢工根本完成不了进度。比如有的项目，为了加速回款，区域领导脑袋一拍就把供货计划往前挪，不管项目是否能完成，工期就往死里压，然后逼着项目总在计划书上签字做承诺。"保供货"成了一道死命令，完不成项目总就得走人。压力一层层向下传导，项目部不得不昼夜加班。有工程师就表示，抢开盘的时候两个月没过过周末，每天都忙到凌晨才下班。

还有的项目节点临时调整打乱了现场进度。某项目，精装实体样板房马上做好了，领导突然说要流速优先，便取消精装样板，直接开干。后期又把原来施工完的整改回去，给现场增加大量不必要的工作。

（二）施工组织考虑不周，现场返工不断

现场因为工序多头并行，在时间空间上极易发生冲突，比如场地布置时，一些细节考虑不周，施工过程中就容易频繁出现工程拆改、设备材料搬运等问题，占用大量施工时间。比如，有项目在做外围围挡时没考虑到园建用地需要，园建阶段不得不拆除重做。再如另一个项目，从开工到交付，单是围挡前前后后就拆改了三次。又如，有的将临建建筑（示范区、总包生活区）设置在项目地块上，后续因为影响到工程开展只能拆掉，既浪费了原有建筑的

成本，还耽误工期。

（三）各条线的进度赶不上，只能倒逼工程抢工

做过项目的人都知道，项目上最大的确定就是不确定。常常计划赶不上变化，以至于工期计划难以落地。比如有的项目，准备做外立面大面施工的时候，设计图纸还没确认；材料该进场了，才发现招采还没定标。工程作为最后一个环节，不得不对前期的工作兜底。各条线的进度跟不上，最后只能倒逼现场抢工。又如，很多项目的总包单位都是低价中标进场。进来后如果能挣钱就干，如果发现干下去亏本，就想方设法小赚一笔，然后闹退场。一旦总包退场，即便立刻启用第三方，也有一堆烂摊子要收拾，两家单位交接，走流程，一番折腾下来，至少半个月进度无法正常推进，耽误下来的进度，后面不得不抢回来。

（四）现场窝工严重，花了抢工费却没抢到工

前几年的快周转热潮中，房企信奉"唯快不破"，在项目开发计划上一个比一个快。从拿地后一个月开工，到拿地后几天开工，到上午拿地下午进场，"拿地即开工"成了地产项目快周转的一个指标，"上午拿地下午进场"是快周转房企追求的理想状态。然而，争分夺秒地开干，结果也未必尽如人意。一方面，施工许可证还没办下来，不是所有施工单位都愿意提前进场；另一方面，有些施工单位，来了也不怎么干活，费用倒是开了不少。某项目，没有拿到施工许可证就让总包偷偷进来干活，进场后，总包以前期不能用塔吊为由，所有的材料周转全部靠挖机，进展非常慢。铺条路，挖点土，却跟甲方要了很多周转费。前期准备工作没做到位，盲目组织现场抢工，往往花了抢工费却抢不来进度，得不偿失。而这些胡抢乱窝伴随的都是百万千万级别的被动支出。

> **案例四** 施工过程：施工安排失误、指令下达不当，变更未经成本优化，较为随意

未根据客观情况进行施工安排，容易导致指令下达不当，产生赔偿与维修费用。

某开发商开发的陕西项目一期四证未全，为了尽快"动起来"，安排桩基单位进场施工，后被相关部门叫停并进行了处罚，由于无证施工，桩基单位从进场到退场总计 80 日历天，其中进行施工仅 12 日历天，虽然有 68 天未施工，但人员、机械均在现场，施工单位提出索赔共计 1200 余万元。

另外其项目地下室主体完成施工后，在未完成房心回填的情况下，出于赶工的需要安排涂料厂家进场先进行地下室墙面腻子及涂料施工，并指令做好所谓的成品保护，很明显的工序错误，导致后期房心回填对墙面已完成涂料的污染和破坏，不得不在回填土完成及地面施工完成后重新进行涂料施工，造成成本浪费近 20 万元。

> **案例五** 施工过程：工程质量管理不善，或疏于管理，技术措施不到位

施工质量把控不严，工程质量管理不善、考虑不周，若出现工程质量问题或现场材料跟合同不符情况均会造成费用大增。

某开发商开发的陕西某项目一期公共区域精装修工程，设计墙面为大理石，材料进场后项目部把关不严，未对材料与样板进行对比，就签署了合格确认单，石材上墙后发现大量的石眼、裂缝，并且工程部门在项目验收时也未对这些情况质疑，在未与施工单位签订竣工验收手续的情况下，交付业主使用。

此后在公司审计过程中,审计部门对石材效果及质量提出疑问,但由于已交付使用,从合约层面已等同于验收合格,无法追究施工单位责任,为此该公司只能自掏腰包进行更换,增加成本 600 余万元。

案例六 施工过程:非关键线路抢工

几乎每个地产项目都要经历一定时长的抢工,由于总价包干,许多情况下抢工并不会增加费用,但也不排除,由于甲方的计划编排考虑不周而产生了不必要的抢工费用。

某开发商陕西项目一期,计划赶工 2 栋楼房的 1~4 层及相应地库的塔楼和地上工程,预计赶工面积 14436m^2。项目的开盘节点定为 7 月 20 日,考虑到预售的需要,同时从节约成本考量,前期定标谈判时合同工期预售节点完成时间约定为 5 月 20 日,较开盘时间提前了两个月。这样的一项举措,可节省赶工费近 145 万元,如表 5-1 所示。

表 5-1 赶工费比对表

方案	项目内容	工程量/元	单价	总价/元
方案版	赶工费	14456631	10%	1445663
落地版	赶工费	0	10%	0

面对各大房企很多项目抢工白忙活,可是进度还是上不去的情况,如何做到又快又好地开展项目,给现场挤出更多施工时间呢?下面介绍标杆房企如何开展进度节点规划。

多数房企的标准工期虽然偏紧,总体还算科学可行。可以说,标准工期是房企全部项目的最大公约数,适用于大部分项目。只有少数项目会因为个别原因无法完全适用,在落地执行中出现工期延误,计划无法达成。在既要保供货又要保质量的双重压力下,合理的工期不容压缩,只能通过消除影响进度的因素,为现场争取充足的作业周期,才有可能又快又好。

(一)定好工期底线,节点不得随意调节

前几年,很多房企对标头部,大搞快周转,完全不掂量自身实力。书面上的工期计划定得漂亮,到了执行上却错漏百出。为了保证合理的工期,有房企引入了工期论证动作。每拿一块地,可研阶段都要从工程角度、安全角度,对工期排工计划进行科学论证,并制订一个工期底线,无论项目节点如何紧张,必须保证工期底线不被突破,避免不合理的工期给施工带来影响。

(二)简化内部沟通流程,给现场挤时间

业内某百强房企,这两年成为同行竞相学习的对象。其项目开发周期并不算慢,但项目品质好、口碑佳,且人均效能远超行业平均水平,真正实现了高质量发展。据公开数据,该房企小体量的项目,从拿地到清盘所需时间普遍集中在 8~11 个月。该房企强调科学地"抢时间",也就是不压缩工程施工周期,而是"从内部节约时间",也即压缩内部沟通协调的时间。内部协调工程和设计、销售等部门之间决策的快速推进,审批的沟通上尽量减少不必要环节,减少时间浪费,这与近年来房企普遍提倡的降本提效是一致的。

但这也反映出许多房企内部沟通流程过长的问题。比如设计变更,有的房企,从现场发起变更,到设计师修改图纸,中间流转时间长达一周,现场往往等不及图纸出来便先行施工,等到图纸出来发现不一致又得拆掉重做。据地产工程现场反映,经常是需求提交上去了,如果不去催设计部门,设计部门可能都忘了修改。有些设计图纸先后改了几十个版本,现场下发图纸版本出错的情况比比皆是，最后连现场工程师都搞不清楚自己做的是哪个版本。

为此，有房企改变了协同流程，每次设计师的图纸修改后，系统都自动更新到最新版本中，并提醒工程对接人查看。这样做简化了信息流转程序，设计、工程的沟通效率高了，信息对称也及时。

（三）施工计划精细化，执行过程重视纠偏

施工计划想要能落地、有指导意义，一定要做精做准。施工计划精确到每天，准确来说，精确到每个工作面、每天做什么工序，每个工序需要多少劳动力，将每道工序所需的材料准备全部前置，提前核实用材用料需求。

有房企就将项目建造全过程进行细分，拆分出一千多项标准工序，在编排项目施工计划时精确至每半天。根据公司以往的项目开发经验，结合国家标准，对各个建造阶段所需机械设备、用工类型等分类统计，总结出各类劳动力和设备设施的工效，保证项目一线在配置各阶段所需的资源时有章可循，确保有充足的资源支撑现场作业。

地产项目的进度控制，归根到底是工序施工计划的制订与执行，核心是执行过程中及时纠偏。一开始施工单位可能达不到既定的进度，这就需要现场通过记录和分析，搞清楚有效工时，找出不达标的问题所在，并让施工单位按照要求进行整改。比如一开始打桩的时候，记录每天能打多少桩，距离要求的数量还有多少差距，差异的问题在哪。是因为没人？还是班组不熟练？抑或是缺机械？或者缺材料？找出原因，并做相应的调整，设法达到预期工效。假如施工单位不给力，就得想办法解决。是抽着走？牵着走？还是抬着走？实在不行，及时对施工单位做退场处理，组织新的单位进场填坑。

（四）前期工作充分准备，各职能高度协同

如前文所言，一些项目虽然经常抢工，但进度依然上不去，很多原因出在现场以外。比如抢工期的准备工作没做好，工程进度上来了，报建或验收流程跟不上，耽误了下一阶段的工程。有的项目到了基础验收阶段的时候，基坑支护还没验收通过。基坑验收过不了，基础工程自然也没法验收。前期两班倒加班抢节点，结果却在验收这一环被卡住了。

事实上，任何抢工，都必须从开发报建、研发设计、成本招采、营销、物业等方面统筹兼顾。比如，图纸深化如门窗深化、精装深化、机电深化等都是拖慢进度、拆改返工的重要方面。没图，成本就不认价，采购不招标。结果就是成本在等设计，招采在等成本，工程又在等设计和招采……

兵马未动，粮草先行。现场施工是兵马，图纸、招采、报建等就是粮草。施工的各项配套条件万事俱备，现场只管放手开干。这样一来，现场抢工少了，进度没耽误，工程质量更有保障，所谓"又好又快"，并非不可能。

> **案例七** 施工过程：因疏于现场管理，导致无法分摊的水电费用，无责任单位赔偿的偷盗损失，无责任单位扣款的质量缺陷整改费用

因疏于现场管理，常导致各种无法分担的费用产生，然而这归结起来其实更是合同执行的问题，多半因过程中拆分合同工作内容未及时签订补充合同，导致了责任不清，造成总成本增加，却无法从相应单位扣回。

以某开发商开发的河北某项目一期防水工程为例。一般防水工程多半由总包单位施工，

但此项目在过程中将防水工程单独划分出来，分包给一家专业卷材防水公司。大家都知道确保防水不漏水的要点有二，一是质量合格的防水卷材，二是卷材防水的施工工序到位。过程中，总包完成了地下室混凝土施工，防水分包单位在其上铺粘卷材，在地下这种嘈杂的现场，各种工序、各种劳务分包工种同时作业。防水卷材单位在甲方协调下，多半是急匆匆抓住不同间隙完成作业。项目交付后，总公司工程中心到现场查看，发现地下室明显渗水，地面墙面均有，无奈暂时沿墙底挖了一圈排水沟，暂时解决渗水问题。查找原因时，总包称防水不是自己工程范围，自己混凝土抗渗添加外加剂没有任何问题，防水称自己材料合格，全部满贴防水卷材。那么是甲方疏于管理吗？甲方自己造成的漏水吗？没有责任单位来承担这个责任，地下室防水面积近16000m²，这是一个无法返工的工序，只能找渗漏点采取注浆堵点方式处理，核算下来费用近600万元。那么这笔费用到底谁来承担呢？总包说出来总包的理由，分包讲出来了分包的理由，甲方现场也协调了。最后防水单位承担主要责任，总包承担管理责任，防水单位负责处理，但这已经是一个无法完全弥补的巨大缺陷工程了。说到这里其实本项目在过程中将防水分包划分出来是根源问题。再好的交接都不会完美无缺，假若防水也由总包施工，责任会非常明了，防水出问题找总包就是了，但这也无法完全弥补给工程造成的缺陷。

> **案例八** 施工过程：多出合理水平的材料及设施消耗

施工单位常为了施工便利，要求更改施工方法或材料，这将造成多出合理水平的材料及设施消耗。其为了强赶工期，降低施工难度，对于难度较大的施工工法，或者不熟悉的工法，会想办法通过设计变更改变做法，达到省时省力的目的。

某项目设计100mm厚的钢筋混凝土楼板就能满足荷载。施工单位为了降低水电埋管难度，加速施工进度，提出楼板要做到120mm厚，并用C30混凝土替代原来的C25混凝土。设计单位同意了这一变更，而甲方也因为设计方已经认可而没有质疑，便签发了变更。事实上，这属于施工组织设计中的技术措施，改厚楼板或改用高级别混凝土，造成的成本一般是施工单位承担。但由于设计单位出了设计变更通知，这项变更增加的差价就得由甲方承担。所以一定要杜绝这类变更发生。

> **案例九** 施工过程：超时效的签证或索赔的确认，积压签证

积压签证、超时效的签证或索赔的确认无疑是施工阶段的成本关注点。在施工过程中妥善达成对变更签证及索赔争议的防范及处理，这将是最理想的效果，但是往往甲乙双方出于合作关系的考虑，一个不提，另一个也不搭理，造成超时效、积压等"甩尾"工程。并且这种金额可大可小，弹性很大，比如变更签证按一般房企控制在3%合同金额以内，即使只有少部分待确认的其实金额也非常可观，百万级都很容易达到，至于索赔待确认的，笔者经历过的项目都是千万级起步，比如索赔仅贷款利息这一项轻轻一算都是近千万元级别。所以说处理好这两方面胜过一个大结算，那么标杆房企如何面对这些问题呢？

（一）变更签证的管理——事先立项、月清月结

变更一般分为设计变更与工程变更，设计变更主要是指基于母版图纸、材料选型方面的修改变化调整；工程变更指现场条件、合同界面、施工工艺工序安排引起的调整返工等。变

更签证的最优的管控方式肯定是源头管理，比如设计阶段的图纸的审核，源头上避免一些错漏碰缺问题，减少后续的设计变更。在这里对于这块就不作赘述，主要探讨施工开始后的变更签证的管理要点。目前行业内基本认可了统一的管理逻辑，即变更签证的管理一般经历变更立项、变更实施、现场签确及费用结算四个阶段，如图 5-7 所示。

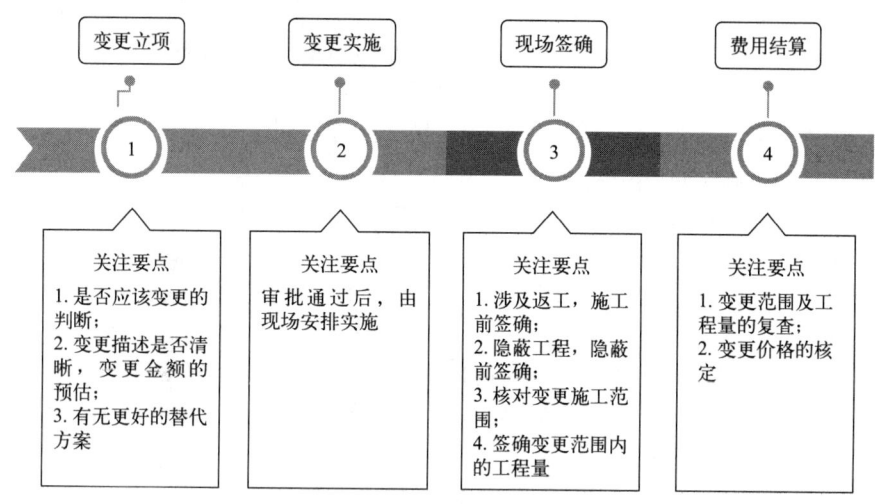

图 5-7　变更签证管理的四个阶段

1. 变更立项阶段

变更立项阶段是变更签证管理的最关键阶段，要不要变更，变更方案是否经济可行，都是在这个阶段进行决策确认的。实际操作中很多项目总管理比较简单粗暴，忽略此环节，要求施工单位先干了再说，导致了大量的无效成本。随着地产行业利润空间的压缩，管理日益精细化，相信这种情况会逐步减少。作为成本人员一定要深知此阶段的重要性，在这个阶段做好充分的把关。至少应当关注以下几点内容。

（1）此变更是否属于合同范围内，是否不应承担费用。比如现场工程师要求施工单位在电梯口砌筑挡水槛，实际比照合同会发现，这个属于施工单位的措施范畴，无须变更。

（2）关注此变更描述是否清晰。现在很多设计院为了图简便，直接画了一个变更后的做法，没有标注部位，这都是不可取的，容易被施工单位钻空子，所以至少要求设计单位对变更进行云线标注，必要时需要对变更进行内部交底。

（3）费用测算的时候，一定要了解清楚现场目前的实施情况，是否需要拆改。有时一个变更看似简单，如果涉及返工，往往牵扯的费用更大。

（4）通过费用测算，如果发现变更金额太大，需要思考或与相关部门交流寻找更加经济的变更做法。

2. 变更实施阶段

如果确定需要实施此变更，立项审批通过后由项目部负责现场跟进。

3. 现场签确阶段

现场签确阶段，如果此变更涉及返工，需要在变更实施前，进行现场复核确认拆改返工工程量。如果涉及隐蔽工程，如开挖回填等内容，需要在隐蔽前进行确认。对于一般变更，很多公司要求在变更实施完成 3 天内完成现场确认。现场确认时，成本人员应当关注变更实施的范围，是否与变更立项阶段要求的范围一致，如果不一致，原则上现场施工超出部分不予认可，现场未施工部分应当予以扣除。此外，应当对施工工程量进行签字确认，如涉及工

走出房地产无效成本控制的困境：典型案例和控制要点

程量计算复杂，可以备注按附图计算，现场一定要复核清楚是否按对应的图纸进行施工，如有偏差部分，需要在签证单上注明清楚。

4. 费用结算阶段

现场签核确认后，应当要求施工单位及时申报变更费用，以便及时掌握现场的成本动态。在费用审核阶段，重点关注工程量计算的准确性（尤其是按照附图计算的变更），关注变更价格套取的准确性。有时变更的价格可参考不同子目，不同子目间的价格有时差距比较大，这个时候应当是就低不就高，需要特别注意。

（二）索赔争议的防范及处理——知己知彼，妥善应对

工程索赔是项目施工过程中经常碰到的情况，它是指在工程承包合同履行过程中，当事人一方由于另一方未履行合同所规定的义务而遭受损失时，向另一方提出赔偿要求的行为。从名词解释的角度来看，这是一种履约方向违约方就损失请求赔偿的情形。在实际项目合作过程中，有的施工单位已经将索赔作为其项目盈利的重要来源，经常采用先低价中标后抓住机会或创造机会进行高价索赔的策略，严重影响了后续的项目推进。不知从何时起，"索赔"已经从一个中性词变成了一个贬义词，相信在很多甲方心目中已经形成了这样一个认识：索赔多的施工单位，肯定是一个很难搞的单位，不听话的单位，不能用的单位。一旦真的遇到一个索赔能力强劲的施工单位，对甲方来说真是不小的挑战。

正所谓知己知彼，百战不殆，这里就从施工单位常规的索赔关注点来分析应对之策。按照索赔事件的成因，可将索赔划分为六大类，分别如下。

（1）条件变化引起的索赔。包括业主方未按合同约定的内容提供相关的施工条件，如未及时进行场地移交，未提供三通一平条件等；新增合同条件，如要求赶工，更改质量标准等；施工条件变化，如实际地质条件与地勘质量不符等。

（2）不可预见的外部因素引起的索赔。包括不可抗力及不可见因素引起的损失。

（3）工程中止或终止引起的索赔。

（4）甲分包原因造成的索赔。如其供货质量、进场时间、交叉施工等原因产生的损失。

（5）合同文件的错漏矛盾引起的索赔。如清单与合同条款之间的矛盾。

（6）工期延误引起的索赔等。

工程索赔详细分类情况如图 5-8 所示。

了解了索赔产生的原因，同时考虑到索赔也是属于一种风险范畴，结合风险应对的一般方法，这里给出如下的解决之策。

（1）规避策略：对于像施工或合同条件变化引起的索赔，大部分是可以规避的，及时安排好相关人员提供场地条件、办理各种手续即可；对工程管理人员及时进行交底让其掌握合同条件，不得随意增加或提高合同要求；合同文件的错漏矛盾问题更是可以通过不断总结修改以规避风险。

（2）转移策略：对于一些不可预见的因素，尤其是不可抗力产生的损失，可以通过购买建筑工程一切险和第三方责任险得到一定的转移；同时诸如甲分包原因产生的索赔，则可以通过相关责任方就相关费用进行追回；此外总包合同的约定也可以将部分风险转移给总承包单位，比如可以设置 15 天以内的停工无费用补偿的约定。

（3）减轻策略：这个策略中最重要的一点就是选择靠谱的供应商，常规的住宅项目完全没有必要选择索赔能力超强的供应商，尽量选择一些有合作基础的供方，这是从源头上降低索赔风险的解决之道。另外，可以就某些索赔风险采用与施工单位共同承担的方式分摊，如材料价格波动 5% 以内由施工单位承担，超过部分由业主方承担。

（4）接受策略：对于一些无法采用上述策略进行应对的风险，只能采用接受策略。例如

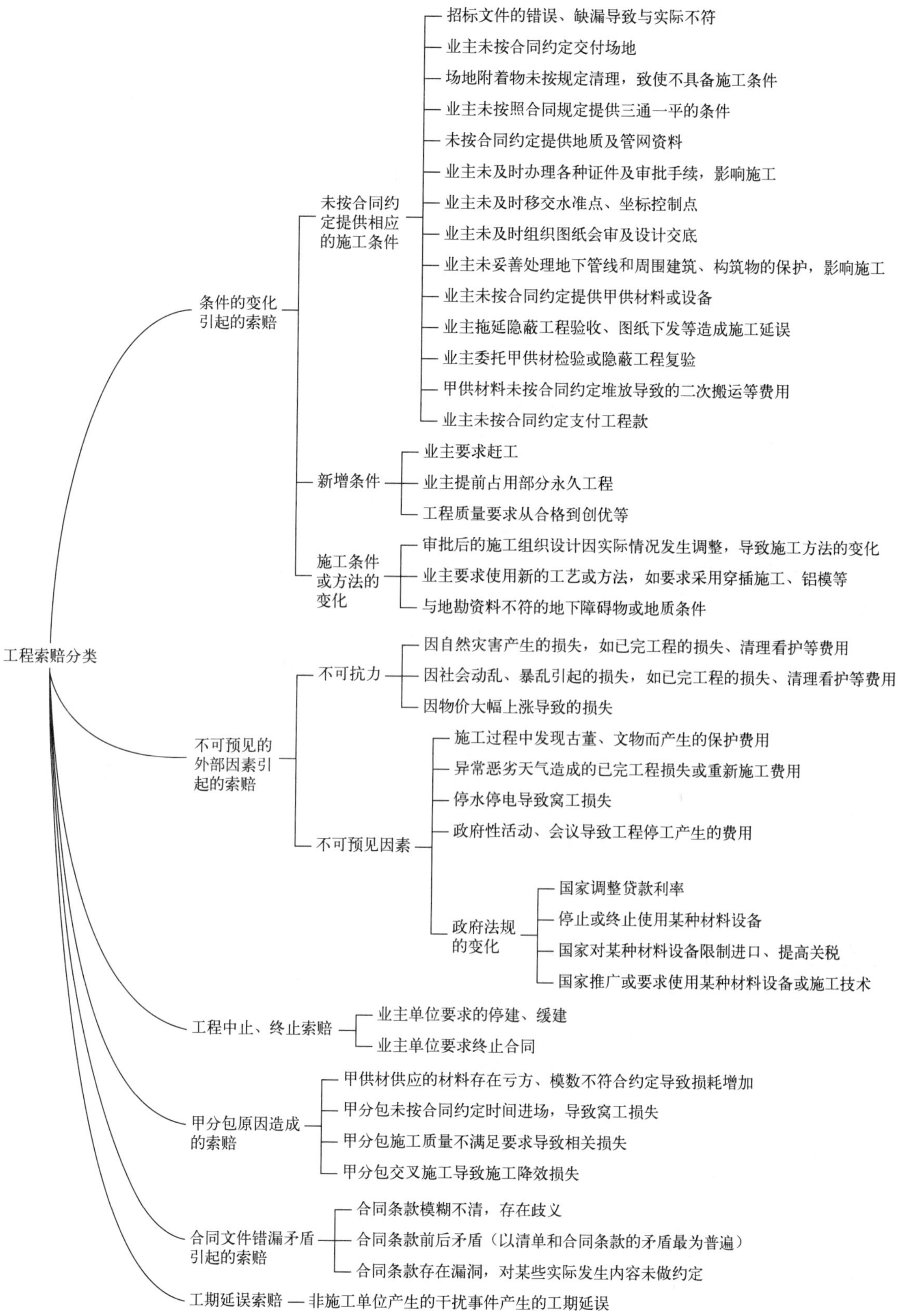

第五章 标杆房企施工阶段无效成本案例分析及控制要点

图 5-8 工程索赔详细分类情况

工程的中止或终止是没办法进行规避、转移或减轻的，只能在合同中约定清楚发生此类情形的时候如何处理。

（5）反索赔策略：为降低施工单位的索赔热情、维护业主方利益，业主方应当记录施工单位的履约情形，必要时及时进行相应的反索赔。有时候适当地进行反索赔可有效解决施工过程中的一些矛盾和僵局。

总之，一个项目的施工过程是比较漫长的，从开始施工到交付一般都需要两三年的时间。在这两三年的施工期间，常规应对的就是变更签证、索赔、付款等问题。变更签证及索赔的管控的好坏往往就决定了过程成本控制的好坏，重视起来无疑是最好的办法。

案例十　施工过程：甲供材管理不到位，统计、出入库、核销资料不完善

某开发商河北衡水项目一期混凝土订单共六份合同，其结算供应商未同时报送，后发现六份合同结算三方验收单资料上的合同编号内容均为手写，结算至第四份合同时，经复核多份三方验收单资料虽合同编号内容不一致，但实际供货及接收数量、收货单位、接收时间等均一致，后经对比，六份合同内存在多份三方验收单重复情况，金额达到了110万元。

很多甲供材"量"与"价"上的争议是由于双方没有约定或约定不明而引发的。为了避免争议，建议发、承包双方应在合同中至少明确以下内容：材料超出合理损耗的部分由哪一方承担以及如何计价；材料的节余部分如何处理，是由发包人一方享有，还是承包人一方享有，还是双方按照一定的比例共同分配；材料超领用的部分如何计价，是按市场价还是定额价等。尤其要注意的是，如果超领用甲供材，对超领用的部分应按市场价返还，因为市场价一般比较高，在这一点上对发包人是有利的，所以，同样也要提醒承包人要合理编制、控制好材料领用的计划，避免因超领带来损失。此外，发包人、承包人还应保存好领料单等证据，领料单上要经发包人确认有材料领用权人员的签字，避免无法确定材料实际领用量而产生争议。最后，关于甲供材的税金，由于甲供材税金是工程造价的一部分，一定与承包人明确约定甲供材税金由谁承担，避免约定不清情况下该部分税金的最终的承担者变成发包人而导致经济损失。

案例十一　合同执行：合作方拒绝完成其承包范围内的工程，由其他合作方完成的

合作方拒绝完成其承包范围内的工程，大多时候指的就是总包退场，那么一旦总包退场，这之间的双方纠葛应该怎么处理？以下是笔者曾经经历过的一个退场案例。

（一）工程概况及背景

承包方式：包工包料（包括但不限于包质量、包工期、包安全、包文明施工、包服务、包维修等总承包管理的方式进行的工程承包）。

建筑面积：项目总建面积394241.46m^2，其中地上住宅面积293421.03m^2，商业面积11102.63m^2，公建配套面积990.02m^2，地下面积为88353m^2。

计划开工日期：2018年6月1日，实际开工日期以发包人的书面通知为准。

计划竣工日期：2020年8月15日。

具体工程概况如表5-2所示。

表 5-2 某项目工程概况表

项目			数据		备注
用地面积/m²			76633.54		—
总建筑面积/m²			394241.46		—
其中	地上建筑面积/m²		305888.46		—
	其中	住宅/m²	293421.03		17~34 层
		底商/m²	11102.63		1~2 层
		公建配套/m²	990.02		11 项
		其他/m²	374.78		非机动车出入口、首层风井等
	地下建筑面积/m²		88353		—
	其中	单体地下/m²	15735.04		
		地库/m²	72617.96		除地下单体
商业兼容比/%			4.08		
建筑基底面积/m²			13661.51		
建筑密度/%			18		
容积率			3.99		
绿地面积/m²			20714.4		
绿地率/%			27.03		
非机动车停车位/个		地上	3185	4885	住宅 1.5 个/100m²,商业 4 个/100m²
		地下	1700		
机动车停车位/个		地上	305	3060	住宅 1 个/100m²,商业 1 个/100m²
		地下	2755		
户型配比		2537 户	100m²	980 户	38.63%
			120m²	728 户	28.70%
			130m²	559 户	22.03%
			150m²	270 户	10.64%

（二）开发情况

本项目为一级开发项目，采用的模式为土地补偿模式，涉及拆迁补偿工程，另本项目为合作开发项目，由三家单位进行合作开发。该项目鸟瞰效果图如图 5-9 所示。

总包招标完成进场后由于拆迁问题迟迟得不到解决，导致土地无法挂牌，总包单位进场以后无法按照预计开工日期正常进行施工，现场停工约 4 个月的时间，总包单位考虑到土地原因、政府原因等不可抗力因素的影响，向甲方提出合同单价上浮的请求，经双方协商之后未达成一致，总包单位提出退场诉求，另需要补偿总包单位进场后的临时建筑、场地道路以及停工期间的人员管理等相关支出。

图 5-9 某项目鸟瞰效果图

（三）现场已完工程情况

土方单位清表工程已完成，桩基单位已进场，桩基工程施工完成约 40%，总包单位施工现场未开始垫层主体施工，现场临建办公板房、工人住宿区板房、洗车设备、现场临时道路、现场围挡已施工完成，如图 5-10~图 5-15 所示。

图 5-10 某项目现场临设完成图一

图 5-11 某项目现场临设完成图二

图 5-12 某项目现场临设完成图三

图 5-13 某项目现场临设完成图四

图 5-14 某项目现场临设完成图五

图 5-15 某项目现场临设完成图六

（四）总包退场原因

（1）管理成本增加：工期延误，延期开工导致停工期间产值为零，管理费取费不足，要求补偿管理费用。

（2）财务成本：总包单位提出甲方合同付款条件苛刻，后续存在较大资金压力。

（3）材料价格：工期延误，材料价格上涨，材料资金成本上涨。

（4）临建费用：临建前期投入成本过多，无付款进账，导致资金压力变大。

（5）开发原因：总包单位提出本项目为合作开发项目，合作单位之间存在扯皮风险。

（6）整体分析：经与总包单位了解以及侧面调查与总包单位合作过的其他开发商情况，本次总包退场的主要原因还是经济因素。

（五）退场诉求

（1）为配合现场开工后有足够工人进行施工，现场已派工人以应对开工后的施工工作，提出 20 万元停窝工费用补偿。

（2）生活区及施工现场水电费 21.37 万元。

（3）现场及生活区物资费用及物资的进出场费用约 68 万元。

（4）现场管理人员工资 140 万元。

（5）资金占用费用按照 6.5％利息计算约 16 万元。

（6）预估后期会发生的停工风险费用 150 万元。

（六）退场诉求分析

针对乙方单位以上诉求进行逐条分析。

（1）根据合同工期要求，合同中仅约定预计开工日期，具体开工日期以发包人的书面通知为准，甲方仅要求施工单位目前开始前期准备工作，要求乙方单位提前准备现场临建及场地准备工作，未下发正式开工通知，故不涉及停窝工费用。

（2）针对生活区水电费用，本合同采用固定总价包干合同，合同已约定施工及现场生活用水电费用包含在总价中，故本条不予补偿。

（3）经核实，现场物资均用于现场临建、临时道路等部位，此部分费用包含在措施费中，平方米单价包干，故本条也不予补偿。此项施工单位上报金额如表 5-3 所示，不予补偿可避免无效成本 33.5 万元。

表 5-3 现场临建、临时道路费用表

序号	费用	单位	数量	单价/元	总价/元	备注
（四）	临时设施费	—	—	—	3350283	—
1	施工现场临时建筑物、构筑物的搭设、维修、拆除或摊销费用。如临时宿舍、办公室、食堂、厨房、厕所、诊疗所、临时文化福利用房、临时仓库、加工场、搅拌台、临时简易水塔、水池等	项	1	200000	200000	—
2	施工现场临时设施的搭设、维修、拆除或摊销的费用。如临时供水管道、临时供电管线、小型临时设施	项	1	938394.9	938394.9	—
3	施工现场规定范围内临时简易道路铺设,临时排水沟、排水设施安砌、维修、拆除	项	1	274592.1	274592.1	临时道路详见《安全文明标化管理标准》,排水沟算子采用铸铁
4	其他临时设施搭设、维修、拆除或摊销费用	项	1	137296	137296	—

（4）针对现场管理人员工资费用，根据合同原则，总价包干合同，不予补偿，经过双方约谈，现场确实存在管理人员配合费用，但需要根据现场工程师及监理工程师确认的工日及市场工资水准进行补偿，经核实，此部分费用约为30万元。

（5）资金占用费用，由于甲方未下发正式开工通知书，故此部分费用仅涉及临建投入部分金额，经双方约谈，甲方单位承诺临建部分费用可提前支付一笔进度款，但不考虑额外的费用补偿。

（6）预估风险费用，根据合同风险承担原则，后期具体发生时根据具体事项界定责任分判，本处不予计取。

首轮约谈结论：针对乙方单位的诉求及甲方单位的处理原则，双方未达成一致结论，乙方单位正式提出退场请求。

（七）退场安排

步骤一：核实现场延期开工、总包提前进场情况是否属实，需明确合同签订开工日期、实际开工日期、甲方书面确认通知进场时间。

步骤二：合同内已完工程确认，根据合同清单及合同文本要求，界定合同范围，组织甲方工程师、现场监理、现场审计单位、施工单位共同对合同内已完工程进行现场确认并进行验收记录，作为结算依据。

步骤三：现场已完临设工程确认，由于现场临设工程为规证面积总价包干，故对于现场临设工程需与合同内其他工程一致组织现场验收工作。

步骤四：现场签证实际已完工程确认。

步骤五：实体工程外管理费用及财务费用，甲乙双方财务及成本工程确认。

步骤六：签订后续进场单位。

步骤七：进场单位签收现场已完工程。

步骤八：签订补充协议，完成退场结算。

（八）退场约谈

由于甲乙双方就乙方提出补偿方案未达成一致，根据合同相关约定，双方商定退场事宜。

甲方诉求：由于合同已约定"乙方已综合考虑现场实际拆迁情况（包括但不限于高压塔、学校、城市改造建设办公室、五道庙等），并综合考虑分段施工风险，由于上述风险造成的措施费变化已在本合同报价的措施费中综合体现，后期措施费用不再因此进行调整"，故由于拆迁导致的开工延迟我方认为乙方单位已综合考虑，并包含在报价中，所以由于乙方单位退场导致的再次进行招标所需发生的招标费用、现场交接所发生的人力成本、再次招标可能导致的单价上浮等额外费用可向乙方单位提出索赔，索赔金额150万元。

乙方诉求：乙方单位要求按照合同约定据实核算已竣工工程、已购材料设备、进场期间的管理人员工资、现场工人停工期间工资等费用。合同相关条款约定："因一方违约而解除合同后，承包人应妥善做好已竣工工程和已购材料、设备的保护和移交工作，按发包人要求将承包人设备和人员撤出施工场地后将工程移交给发包人，由发包人组织监理人、承包人、勘察设计等相关单位在承包人将工程移交给发包人后14天内进行验收。验收合格的，承包人应向发包人提交已完工程结算报告及完整的结算资料，发包人应在收到报告和完整资料后180天内审核完毕，双方签订结算协议，如双方未能在该期限内签订结算协议的，视为双方对结算有争议，按合同中'争议的解决'的约定办理；验收不合格的，按相关规定办理。工程结算不影响守约方按照合同约定追究违约方的违约责任。"

双方经过两轮约谈，未达成一致，乙方单位拒绝交付现场，但由于回迁安置房工期的要求，甲方单位已加急完成新总包单位的招标工作，并急需开展下一步总包开工的准备，双方进行第三轮约谈，开始组织现场退场工作，最终确定以下结论。

1. 管理人员工资

方案一：按照实体工程金额管理费率9%计算，测算金额约为50万元。

方案二：乙方单位建议按照实际施工期间管理人员工资进行计算，乙方单位报送金额为145万元。

经双方商定按照方案二进行核定，要求乙方单位出具缴纳工资明细，并根据每天签到人员进行统计。最终确定正常施工期间按照正常签到人员进行工资结算，停工期间仅给予管理人员工资进行核对和补偿，最终确定管理人员工资为64.56万元。

2. 现场临建已完工程

由于乙方单位在本区域仅有一个施工现场，无法在本区域进行临建的合理利用，经双方协定，甲方对乙方单位已完成临建工程进行现场实测，需要明确已完工临建工程是否有质量问题，若有质量问题，需乙方单位整改完毕再进行接收并对已完工程进行价格核对，据实结算。

3. 现场水电费

现场水电费根据挂表后实际水电费进行核定。

4. 现场物资（例如电线、防水材料、油漆电管等物资）

乙方单位要求甲方按照市场价进行回收并补偿保管费用，甲方单位提出要求施工单位运回施工现场，甲方可补偿运输费用，保管费用不予补偿，双方经协商后按照甲方意见进行核定。

最终，该项目合同结算协议签订如图5-16所示。

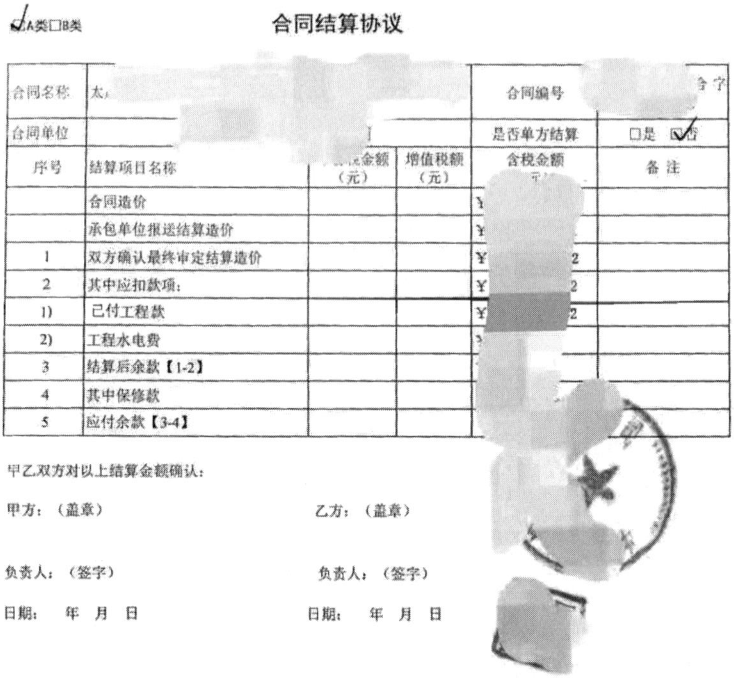

☑A类□B类　合同结算协议

合同名称	太			合同编号	合字
合同单位				是否单方结算	□是 ☑否
序号	结算项目名称	金额（元）	增值税额（元）	含税金额	备注
	合同造价			¥	
	承包单位报送结算造价			¥	
1	双方确认最终审定结算造价			¥ 2	
2	其中应扣款项：			¥ 2	
1)	已付工程款			¥ 2	
2)	工程水电费				
3	结算后余款【1-2】				
4	其中保修款				
5	应付余款【3-4】				

甲乙双方对以上结算金额确认：

甲方：（盖章）　　乙方：（盖章）

负责人：（签字）　　负责人：（签字）

日期：　年　月　日　　日期：　年　月　日

图5-16　某项目合同结算协议示意图

(九)总结

总包退场可能是多种原因造成的,在核对此类问题的过程中,一定要把握以合同为基本点,确定退场原因,界定退场责任归属,对已完工程进行验收并明确双方责任分担比例,与此同时积极开展新单位引进措施,避免工程进度拖延,另外合同中约定的特殊事项(例如拆迁、土地等需要特殊说明的事项)需要在合同招标交底时再三进行强调并签订交底说明。

退场对双方都是损失,甲方要给予补偿,总包单位失去一次创造利润的机会,未来项目开发因为资金原因这种情况会更多地产生,掌握处理这种状况的方法,无疑是最好的应对方式。

案例十二 合同执行:施工界面重复等导致同一项工作内容重复计费

合同是现场管理的根本依据,明确了双方合作的规则。若经济标上出现的漏洞太多,累加在一起必然导致目标成本超额,比如,工作界面重复导致工程量重复计费。

某开发商开发的陕西某项目一期工程的合约中,规定由总包全部承担所有洞口的防火封堵,包括自来水、消防,又规定分包单位自行承担,如消防单位的管道由消防单位承担。合同签订时两家单位都涵盖了这项施工,只有其中一家单位做了,但是算钱却算给了两家,导致多支出近 25 万元。

又如,一些零星工程在招标清单和合同里没有包含,需要重新办签证。比如总包单位预留洞口尺寸不对,分包单位重新剔凿;预留孔洞偏大,后期需要进行封堵(但封堵往往由另一家分包单位负责)。诸如此类的细枝末节超出合同和清单,都给项目造成了额外的经济损失。

案例十三 合同执行:施工与交付标准矛盾不一致

某开发商开发的南昌项目一期地下室顶棚施工做法与交付标准矛盾,矛盾在施工单位自己想当然,由于设计最初图纸对地下室顶棚做法比较模糊,但后续出来补充说明,做白色涂料,施工单位根据自己的"理解"做成了耐水腻子+白色乳胶漆,作为开发商在结算时明确告诉施工单位,白色涂料就是普通的刷大白防潮涂料就行,过程中施工单位也没对做法明确跟甲方沟通,这是典型的施工单位自作主张,高配输出自己的主张,最后结算只能自担后果。乳胶漆要比白色涂料高出 4 元/m² 左右,整个地下室顶棚约 16000m²,仅此一项成本就有 6 万多元。但这是一个模棱两可的交付标准,白色可以是白色涂料,但乳胶漆同样也是白色,若施工单位真要是申请仲裁,该费用未必不成为甲方的无效成本。

案例十四 工程资料:工程资料不完善,竣工结算资料审核不到位,引起结算时造价增加

工程资料不完善,竣工结算资料审核不到位,资料不全,部分计入结算,除了在核对时引起不必要的纷争外,还会引起结算时造价增加。

某开发商开发的陕西项目一期土方工程,建设单位与施工单位签订施工合同,约定施工

内容为某工程的土方开挖、土方运输等。合同上注明工程完工时,施工单位需要提供第三方测量地形图。但是在施工期间,由于某些原因,建设单位要求施工单位停工并退出工地,这时施工单位的施工进度为地下-5m,还没有完全完工。施工单位退出施工现场后,按照自己的施工进度进行计量与计价,并编制了结算书,要求建设单位支付工程款,支付部分进度款,其余结算后再行支付。但是在竣工结算审核阶段,建设单位委托的咨询单位审核时才发现施工单位没有按照合同要求提供第三方测量地形图,建议建设单位暂时停止支付工程款。经审核第三方测量地形图计算后,审核出近6000m^3的土方量差,按合同单价30元/m^3计算,金额差异近18万元。

由该案例可知,在竣工结算审核阶段,建设单位一定要严格按照合同要求对施工单位提交的竣工结算进行审核,如果施工单位没有按照合同要求提供相关资料,即使其在实际工程中施工单位已经完成施工任务,建设单位也应拒绝支付工程款,否则就容易产生不必要的无效成本。同样施工单位在施工过程中除了要保质保量完成施工任务外,还需要严格按照合同要求收集和整理施工过程中所发生事件的所有资料。否则,竣工结算审核工作就不能顺利进行,耽误结算审核时间,双方核对时还会产生不必要的争议。

那么在审核结算资料时,标杆房企一般是怎么要求的呢?其做法如下。

(一)结算资料的个性化要求

结算资料除了通用要求外,还有个性化要求。

(1)土方工程结算上,须提供经过甲方现场工程师、造价工程师、监理工程师及施工单位四方共同确认的交付场地标高图和完成面标高图。标高图中必须有明确的边界线/放坡/工作面等实际情况,合同中约定不计放坡/工作面的除外,须有划分详细的方格网计算图(10m×10m)及相关的计算书。

(2)桩基工程结算时,须提供桩基工程打桩原始现场记录(图5-17),包括桩号/桩规格/现状土标高/桩顶设计标高/送桩长度等,须由甲方现场工程师、造价工程师、监理工程师及施工单位四方共同签字确认。

图5-17 某项目打桩原始现场记录及图纸

(3)部品工程结算上,施工单位必须做出详细的竣工图纸供工程管理中心现场工程师、总工室设计师核对后确认,并提交招标图纸及变更签证作为结算依据,以便对照。

(4)园建/绿化工程类结算上,结算资料在报送甲方工程管理中心工程师之前须经过园建/绿化相关工程师的确认,并由园建/绿化工程师签注结算核实意见。

(5)样板房工程上,由工程管理中心工程师接管相应的结算资料交接工作;需提供有通过验收意见的样板房现状说明书及其附表；在招标时主材价为暂定的，须由成本控制中心按设计要求确认相应的主材价格。

(6) 材料设备类结算上，须提供经供货方/监理（无监理的情况除外）/总包/甲方四方签字核实的《材料设备验收单》和配套的《材料设备价格清单》原件作为结算依据。

（二）结算资料核对要点

(1) 资料是否齐全，是否为原件。

(2) 竣工验收合格报告中内容填写是否完整，特别注意验收报告中完工日期、建筑面积等一应说明是否填写完整。

(3) 工程结算工作交接单中内容填写是否完整，工程管理中心负责人是否签署确认。

(4) 特别留意交接单中有关竣工图纸、指令变更的描述以及往来款项的说明。

案例十五　维修：维修工作程序不到位，维修时未及时通知责任单位

《房屋建筑工程质量保修办法》（下文简称《办法》）第九条规定："房屋建筑工程在保修期限内出现质量缺陷，建设单位或房屋建筑所有人应当向施工单位发出保修通知。施工单位接到保修通知后，应当到现场核查情况，在保修书约定的时间内予以维修"；第十二条规定："施工单位不按工程质量保修书约定保修的，建设单位可以另行委托其他单位保修，由原施工单位承担相应责任。"《建设工程施工合同（示范文本）》（GF-2017-0201）（下文简称《示范文本》）15.4.4条约定："因承包人原因造成工程的缺陷或损坏，承包人拒绝维修或未能在合理期限内修复缺陷或损坏，且经发包人书面催告后仍未修复的，发包人有权自行修复或委托第三方修复，所需费用由承包人承担。但修复范围超出缺陷或损坏范围的，超出范围部分的修复费用由发包人承担。"根据前述《办法》和《示范文本》的内容，不难看出，在工程保修期内承包人有对工程缺陷进行修复的义务，并且在没有履行相应义务的情况下，发包人可委托第三方进行修复，产生的费用由承包人承担。但我们知道，承包人履行修复义务的前提是发包人通知了承包人工程需要进行维修，但如果发包人未通知承包人而自行委托第三方进行维修，那么承包人对于维修的费用是否需要承担呢？

某开发商开发的南昌项目一期植草屋面出现渗漏水需要进行维修，开发商本应先及时通知施工单位某冶金建设公司，当施工单位某冶金建设公司拒不维修的情况下，才可自行维修，但开发商因为雨水大，自行组织物业单位维修了，结果向施工单位要求承担该项维修费用时，施工单位就以其未知屋面渗漏水，没有接到开发商维修指令，不承担这笔维修费用，而开发商和物业也未提交证据证实其按照上述约定通知了施工单位某冶金建设公司，因而施工单位主张这笔近30万元维修费用不成立。

一般合同中都会有"承包人收到发包人通知，应在最后的阶段性按比例付款前对工程个别施工缺陷立即进行必要的更换和维修（费用自理）。如承包人未能实施所要求的更换和维修，发包人则自行实施更换和维修，费用和风险由承包人承担。发包人将从阶段性按比例付款中提款进行必要的维修和更换"的约定，从上述参考案例可以看出，对于发包人未通知（或不能证明已通知）承包人而自行委托第三方维修产生的费用时，承包人不承担相应的费用。

但也有个别不同案例，如《北京市高级人民法院关于审理建设工程施工合同纠纷案件若干疑难问题的解答》（京高法发〔2012〕245号）第30条规定："因承包人原因致使工程质量不符合合同约定，承包人拒绝修复、在合理期限内不能修复或者发包人有正当理由拒绝承

包人修复，发包人另行委托他人修复后要求承包人承担合理修复费用的，应予支持。发包人未通知承包人或无正当理由拒绝由承包人修复，并另行委托他人修复的，承包人承担的修复费用以由其自行修复所需的合理费用为限。"

对于各方不同观点，笔者更倾向性地认为北京高院符合公平公正的理念。

首先，工程因承包人原因造成工程的缺陷或损坏，承包人就有义务对缺陷或损害承担责任。该责任可以因发包人一般程序上的过错而降低，但不应因此而免除责任。

其次，承包人对于工程的缺陷或损害的维修是承包人的义务。如果以程序过错为由即可免除义务，不排除承包人以此作为免责手段，整体不利于行业的良性发展。

虽然存在不同观点，但对于发包人而言，在涉及项目维修时，还是应当积极通知承包人履行维修义务。结合审判实践，笔者对发包人提出以下建议。

（1）对于因承包人原因导致的工程质量缺陷或损害发生时，及时进行相关证据保留，必要时可以对相关内容进行公证。

（2）积极履行通知义务，建议采用书面方式通知承包人，并保存书面送达证据，避免无法证明已通知而承担举证不能的责任。

（3）在完成证据保留、通知义务后，完善与委托的第三方之间关于维修事项的相关材料，例如合同、现场维修前后照片、相关维修人员材料照片、付款凭证等。

（4）如因承包人怠于履行维修义务造成了相应损失，发包人也应当积极留存造成损失的证据，以便后续追偿使用。

案例十六　回收利用：未重复利用可再利用的材料、设施、临建等

某开发商开发的陕西某综合体项目，由于招商定位引进新客户需求，将原来影院外钢结构全部拆除，重新装饰，拆除的钢结构近35t，但仅以废钢铁的价格2000元/t抵了拆除单位，而本项目还有大量室外工程花架和屋顶花架等可以利用这部分钢结构，花架钢构主材价格就要6300元/t，两相比较下来，15万元就这么流失了。

应对因变更或指令涉及的可重复利用的材料时，建议甲方应在拆除前与乙方谈定材料的可重复利用情况，否则视为乙方100％回收利用，从而不致于成本流失。

第二节　标杆房企施工阶段无效成本控制要点

本章最值得提醒房企的是要做好工程策划，一个项目工程策划做得好，项目可以说就成功了一半，然而很多地产项目都不会做工程策划，不管是项目前期策划还是项目报建策划都是为了项目能够正常快速推进，而项目开发的主要工作还在于施工阶段，因而对于施工阶段的策划成为重中之重，项目工程策划主要内容及注意事项如下。

一、工程策划的目的

首先，明确标段划分，场地功能分区，根据运营计划排布资源（人、财）分配方案，保障项目顺利推进，并确定项目管理目标，如质量目标、进度目标、安全文明要求等。

其次，提前确定项目工程管理的重点、难点。提前制订确保工程质量、进度、成本控制的预防保障措施。统一项目工程技术及管理标准，明确质量、进度、成本等保障体系管控要求、管理职责划分及奖惩细则。

再次，能够针对企业技术、质量、管理标准、检验要求、实施体系控制要求等提前做出明确约定。针对国家规范不明确和施工单位、监理单位常见、易错等环节，提前提出具体的防控措施和工序检验批等过程管理要求。并将其作为招标文件的内容，要求投标方予以响应和执行，以避免后续工程施工中因前期不明确造成扯皮或引起成本争议。

最后，通过工程策划避免因项目地域、特点不同及项目管理人员差异等，引起的项目工程管理的质量下降或管理标准降低等问题。

二、工程策划的编制

（一）开发节奏

明确项目开发体量，开发业态情况，经营周期，整体开发时间，开盘、交房等重要时间节点，经营策略等信息，以此来进行施工标段的划分、发包范围的划分等。

例如一个20万平方米左右的项目，如果同期开发，开发周期18个月，高低配（高层+别墅），那么在目前的总包配合意愿及能力下，建议分标段开发，且高层标段不宜超过15万平方米，别墅标段不宜超过6万平方米。

对于多标段开发的项目，一定要合理安排出入口、水电接驳点等。

（二）示范区策划

示范区作为重要的销售道具，其重要性不言而喻，由于其工期紧、品质要求高等特点，历来成为工程策划的前期重头戏。对于展示区的策划，要着重注意以下几点。

（1）展示区的范围以及与大区施工区的分割方案。

（2）售楼处、样板间的位置合理性。售楼处、样板间的位置要以便于施工、便于展示为选址依据，同时由于售楼处和样板间时间要求紧，如果是永久建筑，建议修建在无地下车库的位置。

（3）售楼处及样板间的形式（永久或临时）。如果是临时性建筑，可选用钢结构等工期短的结构形式，同时，因临时建筑后期需要拆除，故尽量减少成本投入。

（4）施工及展示动线。合理设置动线，一方面提高展示区的展示效果，另一方面可有效避免大区施工对客户的影响，切忌展示动线与施工动线交叉。

（5）展示区供电、给排水、消防、网络等的设置策划。

（6）展示区工作计划。需要强调的是，展示区是多职能短期高度配合的工作，所以工作计划不能仅仅是工程计划，而应该涵盖设计（出图）、招标、营销、报建、工程等各相关职能的工作，尤其是招标计划一定要前置。

（三）总平面策划

总平面策划主要考虑功能区设置（办公区、生活区）、三通一平、大型机械等。

总平面策划的原则如下。

（1）施工作业面最大化。

（2）周边交通及场内交通组织顺畅。

（3）不影响现场销售展示及参观路线安排。

（4）避免二次或多次搬运，保证场地、机械的合理有效利用。

（5）将施工期间对周边众多公共建筑的影响降到最低。

（6）临时施工道路充分结合正式道路。

（7）道路、大型机械、主要材料堆场及加工场地布置对后续施工影响降至最低。

（四）现场三通一平策划

下一步到了具体实施阶段，但作为前期必须解决的问题，现场的三通一平必须提前策划,这样不仅便于施工,也可以通过三通一平的策划控制成本。

1. 临时道路

临时道路主要指的是现场的施工场地周边的道路建设(场地内的由总包筹划并实施)。临路的策划必须考虑几点。

(1) 便于施工。尤其是项目分标段开发时,需要考虑每个标段有单独的入口,避免多标段交叉交通影响施工。

(2) 避开营销设施。施工道路的策划要避免影响营销道具的使用,因为施工车辆观感差、噪声大、不安全,因而要避免跟售楼处动线或者看房通道路线交叉带来的效果影响和安全隐患。

(3) 尽量利用现有道路。如果项目周围有已建道路,尽量利用,避免额外的费用发生。

图 5-18 展示了某项目的临时道路。

图 5-18 某项目临时道路示意图

2. 临水临电

临水临电的策划主要考虑地块的形状,考虑路径最短的方案。如分标段建设,就更加重要。

3. 临时建筑

这里说的临时建筑主要指的是后期施工使用的临时办公室、临时生活区等。

在这些临时建筑选址时一方面要考虑方便,更重要的是要跟后期开发节奏匹配,避免临建搭设在后期的施工场地内,影响后期开发,也会因多次拆建带来额外的成本发生。

(五)工程质量策划

质量是工程的生命线,因而做好工程质量策划是必不可少的,一个好的工程质量策划通常有以下几个要点。

(1) 坚持样板引路。根据项目特点及公司要求合理策划、布置各分项工程样板区,样板制作要体现规范要求、操作要点及流程,固化质量标准和节点细部做法,规范现场施工。

(2) 管理可视化。保留管理痕迹,各分项工程实测数据上墙(有条件的二维码上墙),数据真实、规范,便于及时分析问题,改进管理;楼面双控线、标高控制线、楼层内混凝土养护记录等记录牌上的信息及时更新。

(3) 混凝土浇筑质量及观感需严控。柱梁板、二次结构收面细致,表面平整,无蜂窝、麻面、鼓膜等情况,标高准确;后浇带、预留洞断面清晰,尺寸准确,钢筋保护层符合规范要求。

(4) 砌筑前深化图纸、绘制排砖图,砌体外观尺寸规范,无明显破损,拉结筋设置规范,组砌正确,表面平整,顶部、过梁、预留洞等部位构造正确,各类砌块应用规范,门垛部位采用预制过梁板进行安装加固。

(5) 落实通病预控措施。确保地下室及外墙无渗漏,螺杆洞封堵密实,过程中节点验收记录、影音资料齐全,并建立档案进行管理。

(6) 做好模板工程的管理。从模板选材（有些公司有明确要求,如高层标准层须使用铝模）、配模设计、集中加工、模板安装进行全程管控；尤其是地下室阶段支撑架体应规范,扫地杆、剪刀撑设置到位；后浇带区域模板支撑体系应单独设置,不得随意拆除。

（六）工程安全策划

对于项目现场管理来说,安全是必须重视的,一旦出现安全问题,轻则项目停产,重则有法律风险。现场的安全策划需要重点注意以下几点。

(1) 脚手架规范设置。外立杆钢管为了醒目,通常用红白色或黄黑色油漆涂抹,并保持一致,严格控制立杆间距和垂直度,外露长度应保持一致,控制在10cm左右为宜,安全网挂设整洁、美观,并保持安全网的完整性,每一步架满挂木质踢脚板。落地式脚手架立杆底部垫置通长槽钢。

(2) 三步一隔离,脚手架与建筑物之间的隔离板必须设置纵向水平杆,隔离材料优先选用脚手板或者兜底网。

(3) 现场用电规范。钢筋制作场电缆线使用50mm×50mm槽钢固定防护；底层二层电箱固定按箱体大小制作架体固定,并做到下部封闭、上部有防水防雨措施；车库顶板主电缆敷设宜使用100mm×50mm槽钢盖住并固定防护,能有效防止电缆被碾压破坏；穿过道路部位,宜埋地处理,通常挖深800mm预埋钢套管防护,上部用细砂填实。

（七）文明施工策划

文明施工管理是项目综合管理水平最直观的体现,良好的文明施工管理对现场质量及安全管理能起到一定的促进作用,现场文明施工管理需要常态化。文明施工策划要点如下。

(1) 设置集中加工区。体现过程规范管理,有利现场文明施工管理,场地整齐规范。

(2) 现场材料管理。不同材料分区管理,材料堆放整齐。

(3) 废料二次利用。废料回收利用形成标准流程,统一进行回收及二次利用。

(4) 设置标准的厕所、定制化八牌二图、定制化宣传栏、定制化防护棚、定制化围墙及其他美化设置。

三、工程计划及预案

项目有效地开发有赖于计划的合理性和严格的执行性,在这重点提一下施工赶工预案。

很多时候公司为了经营需要（提前销售、提前交房等）会要求项目进行赶工,而项目施工本身情况复杂,只有在项目工程策划阶段想好预案,在后期真正遇到赶工情况才能从容不迫。预案通常需要考虑以下几点。

(1) 图纸会审前置,工法优化,最好形成标准工艺工法。

(2) 交底彻底,进行专业叠图。

(3) 奖罚分明,责任到人。

(4) 明确重点,专项措施提前策划,如夜间施工措施、冬雨季施工措施、降噪措施等。

(5) 施工道路策划合理严谨,材料分区堆放,保持交通顺畅。

总之,项目实施阶段时间长、情况复杂,如果能够做好工程策划,绝对是对后期顺利施工的有力保障。当然,工程策划的内容远不止以上所说的这些,本书中只是把工程策划中的重难点跟大家一起分享,作者也期望跟大家不断探讨,不断提升,也希望各位工程从业者能够从容不迫地应对工程施工过程中的各种问题。

第六章

标杆房企预结算阶段无效成本案例分析及控制要点

第一节 标杆房企预结算阶段无效成本案例分析

预结算阶段在整个开发过程中属于成本控制的核心阶段,也是无效成本"隐身"和"现形"的阶段。预算阶段可以说是无效成本的隐藏阶段,竣工结算阶段可以说是无效成本的现形阶段,成本后评估阶段可以说是无效成本的提炼阶段,归结起来可以用八个字来形容,即"预算不实,结算不符",这也造成了预结算成本管理的痛点。

(1) 成本基因/限额/成本适配薄弱,导致成本失控,失去对项目的效能控制。

(2) 目标成本、动态成本控制难,导致项目投资成本失控。

(3) 清单标准化低,导致标底及招标金额出现偏差。

(4) 重计量方面,图纸的完备性、计量的准确性偏低。

(5) 产值进度款方面,形象进度真实性、计量计价的准确性偏低。

(6) 变更签证方面,国家或规范强制性要求、不可抗力因素、设计错漏缺或专项设计不协调、销售因素、招商因素、清单描述、界面划分、工程现场等因素导致变更签证常常发生。

(7) 结算方面,结算图纸资料的完善程度偏低,对人工或主材的调差约束、对措施费的约束、对变更的约束、对索赔的约束不足。

每个项目的成本数据千差万别,所以建设数据库难,无法支撑业务,导致测算、预算、结算出现偏差,变更签证带来大量无效成本,导致工程类成本失控,结算扯皮多、透明度低、周期较长,导致结算金额出现偏差。预结算阶段的无效成本如图6-1所示,下面将分析此阶段各种导致无效成本的案例,希望给读者带来启示。

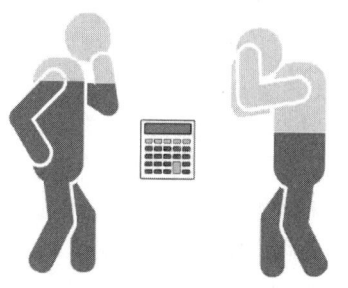

图 6-1 预结算阶段的无效成本

案例一　预算失误：预算工程量不准确，计价失误

一般预转固时间短，周期在 70～90 天。某项目模拟清单重计量工程，招标要求在拿到图纸后的 76 天内完成全部的计量、计价与审核工作，后转为固定总价。时间紧，任务重，预算人员加班加点，奋力工作。预转固时还在前期的组建准备阶段，施工的组织、部署、方案未完成，团队尚未形成合力。由于预算人员缺乏现场经验，就图纸论图纸，对工序、工艺的理解不深，在阶段性复核过程中，发现很多的工程量计算错误。

比如：根据《民用建筑外保温系统及外墙装饰防火暂行规定》，建筑高度低于 24m，每三层保温材料应设置水平防火隔离带一条。如果一个商场只有四层高度，檐口高度 21.6m。那么需要在三层的位置设置施工防火隔离带。而图纸只有简单的说明，如图 6-2 所示。

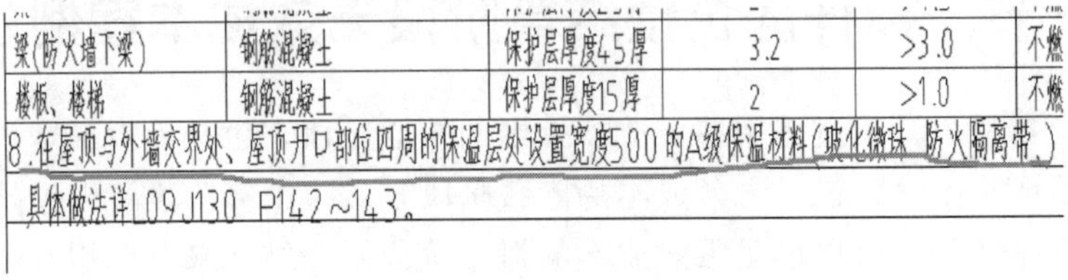

梁(防火墙下梁)	钢筋混凝土	保护层厚度45厚	3.2	>3.0	不燃
楼板、楼梯	钢筋混凝土	保护层厚度15厚	2	>1.0	不燃

8.在屋顶与外墙交界处、屋顶开口部位四周的保温层处设置宽度500的A级保温材料(玻化微珠 防火隔离带。)

具体做法详L09J130 P142～143。

图 6-2　图纸说明

图纸只有屋顶外墙防火隔离带做法说明，那么预算人员就要熟知此条强制性规范，必须增加一道外墙防火隔离带的组价。一个大商场的外墙周长约 600m，试想防火隔离带需要增加 300m^2 的面积，也是一笔关键的组价成本，如果照 56 元/m^2 计算，就会漏掉 1.68 万元的项目费用。而这将导致甲方目标成本漏算，造成成本失真，后期施工发生时难免为此要产生新的签证，如此等等。

要求所有的预算人员懂这么多，确实太过苛刻，如何做好预控，防止预转固审核时的争议就显得非常重要。准确做好预算考验的就是企业施工、预算、成本“三位一体”的综合能力，所谓“纸上得来终觉浅，绝知此事要躬行”。

案例二　预算失误：对价格未进行充分了解掌握，材料、设备价格偏高，取费费率偏大

市场是瞬息万变的，材料价格波动是最为突出的影响因素，各种施工材料在市场中的价格是处于不断波动状态的，这样的动态变化，就为建筑工程造价预算工作的开展增加了难度。要知道，建筑工程所需要的施工材料数量是非常可观的，即使每一类型材料的价格只变动 1%，那么整体下来资金也不是小数目。

例如某项目三期机械车位设备安装工程，由于是第一次使用机械车位，以往经验为零，虽然各处搜寻机械车位价格信息以及同行其他已实施项目信息，但终究累积经验匮乏，价格定在每个车位 1.41 万元，其实随着近些年技术成熟，其价格在不断降低，仅此车位一项后续复盘多支出近 100 万元（780 个车位）。

因此，为了对工程造价超预算问题进行有效的控制，就应在工程造价预算中对市场信息进行深入预测。在对施工材料市场信息进行预测中，造价预算人员应时刻关注市场价格的变化，准确掌握施工材料以及设备的价格波动规律，之后对施工中所需要的材料进行清单罗列，按照清单来进行施工材料以及设备的造价预算编制工作。只有这样才能尽可能缩小施工材料以及设备的造价预算和实际购买价格之间的资金差距。

例如某开发商长沙某项目一期土石方价格因素的调研如下。

拿到地块以后，土方招标或者直接委托之前需要全面地对土方各类要素进行调研，如图 6-3 所示，便于后续进行土石方招标或者直接委托价格的把控。

- 调研途径
  咨询公司、同事领导、同行圈子、行业协会、合作方
- 调研要素
  1. 弃土场或者土源地：分布及距本项目的距离；
  2. 运费：政府指导价、实际市场价；
  3. 运输车辆：型号，容量，可调动的车辆数量；
  4. 渣土证办理：资料，流程，费用与周期
- 调研价格
  1. 外运、内转、回填等单价；
  2. 土方、石方、淤泥、建筑渣土

图 6-3　土石方价格因素调研示意图

（一）调研途径

一般可通过咨询公司、同事领导、同行圈子、行业协会、合作方等进行调研。

（1）咨询公司：一般咨询公司招标会在土方招标前进行，所以，在咨询公司招标的时候，可以让各个咨询公司提供所服务项目的土方单价信息。

（2）同事领导：一般公司内部有来自本地各大地产公司的同事，利用其之前的资源，一般可以查询到大部分项目的土方单价。

（3）同行圈子：在每个地区，都有相应招标及成本的同行圈子，平时注意交流，在关键时刻群内的弱关联的成员会帮助你快速准确地获取某些价格信息。

（4）行业协会：这里的行业协会一般指渣土协会，渣土协会里面可以找到相应的行业数据，比如环保车运费定额，垃圾处置费的政府指导价等，同时也可以通过行业协会，找到相应运输车队的联系方式，打听运输费用的价格。

（5）合作方：如果是品牌开发商第一次进入某地区，与当地开发商进行合作，则可以借用合作方的资源来了解当地的相关土方价格信息。

（二）调研要素

调研要素一般有弃土场或土源、运费、运输车辆、办证等方面的情况。

1. 弃土场或土源分布与距离

分布调研涉及周边可用的土源地或弃土场的情况，弃土场或土源地距离项目的远近对运费的高低影响巨大。某市土石方弃土场规划示意图如图 6-4 所示。

正规的弃土场或者土源地可以从城乡规划局、本区域城管相关部门以及渣土协会这三方面了解。

2. 弃土场或土源的收费标准及有证情况

例如，某区域弃土场的收费情况为：220～240 元/车，但是这个价格不同地区差异较大，需进行实际调研。

弃土场的收费情况跟当地弃土场的多少以及项目土质情况、环保政策的严格程度相关，并非一成不变。弃土场的变化会导致运距的变化，进而会影响土方单位成本，这就有潜在的索赔风险。

3. 运费的政府指导价和市场价

根据从渣土协会调查得知，对于新型环保车，政府指导价为最低 108.85 元/车，每增加一千米，费用增加 27～28 元/车，折合方量为 3.5 元/m^3 左右。政府指导价示例如表 6-1 所示。

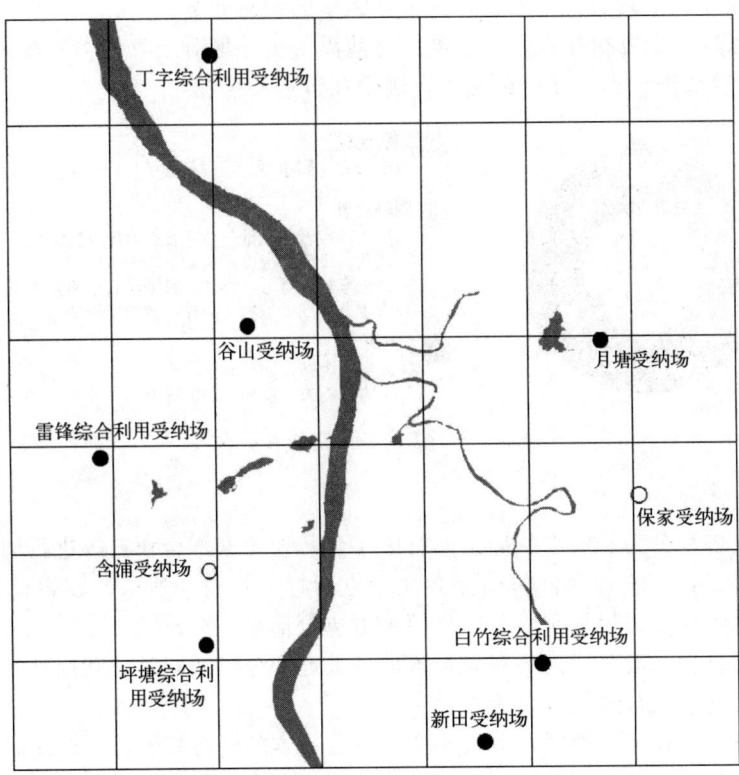

图 6-4 某市土石方弃土场规划示意图

表 6-1 某市《新型智能环保专用运输车行业运输参考定额》

运距/km	最低定额/(元/车)	最高定额/(元/车)	运距/km	最低定额/(元/车)	最高定额/(元/车)
1	108.85	147.73	16	519.25	558.13
2	136.21	175.09	17	546.61	585.49
3	163.57	202.45	18	573.97	612.85
4	190.93	229.81	19	601.33	640.21
5	218.29	257.17	20	628.69	667.57
6	245.65	284.53	21	656.05	694.93
7	273.01	311.89	22	683.41	722.29
8	300.37	339.25	23	710.77	749.65
9	327.73	366.61	24	738.13	777.01
10	355.09	393.97	25	765.49	804.37
11	382.45	421.33	26	792.85	831.73
12	409.81	448.69	27	820.21	859.09
13	437.17	476.05	28	847.57	886.45
14	464.53	503.41	29	874.93	913.81
15	491.89	530.77	30	902.29	941.17

注：根据某市渣协〔2014〕4号发布的《新型智能环保专用运输车行业运输参考定额》计算的渣土砂石运输参考定额，供工程方和渣土砂石承运方签订承运合同使用。

根据从渣土车队调研得知：实际市场价格约为政府指导价的 7~8 折。

某项目土石方价格因素调研如图 6-5 所示。

运费的调研：政府指导价、实际的市场价

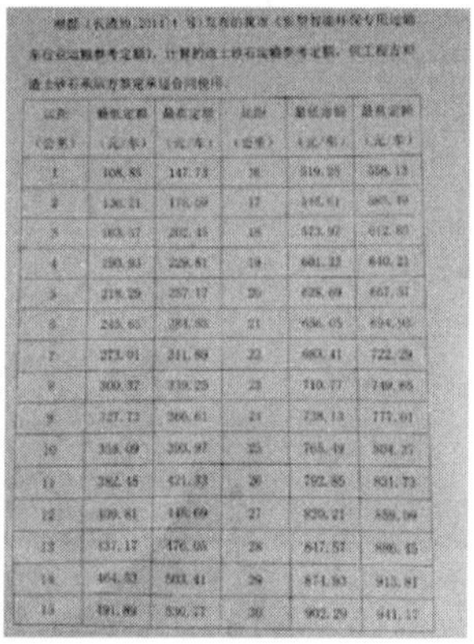

长沙市渣土协会指定的指导价(数据来源，渣土协会)：
1. 最低价108.85元/车起步，每增加1km，约增加27~28元/车；
2. 智能环保车每车约8m³(开挖前的自然密实度)；
3. 运输最低价：13.61元/m³，每增加1km，增加运费3.5元/m³。

实际的市场价(数据来源：三家渣土车队的询价和土方单位调研)：
1. 70~80元/车起步，每增加1km，约增加30~35元/车，超过一定距离(5km、10km、15km)增加的单价递减，具体情况可谈；
2. 智能环保车每车约8m³(开挖前的自然密实度)；
3. 运输最低价：10元/m³起步，每增加1km，增加运费4元/m³左右。

图 6-5 某项目土石方价格因素调研示意图

4. 运输车辆

现在全国各地开始采用环保渣土车，那么对于新型车辆，需要对车辆的型号、装车容量进行实际测量，才能将多少钱一车的运费，转换成多少钱一立方米的综合单价。经实际测量某项目所采用的长沙市新型渣土车装车自然密实方量为 8m³ 左右，如图 6-6 所示。

而土方单位可以调动的渣土车的数量，决定了在可以出土的时间段内，土方单位的出土效率。在土方合同内只约定绝对工期是没有太大实际效用的，必须要约定可以出土的时间段内，土方单位需要提供多少机械与运土车辆，以保证出土效率。

5. 渣土证办理的资料、流程、费用与周期

为何要了解渣土证办理的相关事宜？因为

图 6-6 某项目土石方车辆容量实测

渣土证的办理涉及所在项目何时能够名正言顺地顺利出土。如果没有渣土证，但是项目楼需要抢预售节点，则会出现土方需要场内转运的情况，从而增加大量无效成本。所以渣土证的办理事宜，应是成本重点关注的事项。经实际调研，某市渣土证办理需要的资料如下：建筑垃圾处置核准申请书；法人授权委托书及经办人个人身份证明；建设工程用地红线图；《建设工程施工许可证》或住建部门批准的质安监提前介入手续文件；工程场地现状地形图、工程总平面图；建设工程施工合同；建筑垃圾运输合同。

从以上资料清单可以看出，《建设工程施工许可证》或住建部门批准的质安监提前介入手续文件，在土方施工阶段，是最难以提供的资料。这时则需要联系土方单位与政府部门进行沟通，在缺乏此项资料的前提下，需要将渣土证办理下来，需要相关费用。合同中应约定，此项费用是计入综合单价，还是单独列支，不然后期会出现土方单位单独对此项费用进行索赔的情况。

流程与周期：所有资料准备齐全，递交至渣土办进行审核，审核通过，然后进行公示，公示通过以后，就可以发放渣土证，这个周期为 10~50 天不等。此时，土方单位的政府关

系,将直接关系到渣土证办理是否顺利以及周期的长短。

以上所有价格因素的调研深度,应达到在没有招标的情况下,可以直接组出土方主要项目的综合单价,如表 6-2 所示。

表 6-2 土方开挖外运综合单价分析

序号	项目名称	单位	单价	单价来源说明	备注
1	人员配合费用	元/m³	1.73	1. 人数:指挥机械、测量、记录车数、洗车,需要 4 人; 2. 工日单价:按照 260 元/工日计算; 3. 每 8 小时完成方量:平均按照 600m³ 预估; 4. 单价由来:260×4/600=1.73(元/m³)	—
2	开挖装车	元/m³	4.38	1. 斗容量 1.25 挖机:挖机装车 35 元/车; 2. 环保车方量:8m³,自然密实方量; 3. 单价由来:35/8=4.38(元/m³)	—
3	运输	元/m³	53.75	1. 运距:约 12km; 2. 每车单价:2km 以内 80 元/车,2km 以外,每增加 1km,增加 35 元/车,每车单价为 430 元; 3. 环保车方量:8m³,自然密实方量; 4. 单价来由:430/8=53.75(元/m³)	—
4	弃土场收费	元/m³	27.50	1. 市场价:市场价 200～240 元/车,取中值为 220 元/车; 2. 环保车方量:环保车方量为 8m³,自然密实方量; 3. 单价来由:220/8=27.5(元/m³)	—
5	垃圾处置服务费	元/m³	4.96	1. 收费文件:长价房〔2013〕54 号文; 2. 收费单价:3.4 元/m³,按照外运松散方量计算,松散系数按照 1.46 计算	—
6	办证、协调公关费用	元/m³	2	按照 2 元/m³ 计算	—
7	管理费利润税金	元/m³	26.41	综合取费按照 28% 计算	—
8	合计	元/m³	120.7	最终谈判价格:120 元/m³	—

(三)调研价格

一般调研价格可通过周边项目外运、内转、回填、淤泥、石方等的综合单价入手。

某项目为该地产公司进入长沙的第一个项目,为合理确定本地块的土方外运单价水平,对周边区域同类型多个项目进行过土方外运单价调研,调研对比结果如图 6-7 所示。

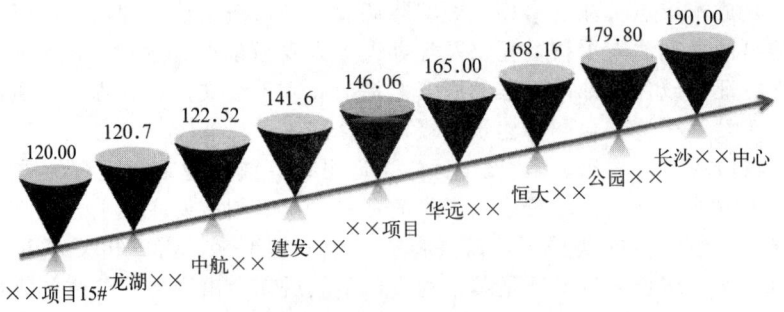

图 6-7 某项目土石方外运单价调研分析(单位:元/车)

除此之外相应淤泥、石方、内转、回填等相关单价也应该有相应的调研数据。

第六章 标杆房企预结算阶段无效成本案例分析及控制要点

案例三 预算失误：取费费率偏大

仍然是上例某项目三期机械车位设备安装工程，在计取总包服务费的时候，由于第一次建造机械车位设备安装项目，在双方洽谈时，在按安装费计取比例的问题上，因经验不足，被厂家牵着鼻子走，最后定在按 30% 为基数，其实按 25% 计取比较合理。当时厂家坚持软件安装调试也计入安装费基数中，所以造成总包服务费偏高，尽管分包把此费用交给总包，但终归羊毛出在羊身上。

案例四 预算失误：施工图预算中图纸错误信息未及时反馈

某项目总包工程进行外委预算审计，发现图纸中出现诸如标高、结构与建筑图不一致等设计错误，成本部未及时知会设计部，导致施工完成后产生大量无效成本。

改进要点和建议：强化信息的内部沟通。

案例五 结算失误：未执行图纸有效性的审查；施工单位提供的竣工图，监理与甲方审核粗放

某项目景观结算，过程发生大量设计变更，且变更以设计师手稿形式发出，缺乏对隐蔽工程的具体描述。结算存在资料不规范、施工单位修改资料的风险。该项目的园建工程结算中，外委的造价咨询公司在结算审计发现园建工程的竣工图纸（甲方项目部和监理已签字）与现场最终竣工情况不完全一致，成本部将其返还给项目部重新办理确认，前后结算价格相差 20 万元。

改进要点和建议：严格按企业制度规定完善施工图纸的管理工作。

案例六 结算失误：资料完整性、有效性把关不严（例如：减项单据不报，细部图纸不规范、非原件结算）；隐蔽工程结算仅依赖于过程文件资料和图纸，忽视照片等辅助资料；采信不能用于结算的工程联系单；结算审核资料计算稿未存档

（1）非原件结算。某项目结算中有一单签证有人工修改的痕迹，且为复印件。结算过程中施工单位及项目部均否认修改行为，导致结算争议，最终核实为施工单位将签证中土方量由 40m³ 改为 400m³。

（2）结算资料不完整。某项目总包结算采用外委造价咨询公司方式，但成本部在移交资料时未对施工方报送资料作完整性审核，导致施工方有意瞒报的造价达 12 万元的应调减项目未发现。最终结算多计，直至后续工程结算时才发现。

（3）忽视照片等辅助资料。在某项目围墙工程结算时，乙方报送的结算资料中注明墙体采用灰砂砖砌筑，但通过甲方拍摄的施工过程照片，发现墙体材料用的是普通红砖，以此为准，成本部调减了结算造价 1 万元。

（4）采信不能用于结算的工程联系单。在某项目儿童游乐设施施工过程中，设计部口头要求施工单位对游乐设施品种作变更，结算也仅有施工单位报送的工作联系单，最终退回结

算，补办变更，前后结算时间耗费近2个月。

（5）结算审核资料计算稿未存档。在某个项目的道路工程结算中，采取的是实地测量并结合竣工图核对的方式，结算经办人在结算审核完成后，认为结算金额施工方已认可，其明细的计算稿已无作用，未存入结算资料中，导致后期在进行成本检查时，无法找到该工程量的计算资料。

改进要点和建议：应采用有效措施保证结算资料的完整性和有效性，严格按制度要求规范结算资料。

> **案例七　结算失误**：结算缺乏计划性，导致年前集中结算，时间不充裕导致结算质量不高；合同标段多次分开结算，存在交接范围结算不清隐患；结算时间先后顺序不当

（1）结算缺乏计划性。某公司成本管理部对全年结算计划缺乏统筹，在平时积压了过多的待结算工程。离春节还有两个月左右时，待结算项目多达近百份，加上承建商年底报送的结算数量剧增。全体成本部同事年底加班加点进行结算及复核工作，不仅疲惫不堪，结算准确性亦大打折扣，还因为结算任务量太大，影响了对两个新项目的设计优化工作。

（2）标段多存在交接范围结算不清隐患。某公司城市花园项目上东区组团内设示范区，为了按时展示，示范区工程提前招标施工，除示范区外的后续工程又委托另外一家承建商施工。结算时两个承建商提供的竣工图存在大量交接不清及重复部位，结算耗时半年才得以完成。

（3）结算时间先后顺序不当。某项目一期在总包结算时，因部分材料供货单位还在供应维修材料，报送结算资料较晚，无法准确提供完整的甲供材料核对表，只能根据以前的付款资料中总包签字的材料进场验收单同总包方进行材料领用量核对，使总包结算未能完全结清。后期将全部材料结算完成后，发现还有遗漏未算的甲供材料且总包方领用已超量，只能将此笔费用从总包单位的结算质保金中扣除，又要及时知会总包方，费时费力。

改进要点和建议：合理制订结算计划。

> **案例八　结算失误**：对现场交叉施工情况不熟悉，导致重复结算；相关科目中内容重复计算；不同专业间结算（土建、安装等）内容重复计价

（1）现场不熟重复结算。某项目的小高层电梯厅大堂精装修工程结算时，结算经办人对乙方的施工范围和现场的交叉施工情况没有了解清楚，简单地按照合同工程量清单上的内容进行结算，导致电梯厅的门重复结算，多计4.5万元。

（2）相关科目中内容重复计算。某项目绿化结算，施工方报送外购回填绿化种植土4000m^3，计8万元。但绿化综合单价中，草皮有15cm的种植土项目，土方价格应扣除此部分造价。最终土方价格为7.2万元。

（3）不同专业间结算内容重复计价。某项目消防喷淋工程结算，消防单位先报结算，结算中已将预埋套管计入。后期总包单位报送的结算中同样出现了预埋套管的工作量。经核实发现，预埋套管工作量中总包完成80%，消防单位完成20%。前期对消防单位的结算中出现了多结的情况。

改进要点和建议：关注过程资料的完整性，了解现场情况；避免结算科目中的重复计费。

案例九　结算失误：结算时未考虑变更签证时的残值回收

（1）某公司四季花城项目由于后期维修，拆除钢制栏杆15m。结算时按照新制安栏杆15m考虑，但原拆除15m栏杆未计算残值。后发现残值确实被施工单位自行处理掉。

（2）某公司会所曾进行二次外立面改造，对原铝合金玻璃幕墙予以拆除。成本部在结算时，发现大量铝合金框料废品不知去向，后证实由承建商卖掉处理，经谈判从承建商处扣回8万元。

改进要点和建议：关注工程中的残值回收。

案例十　付款失误：付款审核不细致

某项目三期机械车位设备安装工程付款方式约定：合同签订后甲方向乙方支付合同总价的20%预付款项。合同标的物钢结构（立柱、纵梁、横梁）运至甲方现场，并经甲方初步验收合格后一个月内，甲方向乙方支付合同总价的30%款项。设备安装完毕，通过政府验收取得设备运行合格证且向甲方提交全套竣工资料后一个月内，甲方向乙方支付到合同总价的30%款项，结算完成后付到合同总额95%，余5%为质量保证金，质保期两年，自政府相关部门检验合格之日起开始计算质保期，质保期满后一个月内甲方一次性支付给乙方，每次付款乙方需提供等值有效增值税专用发票。

过程中合同标的物钢结构仅到场一半多，甲方验收后就发起支付审批，并按约定在验收合格后一个月内完成支付300万元，让甲方大跌眼镜的是后面钢结构迟迟再未进场，厂家给出了个"合理"的理由，先进场的和后进场的组织流水施工，直到近两个月后才把最后一批钢结构全部进场。虽然300万元不是一笔很大的金额，但对资金占用还是非常关键，在开发商资金链越来越紧张的当下，这也是一笔"巨款"了。

案例十一　提前付款：工程款提前支付产生额外利息

2016年某项目三期总包施工单位约定封顶后开始支付，该项目三期为7栋33层的高层住宅，总包单位做到23～25层了，由于自身资金压力太大，恳求甲方提前支付一部分工程款约3000万元，用于材料款和人工费支出，否则，无法按期完成最后10层的施工任务。当年正是地产火爆的时刻，甲方销售大卖，考虑到要确保按期交房，想想再不到2个月总包就封顶了，也就勉强答应了总包提前付款的要求，然而，真实原因是总包承包项目太多，拿到的资金并未专款专用，擅自用到了自己承包的其他项目上，这个项目也未按预想的不到2个月封顶，一直用近4个半月才把最后10层完成，甲方惋惜不已，向其索要提前4个月支付3000万产生的利息60万元，但总包反提各种甲方责任如拖延工期等理由，各种耍无赖绝口不提这笔利息。

走出房地产无效成本控制的困境：典型案例和控制要点

案例十二　政策性罚款：被政府或主管部门征收的各项罚款

广东某项目二期，2019年2月，某区规划土地监察大队会同当地监察队约谈了该项目负责人，再次向当事人强调提前开工仅限于地下室基坑支护及土石方工程建设，要求当事人停止桩基础工程施工行为，同时依法对项目施工现场进行了查封，要求当事人尽快补办报建手续。3月，当地监察队对该项目未批先建行为（基坑支护、土石方、边坡以及桩基础工程）发出《行政处罚告知书》，共计罚款178万元，4月，对该项目未批先建行为（基坑支护、土石方、边坡以及桩基础工程）正式发出《行政处罚决定书》，限当事人于收到本案《行政处罚决定书》之日起六个月内改正违法行为，并处罚款人民币178万元（违法建设工程造价的10%）。该项目当事人缴纳了罚金。4月底，当事人补齐手续取得《建设工程规划许可证》，方可合法施工。

案例十三　政策性罚款：因抢提前开盘（实际开盘节点早于计划开盘节点）而缴纳的罚款，若未达到提前开盘目标的，此部分罚款计入无效成本

某市房管局披露，某开发商开发建设位于某区的某B-1地块，该项目7号楼于2021年9月16日取得预售许可，并于同月18日对外销售。但该局于2021年10月28日现场调查核实时发现，总层数为16层的7号楼形象进度为地上4层，未达到申报预售许可的7层以上要求。上述情况违反了《城市商品房预售管理办法》和《市住房保障房管局关于进一步加强新建商品房销售全过程监管的通知》中关于预售申报形象进度和规模的有关要求，即：申请预售许可的新建商品房项目，15层及以下建筑主体结构施工形象达到总层数的1/2，15层以上建筑达到总层数的1/3且不少于7层。该项目因违反《城市商品房预售管理办法》相关条例被处罚3万元。

案例十四　政策性罚款：咨询公司选择不当或使用不充分

某项目景观结算委托一家专业能力不足的咨询公司办理，后期复核调减率竟达30%。原因是考察中工作失误，对该咨询公司人员素质不高、业务能力不强的实际情况未能掌握清楚，这么大的核减率真发生的话，造成损失无疑不是几十万咨询费可以相抵的。该公司以"不放心"的思想指导咨询公司的使用，自身员工承担绝大部分的结算、招标、现场管理工作，结果导致在基础工作中投入的精力过大，却忽视了对综合成本管理、设计优化等关键工作的安排，导致成本管理效果不理想，不能满足公司的要求。而这又是一笔得了芝麻丢了西瓜的买卖，委托咨询公司就是要从重复动作最多的基础算量工作中抽身出来，处理效益更大、决定性更强的优化和成本控制工作中，达到事半功倍的效果。所以选好队伍，发挥作用，才是最优解。

改进要点和建议：优秀的咨询公司是宝贵的资源，咨询公司的作用应充分挖掘，不能只停留在基础造价阶段，应充分利用。

案例十五　政策性罚款：咨询公司培训交底不到位，要求不具体、不清晰

某咨询公司在当地以工作质量高闻名。某项目结算委托该咨询公司办理，事前的资料交

接、现场探勘工作不做安排，对提交的结果文件也不提任何要求，最终导致该咨询公司的结算出现较大误差，资料分析缺乏可用性。事后，该咨询公司提出因为反复工作要求增加咨询费用10万元，否则拒绝继续合作，而这笔因为双方业务配合上出现偏差产生的费用无疑是无效成本。

改进要点和建议：外部资源的应用必须提供完善的基础资料及要求。

第二节　标杆房企预结算阶段无效成本控制要点

本章最值得提醒之处是结算应掌握关键，进而消灭无效成本于过程之中。

一、结算管理关键

结算是合同履约的关闭，结算后项目动态成本也能及时锁定，故结算管理是合约管理、动态管理的关键触点，应围绕结算效率、质量，加强合同结算计量计价的严谨性和合规性。

（一）结算及时性

合同结算应保证及时性，保证成本的快速锁定，同时保留高质量供应商资源。要求：项目交付后三个月需完成所有工程类合同的结算。

所采用的评估指标为"合同结算完成率"。

（二）结算质量

合同结算金额为最终落地金额，高质量的招采应是最终结算金额接近于总价包干金额或定标金额，应评估结算金额与总价包干金额或合同金额的偏差率，反向评判招采与履约质量。

所采用的评估指标为"合同结算偏差率"。

（三）结算修正

甲乙双方会签的合同结算金额要严格严谨，一旦确定不应再做改变。

所采用的评估指标为"合同结算金额的修正次数"。

二、结算管理实施

结算"PDCA"管理循环的主要工作内容如下。

P（plan）：计划，根据项目交付节点结合项目施工进度，合理编制结算计划及推动措施。

D（do）：执行，结合项目结算计划合理内部分工，执行前置管理动作及实时结算动作，确保各项节点顺利进行。

C（check）：检查，对结算质量严格控制，确保成本锁定的准确性、数据闭合及可追溯性。

A（act）：处理，结算工作的完成不代表单项目管理工作的结束，结算管理同步也可以反映过程管理问题，通过结算总结对过程管理进行复盘总结，并形成有效且具可执行性的管理动作调整。

以下将逐项进行分析。

（一）结算计划

1. 明确结算目标

根据地产对合同结算的时限要求，明确结算目标。以××地产为例，其要求项目交付后3个月内需完成所有施工类合同结算，结合合同台账及地产平台内合同数据，单独筛选施工类合同,同步筛选出垄断类合同、重复合同及备案类合同单据,此部分需提前与成本、采购沟通是否提供纸质版结算资料,最终确定项目交付分期需结算合同单据。

2. 结算计划编排

结算计划编排不仅要考虑结算时间顺序合理性,同时应注意内部分工合理性,尽量保证几个大体原则,即预算谁做结算就谁做、一家供应商只对接一个咨询同事、结算需预留复核时间及风险应对时间。

以××地产为例,通过平台合同管理路径及结算管理路径可筛选合同分类,同时也可自查合同是否归档及是否存在合同单据重复,如图6-8、图6-9所示。

图 6-8　某项目结算计划编排示意图一

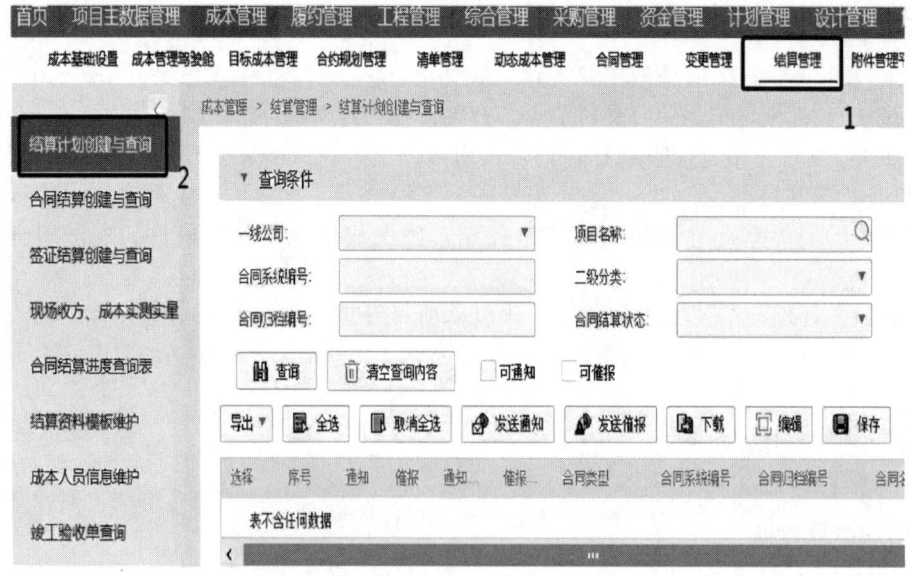

图 6-9　某项目结算计划编排示意图二

（二）结算实施

1. 工程结算业务流程

工程结算业务流程框架分解如图 6-10 所示。

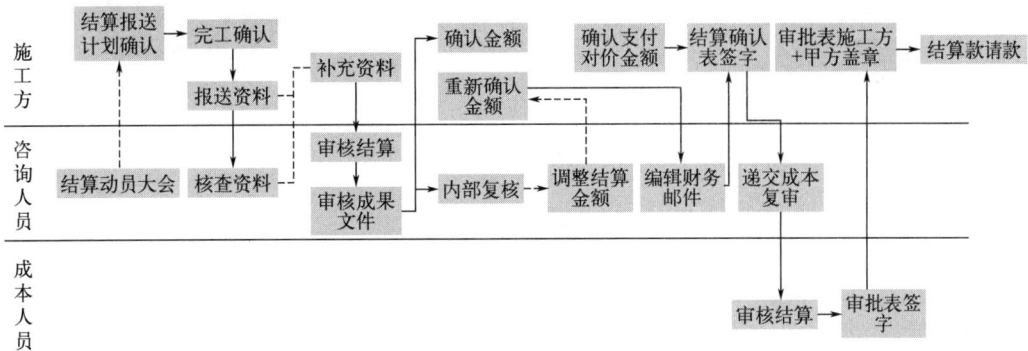

图 6-10　工程结算业务流程框架分解图

高效优质的结算，其工作一定贯穿着整个项目周期，从项目前置合约管控到过程各项工作的及时性均有考虑，并非项目收尾阶段与时间赛跑。结算业务可分解为如图 6-11 所示的公式。

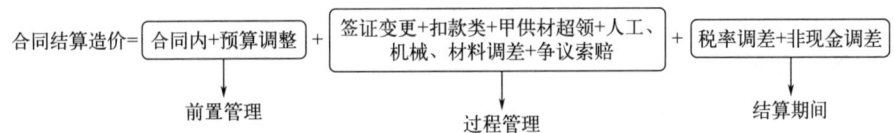

图 6-11　工程结算业务分解图

2. 常规结算实施要点

（1）前置管理：

① 项目合约规划能力；

② 实现总价包干；

③ 及时完成模拟转固。

（2）过程管理：

① 禁止后补，月结月清；

② 实测实量落地及时，确保隐蔽工程资料可追溯性；

③ 争议事项提前摸底，并过程留档举证，减少后期谈判风险。

（3）结算期间：

① 结算对账单后同步附上财务确认金额往来邮件，以便线下复核，确保最终金额结算应付款经成本、财务双方核实无误；

② 团队内部关于税率调差对结算影响进行交底；

③ 注意财务贴息回复后，是否存在结算付款方式调整变动。

（三）结算复核

项目结算复核是多维度的（图 6-12），自查、交叉复核、二级复核、成本复核等，可以通过不同角度的关注点，不断完善结算审核工作。通过不断完善，形成项目团队基准的工作模式。结算工作最能锻炼项目工作人员的全观能力、细心度、逻辑性及严谨性，只有对自己严格要求，才能提交出更优质的业务成果，让成本工作更加顺利。

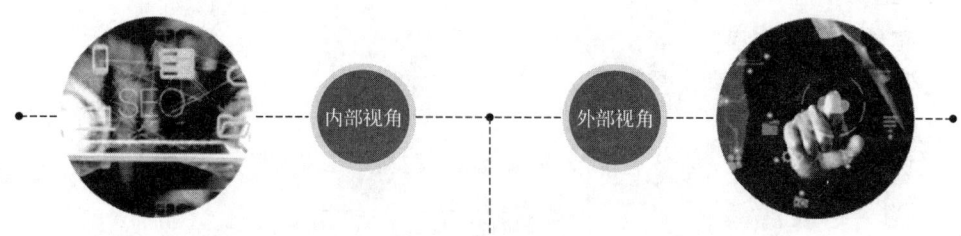

图 6-12　结算复核多维度示意图

以下将介绍不同视角下结算复核的注意要点。

（1）内部自查视角：

① 结算资料的完整性；

② 影响结算金额主要内容与合同是否完全对应，如水电费扣款方式、质保金预留比例等；

③ 签证变更份数与系统数量是否一致，防止漏报；

④ 签证审核合理性及准确性，是否存在多算漏扣；

⑤ 过程实测实量扣款是否在结算中落地；

⑥ 各项资料是否满足成本管理部结算要求。

（2）外部复查视角：

① 结算偏差情况说明；

② 结算数据分析，单份结算总结性资料；

③ 签证内容描述是否满足计量计价；

④ 数据是否闭合，如交叉扣款类审核内容与签证事项是否对应；

⑤ 签证价格审核依据可追溯性；

⑥ 结算资料逻辑严谨性。

（四）结算成果输出

1. 常规结算成果输出资料

常规结算成果输出资料包括：审批表、交接单、结算通知书、结算申请、结算对账单、银行账号证明、工期证明、水电费证明、竣工验收单、乙方结算汇总表、签证造价汇总表、现场签证通知单/验收单、签证单、签证组价明细、约谈记录、材料设备三方验收单、合同、结算审核表、甲供材审核表、结算注意事项登记表、定案表、竣工结算造价协议。

2. 结算偏差及结算数据分析

（1）结算偏差分析

结算偏差分析要点如下。

① 团队内部根据地产成本要求，建立统一的结算偏差分析模块，减少项目成员在分析上的时间弯路。

② 合同结算金额为最终落地金额，高质量的招采应是最终结算金额接近于总价包干金额或定标金额。评估结算金额与总价包干金额或合同金额的偏差率，反向评判招采与履约质量。

③ 结算偏差率同样可反映出设计图纸质量及现场管控情况。

④ 结算偏差多为签证变更等原因导致的，对于共性问题导致的结算偏差，可及时反馈

并提出可行性的规避意见,如精装类结算偏差多为品质提升,对于常规共性必要提升项,可考虑直接在招采阶段计入合同范围。

(2)结算数据分析

结算作为合约履行的关闭动作,也是成本的锁定,是各项工程的真实成本的确定。结算数据分析为固化标准成本管理动作,其可指导成本总结,便于数据积累,也可为后续过程成本管控提供数据支撑,便于形成全面的成本信息库,方便项目可研测算及成本对标。

一个典型的结算数据分析案例如表6-3所示。

表6-3 某项目3♯、5♯、7♯精装修工程结算数据分析表

项目			数据	
			平层3♯、5♯	跃层7♯
基本情况	户型名称		115+110	140户型+115户型+140户型
	成本面积/m²		31483	18558
	可售面积/m²		27290	13062
	赠送率/%		15	42
	目标装修单方/(元/m²)		888	1120
	落地装修单方/(元/m²)		675.69	891.42
	室内装修总包结算可售单方/(元/m²)		281.05	420.51
精装户内甲供材模块	收纳工程	可售单方/(元/m²)	98.39	84.96
	户内门工程		60.17	75.78
	木地板工程		98.51	152.40
	卫浴五金工程		70.27	85.18
	淋浴屏工程		10.42	13.48
	厨房电器、设备工程		20.43	16.79
	墙地砖甲供材		23.24	24.79
	开关插座甲供材		3.54	4.13
	涂料腻子甲供材		9.67	13.40
	壁纸甲供材		/	/

三、结算案例及总结

(一)甲供材类结算案例

案例1:某项目防水订单共两份合同,其合同结算供应商未同时报送,后发现两份合同结算三方验收单资料上的合同编号内容均为手写,第一份合同结算办理后结算第二份合同时,经复核多份三方验收单资料虽合同编号内容不一致但实际供货/接收数量、收货单位、接收时间等均一致,后经对比,两份合同内存在多份三方验收单重复情况。

后期改进:甲供材三方验收单每份原件除签字日期及实际接收数量外,其他原始资料应确保为非手写,避免线下不合规操作的可能性,并在过程中审核进度款时就要求各供货单位资料的严谨性,减少后期结算改动风险。

案例2:某项目西区高层瓷砖甲供材结算时发现多数瓷砖运输方式为汽运,而常规仅示范区为汽运,大区多为海运,后经追溯原因,根据供货单位所提供的过程资料,多为现场工程师、精装单位及甲供材单位未及时交圈所致。

后期改进：

（1）加强团队成员价格意识及风险意识，过程审核进度款时，如瓷砖甲供材存在汽运情况应提高警觉；

（2）在合同条款内需明确精装单位的提货计划合理性条款，因自己提料计划不合理而导致的无效成本，应在合约条款中约束精装单位需承担相应责任；

（3）项目工程师应加强此类管理事项的风险意识，减少此类因管理问题导致的无效成本。

（二）甲供材类结算总结

（1）多数甲供材过程进度款付款为100%支付，尽量在最后一笔付款时预留部分款项，避免甲供材单位结算办理配合度差。

（2）三方验收单资料应完整，确保每一份三方验收单具有"唯一性"。

（3）结合供货周期，评判供货期材料价格是否跨多轮集采协议价，是否存在需进行调价的可能，根据集团/一线公司约谈内容，确定价格临界时间点。

（4）税率调整时，应根据地产与供应商签署的关于税率调整的承诺函，结合供应商过程进度款开票情况，对结算价格进行调整。对于新同事要提前交底，避免考虑疏漏造成结算影响。

（5）甲供材超领扣款风险预判。甲供材合同结算后，同步关注对应收货单位是否存在偏正常范围值的超领。为避免后期收货单位扯皮，甲供材结算时候同步让供货方与收货方签字确认不同产品供货总量，并让收货单位自查是否存在退货情况。

（6）同一项目如存在同一单位在不同分期合同中交叉领导，可在最后一份合同中统一看是否存在材料超领，并在前期已结算合同中签署相关承诺函，以作依据。

（7）资料存档。甲供材结算后同步扫描或复印整份三方验收单，作为收货方施工合同结算资料附件。

（8）审核报告工程量清单需供货商及领用单位签章确认，以免后期扯皮，避免出现伪造三方单、虚假签章及三方单重复等情况。

（三）施工类结算案例

案例3：某项目叠墅南侧门斗部位变更增加砌体围墙及真石漆，审核此单的咨询人员正好是原叠墅门窗工程结算办理人员，经对比变更图纸与石材幕墙深化图纸，此部分原深化为玻璃栏板且已在幕墙单位合同内，经现场实测，实际为砌筑围墙＋真石漆，最终成功扣除石材幕墙单位此部分合同价款8.6万元。

后期改进：多数专业分包图纸均以总包图纸为基础，对于此类变更单咨询人员应联想到多专业间的交叉关系，考虑是否存在界面冲突问题，如存在界面冲突必定会存在一方涉及减少项而导致的扣款。

案例4：某项目平层北面设备平台及阳台后期需改造为房间，此部分在栏杆深化图中按原规划图纸已深化栏杆并计入合同内。后经现场实测，现场实际按改造后施工，此部分栏杆未施工，最终扣除合同价款26万元。

后期改进：关于灰空间部分，在不确定现场实际是先按规划施工后改造还是直接按改造后施工时，多个专业均会受到影响（如总包、外涂、栏杆、门窗等），对于灰空间所影响的专业工程，前期在合同阶段时需注意在编制说明内明确按照何种方式考虑来计入，以便过程巡查核实，且避免后期扯皮情况。

案例5：某项目东地块1♯、2♯、6♯与3♯、5♯、7♯精装工程分别由B、A两家精装单位施工，其中1#、2#、6#交付在先，前期B单位在1#、2#、6#施工过程中已现场确认瓷砖排布损耗。因1#、2#、6#与3#、5#、7#户型一致，A单位口头承诺同意按照前期已确认的瓷砖排布损耗，后在结算办理过程中，因如按前期确认的损耗甲供材将超领过多，A单位予以否认，导致在交付后又重新去现场核对甲供材排布损耗，造成结算时间浪费。

后期改进：

（1）对于过程中施工方的口头承诺，不予认可，需过程中办理签证以作依据；

（2）如项目分期内存在多个精装单位，在户型一致的情况下，可同时与两家单位共同现场确认损耗、涂布率等。

（四）施工类结算总结

（1）项目同事对于合约界面必须要非常熟悉，哪些专业有甲供材的必须要了如指掌。

（2）对于涉及有甲供材的施工工程，需清楚对应甲供材最终损耗及涂布率等是按照集采约定方式还是按照现场实测，如按现场实测，需做好过程跟踪及多方确认留档资料。

（3）对于隐蔽工程类，需做好现场跟踪及影像资料存档。

（4）熟悉每份合同的工作及界面内容，抓住重点的过程实测实量，对于不合格项，第一反应不要以"扣钱"为目的，需确保施工单位偷工减料内容不影响验收、交付或导致投诉风险，如与工程师沟通无须整改后，及时完成实测实量扣款落地，避免结算时施工方扯皮。

（5）对于合同内暂定内容，结算时需确认提供由项目部确认的相关资料记录，确保结算调整有据可循。

（6）结算办理时注意复查预算编制说明内容，考虑有无已计入部分与后期签证变更冲突点。

（7）总包类需重点关注如二次构件预算为暂定项，项目同事需在过程施工时与工程师、监理、施工方共同确认现场实际布置情况。

四、结算核心归结

（一）成本锁定

结算工作作为合约管理的最后环节，结算及时性、准确性直接影响着成本锁定及项目利润清算、后评估工作等。

成本锁定的同时，直接影响前期标准的检验印证，结算后对于数据的总结积累，也可为后续的成本工作建立支撑。

（二）过程控制

结算管理并非一个项目工作的结束，而是新一段项目工作的开始。通过项目复盘，总结经验、反思不足，也可为新一段项目工作打下基础。只有循环地发现问题、解决问题，过程管控才会愈来愈精细。

第七章

标杆房企销售及财税筹划阶段无效成本案例分析及控制要点

第一节 标杆房企销售阶段无效成本案例分析

有多方面原因将导致销售阶段的无效成本。首先是销售承诺夸张，部分客户会盯着销售承诺要求兑现，为此项目团队将为夸张的销售承诺付出大量成本，要么切实提升产品价值、兑现销售承诺，要么对客户进行赔付，二者均会产生无效成本。其次是展示资料有误，比如项目规划没有大门，在展示时由于楼梯的遮挡销售员说有大门，后期客户就会要求建设大门，产生无效成本。再比如一期项目样板房过早销售，导致二三期重复建设样板房，产生无效成本。另外还有一些渠道管理不善，导致出现大量水客而产生无效成本。

本阶段无效成本大致情况如上所言，笔者将分析此阶段各种导致无效成本的案例，希望给读者带来启示。

案例一　销售承诺：超出交楼标准的承诺

销售阶段为了单纯取悦客户，经常会发生过度销售承诺。超出交楼标准的承诺将使开发者为此付出大量成本。

某项目外窗为双层中空断桥铝合金窗，销售顾问为吸引客户，在进行产品介绍时对外宣传为低辐射玻璃，部分客户在沟通过程中进行了录音，在交付时对窗户不是低辐射进行质疑，后形成群诉。公司为平息群诉，维护品牌，对客诉意愿较强的进行了窗户替换，由此带来大额的成本增加，多支出近30万元。不只窗户，存在宣传争议的还有电梯厅墙面，其在宣传中宣传电梯厅的墙面铺设瓷砖，但在合同约定中，关于电梯厅墙面的交付标准却是涂层，如图7-1所示。开发商解释电梯厅因消防验收需要才取消墙面瓷砖铺设。业主们则认为开发商在明知电梯厅墙面是涂层的前提下，还在相关宣传推文中使用带有瓷砖墙面的电梯厅示意图，有虚假宣传的嫌疑。

案例二　销售承诺：展示资料有误，货不对板

有的销售合同中的内容与实际实施不相符，这会产生大量拆改与重建成本。

图 7-1　某项目电梯厅墙面（左为实际交付效果图，右为宣传示意图）

某开发商河北衡水项目一期高层一标段销售签约户型图与施工蓝图不一致，施工蓝图中每单元每层有一户的赠送设备平台中设有弱电管井，而签约户型图中没有。为避免交付风险，需进行弱电管井改造，前期已经按蓝图施工完成，共涉及 182 户，由此带来成本增加 132 万元。

| 案例三 | 销售过程：出街广告物料违反国家相关法律法规或当地政府有关规定引起的工商、城管执法行政处罚 |

某开发商在成都开发某项目，为宣传其开发的"大城之湖"楼盘，在售楼部大厅 LED 显示屏上标有"2021 东门叠墅红盘 TOP1，二批次荣耀加推，地铁四号线（规划中），距太古里约 28 公里"，"主城叠墅、唯大城之湖拥有五大属性、成洛简快速路、地铁 4 号线三期（规划中）、有轨电车 11 号线（规划中）"等广告内容。该内容系公司在互联网上搜索摘抄，未经证实。该开发商作为广告主，在未经查证和认真审核的情况下，将未纳入规划批复的交通设施工程作为广告宣传内容进行宣传，易对购房者意愿产生误导，其行为违反了《中华人民共和国广告法》第二十六条第（四）项，即"房地产广告，房源信息应当真实，面积应当表明为建筑面积或者套内建筑面积，并不得含有下列内容：（四）对规划或者建设中的交通、商业、文化教育设施以及其他市政条件作误导宣传。"次月，该楼盘所在区市场监管局作出行政处罚，对该开发商罚款 17 万元。

那么还有哪些违反广告法的宣传呢？符合图 7-2 及下文所述情形的均为房地产违法广告。

"交通枢纽增值物业，升值前景无可限量，3 年保值回购保障""30 年超长摇钱树，头三年收益率达 36% 以上，高收益投资""巨大升值空间，升值金铺""升值幅度达 50%，小投入，低门槛，高收益，头年投资回报率超 6%，年递增 10% 及以上""1 分钟车程即可到达客运站或 10 分钟车程到达在建火车南站，20 分钟车程便可直达××机场""距地铁 3 号线××站 5 分钟""××文化馆/体育馆/学校规划建设中""×××学校近在咫尺""优先入学""升学无忧"，等，都属于违法房地产广告。

开发商营销宣传应尽量避免这些违规行为造成不必要的无效成本产生。

图 7-2 违反广告法的宣传示意图

案例四 销售过程：改变房屋用途

项目立项时定位办公写字楼，但销售遇阻，根据重新开展的市场调研结果，公寓反而好卖，临时打擦边球，销售功能改变，改变房屋用途，为此产生大量拆除与重建成本。

某开发商南昌项目一期原定位写字楼项目，其中一个重要原因是当地政府规划提升当地办公环境，需要建设高大上的写字楼才能匹配周围商圈和高端主题定位，项目定位时营销部门对当地写字楼市场也做了比较深入调研，尤其周边现有和在建写字楼，一番比对后调研报告也是看好，开发商半推半就也就将项目商业定位为写字楼业态。当项目建成进行销售时，发现当地写字楼过剩（其实大背景是国家开始注重实体经济的投入，开始大范围金融治理，对非法融资、高利贷款、网贷公司整治，大大减少了这些曾经蓬勃发展需要大量写字楼办公客户的需求），销售不掉。经公司决策，将写字楼改为商务酒店自持，为此增加约 4000 万元的改造成本，项目利润率直线下降，并且因为自持反而占用了大量自有资金。

案例五 销售过程：信息沟通不畅

房地产企业部门间信息、沟通不及时准确，容易产生销售合同违约风险。

房地产企业制订销售合同文本时，销售部门与运营部门、设计部门信息沟通不畅，常导致合同中的交房时间与实际交付时间不符，交付的产品与销售合同中的承诺或附图不符，导致客户投诉赔款乃至引发诉讼。另外，房地产企业设计部门没有得到营销部门的市场反映，或对反映的信息理解有误，容易导致设计的产品与市场需求脱节。这些无疑都会产生大量的无效成本，少则以万元计，多则以十万百万元计。

建议：销售部门作为销售风险里的主导部门和责任部门，应根据已审批流程规定，严格把控各种形式（宣传推广、现场展示、销售口述、合同文本等）的销售承诺，符合产品交付条件及法律法规要求；对销售环节及交付前后可能存在的法律风险、客户投诉隐患问题进展

第七章　标杆房企销售及财税筹划阶段无效成本案例分析及控制要点

进行审核检查，预防并消除潜在风险。销售用图、交楼标准、社区规划模型需由设计部最终审核确认。销售部应与设计部、工程管理部会稿，拟定购置风险提示并在销售现场公示，或在签订合同时请客户签署，与合同一并存档；应成立销售风险检查工作小组，小组主要由销售部、工程管理部、工程设计经理、法务部组成。

在传统房地产企业转型的过程中，往往都是以传统的销售方式去经营企业。这样的企业在实际运营过程中，往往会遇到销售人员与客户沟通不畅、资源分配不均、客户的反馈不够、售楼处与售楼处之间的信息不共享等各种问题。而在实际销售过程中，一般销售人员与客户之间的沟通往往不够，客户的意向度不够，对产品的信息掌握不够全面，从而无法在第一时间做出反应与销售人员进行沟通，销售人员也无法及时了解到客户的最新动态。如果房产中介公司采用"互联网＋"的电子商务平台，将这些问题都统统解决掉，那么销售人员与客户间的距离将大大减少。如果房产中介公司拥有自己的信息管理与服务平台，将自身产品的优势、市场情况、产品价格以及客户反馈，通过平台进行反馈，那么在房产中介公司内部，销售人员可以实时查看到自己销售的楼盘与市场信息，通过平台对接，可以迅速地掌握整个市场动态，从而快速制订自己的销售方案，这也是提升效率，实现业务发展的关键之一。

第二节　标杆房企财税筹划阶段无效成本案例分析

如果说房地产项目成本管理的初阶是认识成本科目，进行合理的预算和核算，保证成本项目不遗漏，中阶是在初阶管理的基础上严管无效成本，那么财税筹划阶段可以说是成本管理的更高也是最后一阶。前面的识别成本科目和成本过程严控，到头来都是作为最后一阶的基础数据支撑。财税专业人员使用超高专业技能，在这一阶段做到不该花的钱绝对不花，使该花的钱必须花，在国家财税法律框架内合理完成最优筹划，从而使得项目价值最大化。唯有此，专业的筹划技能及成本管理职能才能显示出其独特的不可替代的贡献价值。笔者将分析此阶段各种导致无效成本的案例，希望给读者带来启示。

案例一　费用缴纳：因稽查应对不当，形成滞纳金及罚款（集团批准除外）

某房地产公司成立于2007年2月，股东由某投资有限公司、某集团公司构成，随后购得327亩（合21.8公顷）土地的使用权，进行房地产项目的开发，开发的楼盘有A、B、C、D四栋高层楼房。

某地税务稽查局根据稽查计划安排，于2020年3月对该房地产公司进行稽查。按照惯例，稽查人员先是检查该公司的"预收账款"账户，从账面看2017年至2019年该公司预售商品房收取的预收款有1亿元，基本都按照期限缴纳了营业税等税金，仅有少数预售房款以及将"他项权利登记费""抵押手续费"等代收款项列入到"其他应付款"科目而少缴了20余万元的营业税及附加，再就是少缴了城镇土地使用税和部分印花税，看上去再没有其他问题了。

现场检查完毕后，稽查人员在科室的案情讨论会上汇报了上述问题，在汇报到印花税部分时，提到该房地产公司"其他应付款"科目中反映从某机电设备销售公司借款4320万元，没有按借款合同税目缴纳印花税，据该公司财务人员解释是因公司开发资金不足，就找老板朋友开的某机电设备销售公司分几次借了这4320万元。从某机电设备销售公司借款4320万

127

元?科室负责人听到这里心中顿时升起一团疑云,果真如此吗?难道真的就只是印花税的问题?在当前的经济形势下,一个机电设备销售公司居然能有几千万的资金外借给房地产公司?其中是否有问题?于是要求稽查人员次日再去该房地产公司,将这几笔借款的来龙去脉查清楚。次日,稽查人员再次来到该公司复查,该公司财务人员仍坚持上述说法,并表示他们当时认为这不是从银行贷的款就没有缴纳印花税,既然稽查局认定要按借款合同的税目缴印花税,公司愿意马上补缴。

为了彻底查清问题的真相,稽查局决定就此事展开外部调查,依照《中华人民共和国税收征收管理法》第五十七条、五十九条的规定,向某机电设备销售公司发出了《税务检查通知书(二)》,对该机电设备销售公司与某房地产公司的资金往来情况等进行检查。通过检查发现,该公司的确分几次将累计4320万元资金"借"给了某房地产公司,但奇怪的是,该机电设备销售公司几年来居然没有一分钱的销售收入,那么其借出去的几千万元资金又是怎么来的呢?再对"其他应付款"科目进行检查,发现其资金是来自于几十个自然人。随后在对公司的注册情况进行检查时又发现,这家机电设备销售公司的大股东与某房地产公司的大股东都是某矿业集团公司。

经过几番周折终于查明:这家机电设备销售公司与某房地产公司都是某集团公司的下属控股公司,某房地产公司开发的楼盘中有一部分定向销售给某集团公司的职工,其购房款先由机电设备销售公司出面向职工收取并开具收据,2017~2019年共收取售房款4300多万元,再由该机电设备销售公司以往来借款的名义汇给某房地产公司。某房地产公司在收到上述4320万元售房款后也列在往来款中,而没有作为预收售房款申报纳税,少缴营业税等税款240余万元。稽查局根据查证的情况经过研究和集体审理认定,该房地产公司采取将收取的售房款挂列往来款、进行虚假纳税申报的手段,少缴税款,已构成偷税,决定责令其限期补缴少缴的营业税等税款并加收滞纳金,同时依照《中华人民共和国税收征收管理法》第六十三条之规定,对其偷税行为处以少缴税款一倍的罚款。

在接到稽查局的处理、处罚决定书后,该房地产公司按期缴纳了税款、滞纳金和罚款,随后,负责人道出了事情的原委:当初他们曾就此事咨询了某税务师事务所的人,为了少付咨询代理费就没有与事务所签订正式代理合同,在支付了几千元劳务费后,事务所以私人帮忙的形式帮公司就向集团内部职工出售房屋的纳税事项进行了筹划,公司根据这个筹划方案进行了如上操作,本以为占了大便宜,没想到因此违反了税法规定,不但要补缴税款、加收滞纳金,还被处以了罚款,真正的是偷鸡不成蚀把米,山寨版的税务筹划造成公司"被偷税"了。

税法明确指出,对于税务代理人违反税收法律、法规,造成纳税人未缴或少缴税款的,税务机关可依照《中华人民共和国税收征收管理法实施细则》第九十八条的规定追究代理人的责任,但本案中由于该房地产公司没有与事务所签订正式的代理合同,税务机关没有确凿证据来追究代理人的责任,"山寨筹划"引发的违法后果只能由该房地产公司自行承担。

这个案例提醒房地产从业者,往来款科目是稽查重点,在税务稽查过程中稽查人员对可疑的往来款项一定会追查到底,一旦被查到违法款项就必定损失巨大,补缴认罚是唯一出路。

案例二 费用缴纳:因未及时进行税务登记和纳税申报产生税收罚款和滞纳金

2018年11月,某市地税局第五稽查局在对某房地产企业实施税务稽查时,发现该公司存在未按照正确的所属期申报缴纳税款而造成税款滞纳的问题,遂依法追补了该公司滞纳金

413 万元。

在稽查人员在检查该房地产公司的纳税情况时，发现其开发的某楼盘项目，自 2012 年起开始销售，但 2012 年、2013 年取得的部分商品房销售收入，却未按照所属期申报缴纳营业税及附加，而是在 2014 年申报缴纳了营业税及城建税 650 万元；2012 年、2013 年签订的部分房地产销售合同，也未按照所属期预缴土地增值税，而是在 2014 年申报缴纳了土地增值税 364 万元。该公司未按照正确的所属期申报缴纳营业税、城建税及土地增值税，而造成少缴纳上述税款相应的滞纳金合计 413 万元。针对上述违法事实，某市地税局第五稽查局依法作出了处理。

按《中华人民共和国税收征收管理法》第二十五条第一款规定："纳税人必须依照法律、行政法规规定或者税务机关依照法律、行政法规的规定确定的申报期限、申报内容如实办理纳税申报，报送纳税申报表、财务会计报表以及税务机关根据实际需要要求纳税人报送的其他纳税资料。"第三十一条第一款规定："纳税人、扣缴义务人按照法律、行政法规规定或者税务机关依照法律、行政法规的规定确定的期限，缴纳或者解缴税款。"第三十二条规定："纳税人未按照规定期限缴纳税款的，扣缴义务人未按照规定期限解缴税款的，税务机关除责令限期缴纳外，从滞纳税款之日起，按日加收滞纳税款万分之五的滞纳金。"

按照上述规定，纳税人应按照税法规定的所属期申报缴纳税款，未按期缴纳税款的将被加收滞纳金。作者在此提醒广大纳税人，要认真学习税收法律以及相关政策，按期履行纳税义务，避免因违法违规带来不必要的税收风险和成本，但也同时提醒财务人员熟练掌握这方面知识，合理恰当应对，尽量不产生这方面的无效成本。

案例三 费用缴纳：因取得的成本费用票据不符合税收法律法规相关的规定，导致增加税收成本

某房地产开发有限公司是一家港澳台商独资经营公司，注册资本 2 亿元。主要从事普通住宅、公寓、宾馆、写字楼、商业设施及配套的开发建设、出租、出售，主行业属于房地产业，增值税一般纳税人，企业所得税由国税局负责征收管理。2017 年 6 月，当地税务机关对该公司 2014~2016 年度实施了税务检查。在对该公司成本费用核查时，发现该公司以前年度列支了拆迁费近 3000 万元。检查人员要求该公司提供拆迁合同、付款凭据等资料。通过仔细审阅该公司提供的资料，检查人员得知该公司与某拆迁公司签订"A 地块拆迁工程合同书"，合同约定支付给拆迁户补偿款及拆迁公司费用总金额为 3000 万元，由拆迁公司负责该地块 80 户的拆迁补偿和动迁工作。拆迁工作验收合格后，该公司向拆迁公司支付了款项。在核查成本费用列支凭证时，检查人员发现，该公司取得的原始凭证大部分为拆迁公司开具的收款收据和非拆迁公司开具的发票。经统计，取得的收款收据和不是拆迁公司开具的不合格发票金额合计近 3000 万元，其中收款收据金额合计约 2000 万元，不合格发票合计约 1000 万元，其收款收据为拆迁公司向拆迁户付款时取得的收付凭据。该公司为境外独资企业，境外总部对该问题提出：拆迁业务是真实发生的，款项也已经支付，取得的收据就可以作为财务入账税前扣除的依据。检查人员解释道，根据《中华人民共和国发票管理办法》规定，所有单位和从事生产、经营活动的个人在购买商品、接受服务以及从事其他经营活动支付款项，应当向收款方取得发票。取得发票时，不得要求变更品名和金额。不符合规定的发票，不得作为财务报销凭证，任何单位和个人有权拒收。

如何取得对方公司开具的合法有效发票？

当地税务机关根据《中华人民共和国税收征收管理法》的有关规定责令企业限期改正，允许该公司向受托拆迁单位索要合法有效的发票。然而截至检查时，拆迁公司已经注销，该公司在责令期满之后仍然没有取得对方公司开具的合法有效发票，最终当地税务机关根据相关规定对该问题按补征税款及滞纳金处理，合计约150万元。该公司被补税主观原因在于境外投资方没有认识到发票在我国现行税收征管中扮演的重要角色。

针对房地产行业而言，房地产开发企业只有三项特殊费用支出可以预提，分别如下。

第一种，出包工程未最终办理结算而未取得全额发票的，在证明资料充分的前提下，其发票不足金额可以预提，但最高不得超过合同总金额的10%。

第二种，公共配套设施尚未建造或尚未完工的，可按预算造价合理预提建造费用。此类公共配套设施必须符合已在售房合同、协议或广告、模型中明确承诺建造且不可撤销，或按照法律法规规定必须配套建造的条件。

第三种，应向政府上交但尚未上交的报批报建费用、物业完善费用可以按规定预提。物业完善费用是指按规定应由企业承担的物业管理基金、公建维修基金或其他专项基金。

除此之外，其他实际发生的支出，若没有取得发票，在企业所得税前又该如何处理呢？

（1）企业在结算计税成本时，其实际发生的支出应当取得但未取得合法凭据的，不得计入计税成本，待实际取得合法凭据时，再按规定计入计税成本。

（2）开发产品完工以后，企业可在完工年度企业所得税汇算清缴前选择确定计税成本核算的终止日，不得滞后。凡已完工开发产品在完工年度未按规定结算计税成本，主管税务机关有权确定或核定其计税成本，据此进行纳税调整，并按《中华人民共和国税收征收管理法》的有关规定对其进行处理。相关法规依据如下。

①《中华人民共和国企业所得税法》第八条规定：企业实际发生的与取得收入有关的、合理的支出，包括成本、费用、税金和其他支出，准予在计算应纳税所得额时扣除。

②《中华人民共和国发票管理办法》第二十条规定：所有单位和从事生产、经营活动的个人在购买商品、接受服务以及从事其他经营活动支付款项，应当向收款方取得发票。取得发票时，不得要求变更品名和金额。

③《中华人民共和国发票管理办法》第二十一条规定：不符合规定的发票，不得作为财务报销凭证，任何单位和个人有权拒收。

④《中华人民共和国税收征收管理法》第三十二条相关规定：从税款滞纳之日起，至税款缴纳入库之日止，按日加收滞纳税款万分之五的滞纳金。

税法规定，"未按规定取得的合法有效凭据不得在税前扣除"。那么，什么样的票据是合规票据？常见的不合规票据有哪些？作者总结如下。

（一）可税前列支的合规票据

1. 发票

根据《中华人民共和国发票管理办法》第二十条与第二十二条，笔者总结合规发票必须符合以下条件：

（1）发票内容与交易事实一致，即开票方与受票方发生真实交易，而且发票内容符合交易事实，即不得变更品名和金额；

（2）发票按照规定的时限、顺序、栏目，全部联次一次性如实开具；

（3）加盖发票专用章。

2. 收据

可以税前列支的收据必须是财政部门监制并套印了监制章的财政票据，主要包括：行政事业性收费和政府性基金票据；执法机关使用的罚没票据；非营利性医疗机构使用的医疗票据、基本医疗保险定点医疗机构和定点药店使用的票据；各类捐款收据等。

（二）常见的不合规票据

一言以蔽之，凡是不符合上述合规票据条件的，都属于不合规票据。常见的不合规票据类型如下。

(1) 白条：常见的有资金往来票据、收款单位收据及签字单。

(2) 抬头非单位全称或非本单位名称的发票。

(3) 变更品名的发票。

(4) 假发票：一般通过当地税务机关网站，或者拨打开票当地的12366热线，或者到当地办税厅查询结果确认。

(5) 大头小尾发票：在取得时无法辨别，一般在发票专项稽查或举报时才能发现。

(6) 未加盖发票专用章或者发票专用章不符合标准的发票。

(7) 票面信息不全或者不清晰的发票。

(8) 涂改票面信息的发票。

(9) 已作废版本继续开具的发票。

(10) 虚开的发票。

（三）法规摘录

《中华人民共和国发票管理办法》相关规定部分摘录如下。

第二十条　所有单位和从事生产、经营活动的个人在购买商品、接受服务以及从事其他经营活动支付款项，应当向收款方取得发票。取得发票时，不得要求变更品名和金额。

第二十一条　不符合规定的发票，不得作为财务报销凭证，任何单位和个人有权拒收。

第二十二条　开具发票应当按照规定的时限、顺序、栏目，全部联次一次性如实开具，并加盖发票专用章。

任何单位和个人不得有下列虚开发票行为：

(1) 为他人、为自己开具与实际经营业务情况不符的发票；

(2) 让他人为自己开具与实际经营业务情况不符的发票；

(3) 介绍他人开具与实际经营业务情况不符的发票。

《关于进一步加强普通发票管理工作的通知》（国税发〔2008〕80号）第八条第二款：

落实管理和处罚规定。在日常检查中发现纳税人使用不符合规定发票特别是没有填开付款方全称的发票，不得允许纳税人用于税前扣除、抵扣税款、出口退税和财务报销。对应开不开发票、虚开发票、制售假发票、非法代开发票，以及非法取得发票等违法行为，应严格按照《中华人民共和国发票管理办法》的规定处罚；有偷逃骗税行为的，依照《中华人民共和国税收征收管理法》的有关规定处罚；情节严重触犯刑律的，移送司法机关依法处理。

案例四　费用缴纳：进项税发票未及时取得，导致增值税形成大额留抵税额（集团批准除外）

2016年8月17日，某房地产开发公司（简称开发公司）向房产销售代理公司（简称销代公司）支付了865251.5元、719528元、1160万元，合计13184779.5元。2016年9月2日，开发公司向销代公司支付了4592578.99元、7407421.01元，合计1200万元。开发公司于 2016 年 8 月 25 日、9 月 7 日、9 月 29 日以催告函方式要求销代公司开具增值税专用发票。因为销代公司属小规模纳税人，500 万元的发票额度已用完，便于 2016 年 10 月 27 日向主管税务机关申请变更登记为一般纳税人，当日税务机关予以核准登记。次日，销代公司又向税务机关申请增加发票数量和票面金额，以便尽可能多地为开发公司开具增值税专用发票，税务机关当日核准开票数量为每月限额 40 张，每张限额 10 万元。

经税务机关变更核准登记后，销代公司分别于 2016 年 11 月 21 日、2016 年 12 月 16 日、2017 年 2 月 20 日、2017 年 3 月 17 日、2017 年 4 月 13 日、2017 年 5 月 4 日向开发公司开具增值税专用发票 400 万元、500 万元、400 万元、400 万元、400 万元、4069768.99 元（超出 400 万元部分是使用之前月份未用完的开票额度）。然而开发公司在 2016 年 8 月 15 日至 2018 年 3 月 14 日期间，按其营业额的 3% 向税务管理机关预缴了增值税，并按营业额的 1% 预缴了土地增值税，同时缴纳了印花税、地方教育附加、教育费附加、城市维护建设税、个人所得税（代缴）、房产税、企业所得税等。销代公司在收到款项后，应当按合同约定，立即开具增值税专用发票，因迟延开票，导致开发公司不能及时抵扣税款，因此要求销代公司赔偿迟延抵扣税款的资金占用损失 131939.12 元（暂计算至 2017 年 4 月 30 日，应算至实际抵扣税款之日止）。

后来因为双方各执一词，起诉到法院。经法院审理，开发公司才取得因不能及时抵扣税款，不得不用现金交纳，因此而发生的从付款下月起算资金占用损失 13 万元，经此重重折腾才得到这笔款项，可谓是精疲力竭，否则又是一笔无效成本。

下面为大家分享标杆房企进项税额的筹划之道。

1. 结算方式的筹划

企业的结算方式可以分为现金采购、赊购、分期付款三种方式。从纳税筹划角度来讲，房地产企业应尽量选择分期付款、分期取得发票。一般情况下，企业在购货过程中采用先付清款项、后取得发票的方式，如果材料已经验收入库，但货款尚未全部付清，供货方不能开具增值税专用发票。根据增值税相关规定，纳税人采购货物或者接受劳务，未按照规定取得增值税扣税凭证，其进项税额就不能抵扣。如果房地产企业未及时取得增值税专用发票，就会造成企业增值税税负增加。为了达到能够及时抵扣进项税额的目的，房地产企业可采用分期付款取得增值税专用发票的方式，以缓解纳税压力。根据税法规定，分期付款方式取得的货物，其进项抵扣时间为分期付款的每个付款日的当期，这样就可以分步产生递延增值税税负的好处，以获得资金的货币时间价值。实践中房地产企业应争取掌握谈判主动权，使得销货方先垫付税款，以推迟纳税时间，为企业争取时间尽可能长的"无息贷款"。

2. 进项税额抵扣时间的筹划

根据《中华人民共和国增值税暂行条例实施细则》（财政部、国家税务总局第 50 号令）、《国家税务总局关于调整增值税扣税凭证抵扣期限有关问题的通知》（国税函〔2009〕617 号）等规定，销售环节的进项税额抵扣额为上一环节的增值税缴纳额，纳税人不能随意提前抵扣增值税进项税额以达到延期纳税的目的，进项税的抵扣时间按照取得的增值税专用发票的类型加以区分。

房地产企业一般纳税人作为购货方的可以通过筹划进项税额的抵扣时间，达到延期纳税的目的。取得的防伪税控增值税专用发票应根据本月销项情况尽快认证（认证期为 180 天，且当月认证当月抵扣），认证通过的当月核算当期进项税额并申报抵扣，降低当期的增值税税负；如果选择即购即付，可以在付款当期抵扣进项税额；如果以应付账款的方式结清货款，只能在全部货款全部结清的当期进行进项抵扣。当然，房地产企业可利用结算方式对进项税额抵扣时间进行纳税筹划，如签订分期付款合同。

3. 采购价格选择的筹划

房地产企业"营改增"后,只有在其被认定为一般纳税人时,才可以使用增值税专用发票,实行发票抵扣。这样货物或劳务提供方的纳税人身份就直接影响到了房地产企业的增值税税负。"营改增"后房地产企业可选择不同的采购渠道对进项税额进行筹划。一是选择一般纳税人作为提供方,可以取得税率为6%、11%、13%或17%的增值税专用发票进行抵扣。二是选择小规模纳税人为提供方,这种情况下,取得的增值税普通发票,房地产企业不能抵扣进项;如果能够取得由税务机关代开的3%的增值税专用发票,房地产企业可按照3%的税率作进项税额抵扣。对于房地产企业而言,选择从一般纳税人和小规模纳税人采购后的净利润没有太大差别时,应当选择采购一般纳税人的货物或劳务;如果采购小规模纳税人的货物或劳务后企业的净利润会增加,且增加的利润可以弥补不能抵扣进项的损失,那么应选择与小规模纳税人进行合作。

小结:"营改增"后房地产企业对于进项税额的筹划,可以单独使用或组合使用以上方法。另外在具体实务操作中应综合考虑到其他的因素,如购货成本、合同条款、从不同纳税人处购入货物的质量差异等。

> **案例五** 费用缴纳:企业所得税前期预缴过多,后期形成亏损,导致无法弥补(集团批准除外)

某开发商在江西赣州开发某项目一期,于2013年1月16日收到一份《税务事项通知书》,称"你单位开发的项目由于开发时间跨度较长,难以及时准确核算当期损益,根据《中华人民共和国企业所得税法》及《中华人民共和国企业所得税法实施条例》和江西省地税局2010年第1号公告的有关规定,对你单位的企业所得税按15%应税所得率按月进行预缴,年度终了之日起五个月内办理汇算清缴。"该企业财务经理急忙向其他房地产企业打听,实际情况更令人吃惊:该市地税局实际中根本不是"年度终了之日起五个月内汇算清缴",而是在项目竣工之前,不按年办理汇算清缴。该财务经理拿出2013年的销售预算估测了一下该通知书的影响:2013年该项目只预售,年底前无法竣工,预算全年预收账款10亿元,全年需缴纳营业税金及附加和预缴土地增值税共计7600万元,会计利润总额为亏损4000万元,以前年度亏损500万元。若按《房地产开发经营业务企业所得税处理办法》(国税发〔2009〕31号)规定计算:应纳税所得额=会计利润总额(-4000万元)-以前年度亏损(500万元)+预收账款(10亿元)×赣州市计税毛利率(10%)-营业税金及附加和土地增值税(7600万元)=-2100万元,无应纳税所得额,即2013年度汇算清缴不需要缴纳企业所得税。而按照通知书的要求计算:2013年各季度需预缴所得税为"预收账款(10亿元)×应税所得率(15%)×所得税率(25%)=3750万元",并且年度汇算清缴后还不能退税,直到2015年该项目竣工后才有可能获得退税或者抵税。这意味着:若该公司接受了通知书的要求,纳税人3750万元现金将在2015年竣工之前被长期占压,而不得不背负沉重的银行贷款利息,甚至冒资金链断裂的危险。很显然企业所得税前期预缴过多,后期必然形成亏损,很难说是否会导致无法弥补的损失,除非集团特批,或者能够退缴,否则,无疑形成一笔巨大的无效成本。

下面介绍标杆房企在面对所得税汇算清缴多缴企业所得税税款时的应对方法。

每年底企业所得税汇算清缴开始,纳税人在季(月)度预缴申报期间,按照实际利润额预缴税款,可能高于年度汇算清缴的税款,遇到这样的情况怎么办呢?

例如：A公司2020年度按实际利润额预缴税款50万元，年度汇算清缴申报，享受税收优惠、纳税调整等事项后，实际应纳税额40万元，2020年度多缴税款10万元。对上述情况如何处理？

此问题涉及纳税人汇算清缴结算多缴退抵税，即按照分期预缴、按期汇算结算的征管方式，对纳税人汇算清缴形成的多缴税款办理退抵税费。实行分期预缴、按年汇算清缴的纳税人，在汇算清缴过程中形成的多缴税款，可以向税务机关申请办理退抵税费。

（一）办理流程

申请办理退抵税费流程如图7-3所示。

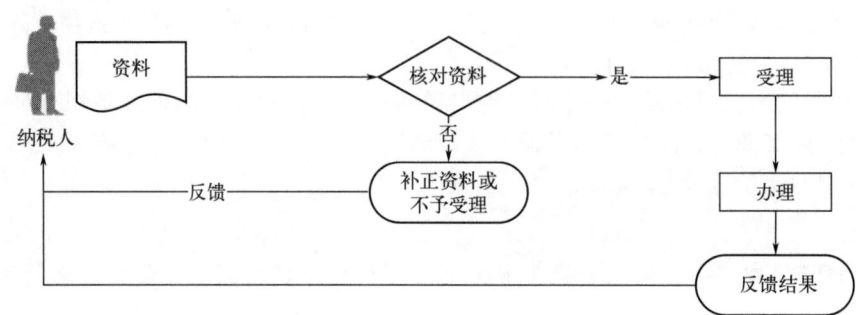

图7-3　申请办理退抵税费流程示意图

（二）报送资料

办理汇算清缴结算多缴退抵税需要的资料分为必报资料和条件报送资料。

必报资料：《退（抵）税申请表》。

条件报送资料主要包括：

（1）完税（缴款）凭证复印件；

（2）税务机关认可的其他记载应退税款内容的资料；

（3）土地增值税清算原因导致多缴企业所得税的退税需提供房地产企业是否存在后续开发项目的说明和房地产项目缴纳的土地增值税总额、项目销售收入总额、项目年度销售收入额、各年度应分摊的土地增值税和已经税前扣除的土地增值税、各年度的适用税率的书面说明；

（4）因特殊情况不能退至纳税人、扣缴义务人原缴款账户的需提供由于特殊情况不能退至纳税人、扣缴义务人原缴款账户的书面说明，相关证明资料和指定接受退税的其他账户及接受退税单位（人）名称的资料。

（三）退税注意事项

（1）纳税人多缴的税款，自结算缴纳税款之日起三年内发现的，可以向税务机关要求退还多缴的税款并加算银行同期存款利息。

（2）汇总纳税企业在纳税年度内预缴税款超过应缴税款的，应分别办理退税，或者经总、分机构同意后分别抵缴其下一年度应缴企业所得税税款。

（3）企业所得税退抵税类型包括误收多缴退抵税、汇算清缴结算多缴退抵税等，此处应选择汇算清缴结算多缴退抵税。

（4）如果本次退税账户与原缴税账户不一致，纳税人在申请退税时应当书面说明理由，提交相关证明资料，并指定接受退税的其他账户及接受退税单位（人）名称。

(5)退税方式包括抵欠、退税、先抵后退等,纳税人既有应退税款又有欠缴税款的,可以先抵扣欠缴的税款,抵扣后有余额的,可以申请办理应退余额的退税。

(四)财务处理

收到退税后,通过银行存款、应交税费—应交所得税、以前年度损益调整、利润分配—未分配利润等会计科目进行账务处理。

案例六　费用缴纳:不当的税务筹划或已承诺的税筹方案未落地完成引起税收成本增加

税务筹划是公司特别注重的一个事项,做好税务筹划会为企业省下很多钱。但是,不当的税务筹划也有失手的时候。

某开发商房地产开发公司于2012年4月成立,注册资本5000万元,公司类型为其他有限责任公司,主要从事房地产开发、经营、租赁、物业管理等业务。该公司开发销售的×商住项目自2014年1月起开工建设,实际建设可售总面积约43.1万平方米,分三期进行开发。

在对该房地产开发公司进行账面检查的过程中,检查人员发现了多处疑点:一是账面凭证方面,存在短期内土建工程建筑安装发票大量增加的情况,导致建筑安装成本偏高,存在突击开具安装发票虚增建筑安装成本嫌疑。二是前期工程费中土地平整费额度较同类企业偏高。检查人员对决算报告中的数据进行仔细检查和分析发现,×商住项目钢筋、水泥、商品混凝土、砂石等主材使用量大幅高于指导标准和行业标准——超标建设,大幅增加成本,这并不符合房产企业经营常规。通过对该项目的施工企业M建筑公司和向其供应建筑主材的商家进行调查,发现M建筑公司实际购进使用的主材数据明显小于决算报告数据。经测算,初步确定该房地产开发公司×商住项目在纳税申报时,涉嫌虚增建筑安装工程成本6100万元。×商住项目账列前期工程费中,累计支出场地土方平整费用960万元,根据施工方结算表,该工程平整费用为22元每立方米,总工程量约为43.6万立方米。

为了核实×商住项目支出场地平整费用的真实性,检查人员走访项目所在地附近的居民,了解到×商住项目所在地之前是一片荒地,地势较平坦。同时,有关部门提供的×商住项目前期岩土工程勘察报告也显示,该项目素填土(全新人工填土层)平均厚度为2.55m,实际需土方平整工程量约为27.6万立方米。综合第三方调查信息,检查人员认为,企业虚增了场地平整工程量16万立方米,并测算该房地产开发公司涉嫌虚增场地平整工程费用352万元。

在调查过程中,检查人员发现,购房业主与开发商签订了两份合同,一份为购房合同,一份为装修合同。装修合同的标的为2万~20万元不等。检查组将购房合同、装修合同、建设工程施工合同等多项合同内容对照分析,并到已售商品房现场勘查后发现,装修合同所列施工内容与购房合同中所列交房条件大部分为重复内容,甚至有的合同根本未履行。

针对企业违法行为,税务机关依法作出补缴企业所得税3170万元、土地增值税2850万元、个人所得税(股息、利息、红利所得)2400万元,共计8420万元,并针对违法行为予以罚款及依法加收滞纳金的处理决定(此两项粗算还有近150万元,幸甚:营改增前)。

这是典型的房地产开发企业与建筑施工企业串联,通过虚增转移收入,以达到逃避缴纳税款的目的。在后营改增时代,房地产开发企业应当提高风险意识,在合理合法前提下进行税收筹划,以免在补缴逃避缴纳的税款的同时,还要支付巨额的滞纳金和相应的罚款。

案例七 手续办理：员工离职未按政策及时办理社保公积金减员

某开发商开发的西安某三期项目接近尾声，项目基本清盘，分流疏散人员，由于经办人在工作期间，工作失误导致19名离职员工社保及公积金减员操作时间晚，为离职员工多缴纳了社会保险及住房公积金，因此给公司造成经济损失50631.48元。依据我国现行《中华人民共和国劳动合同法》第五十条规定，用人单位应当在解除或者终止劳动合同时，向劳动者出具解除或者终止劳动合同的证明，并在十五日内为劳动者办理档案和社会保险关系转移手续。即劳动者离职后为劳动者办理社保减员等社保关系转移手续，是用人单位应尽的法定义务，用人单位应当按照法律规定，履行其应当履行的义务。但是，用人单位未依法为劳动者办理社保减员等社保关系转移手续，并非用人单位向劳动者支付经济补偿金的法定情形，劳动者不得以此为由要求用人单位支付赔偿金，但同时也不等于法律许可用人单位可以不依法为离职劳动者办理社保减员手续。如因用人单位未依法办理社保减员，导致劳动者遭受各项损失，用人单位应当承担损害赔偿责任。

又例如，当时张某从项目上离职后，项目公司一直未为其办理社保减员，导致张某新入职的单位无法为其办理社保增员，张某的社保一直处于停缴状态。后张某因病住院治疗，但因张某的社保处于停缴状态，导致张某无法享受医疗保险。项目公司被迫对此承担损害赔偿责任。

案例八 诉讼及执行：接到法院开庭通知后，未按时出庭应诉，法院作出缺席判决而导致承担不利后果，造成费用增加

2018年7月，王先生与被告房地产公司签订了一份《上海市商品房预售合同》，以188万余元的总价买下了位于某区的一套61m²的房屋。合同中约定"甲方定于2020年7月30日前将房屋交付给乙方，除不可抗力外"。合同签订后，王先生向房地产公司支付了全部购房款。然而到了交房时间，房地产公司却以各种理由拒不交房，为了维护自身合法权益，王先生一纸诉状将房地产公司告上了法庭。庭审中，被告公司未出庭应诉，仅邮寄了书面答辩意见。被告公司辩称，自2020年1月以来，全国范围内暴发新冠疫情，受此不可抗力的影响，案涉工程无法如期复工，施工期限应当予以顺延，故计算逾期交房违约金的期限应当扣除上述新冠疫情暴发的时间。同时，被告公司认为，王先生受到的实际损失仅是案涉房屋未能如期交房的租金损失，合同约定日万分之二的违约金计算标准明显过高，已大大超过案涉房屋同地段同类型房屋租金（即原告实际损失）的1.3倍，依法应予调低；被告出现资金短缺、经营困难的局面，希望法院酌情调低违约金计算标准，适当减轻被告的债务压力，促使被告能早日履行合同。

法院审理后认为，当事人应当按照约定全面履行自己的义务。本案原、被告签订的《上海市商品房预售合同》合法有效，双方均应恪守履行。现被告房地产公司未在约定的期限内履行交房义务，已构成违约，理应承担相应的违约责任。原告王先生依据合同约定主张逾期交房违约金，并无不当，应予支持。被告关于调整违约金计算标准的意见，缺乏依据，法院不予采纳。关于被告提出违约金计算期限应当扣减新冠疫情暴发期间的意见，因被告未提供证据证明新冠疫情系导致被告延期交房的根本和必然原因，故对被告的意见不予采纳。

综上，法院认为原告王先生的诉讼请求合法有据，法院予以支持，据此作出如上判决。

第七章 标杆房企销售及财税筹划阶段无效成本案例分析及控制要点

> **诉讼及执行：公司起诉流程审批通过后，法务未在法定诉讼时效内提起诉讼，导致超过诉讼时效，胜诉权灭失，造成费用增加**

《中华人民共和国民法典》以及《中华人民共和国民事诉讼法》确立了债权的诉讼时效制度、执行时效制度。即针对债权而言，诉讼时效制度，是要求当事人在法律规定的诉讼时效内，向司法机关主张权利，才能获得实体权利的司法确认保护。执行时效是指在债权人获得相关的生效司法确认文书后一段期限内，应当积极申请人民法院执行部门对该生效法律文书进行强制执行，超过执行时效再申请法院强制执行，或者法院已经执行终结，债权人将不会得到法院的司法强制执行力的保护。

当债权超过诉讼时效、执行时效，其将不能获得司法保护，而成为自然债权，只能有赖于债务人的自行履行。执行时效系除斥期间，不会因申请执行人和被执行人之间达成的协议，或者其他因素的影响，而发生变化或改变。因此，当具备申请强制执行的条件时，应当及时申请执行。

现实中多数因诉讼时效超过而起诉的案例，最后走向都是因丧失司法保护而变成自然债权，以自然债权去寻求司法保护。而这种过程也往往是通过诉讼才能争取过来，而这诉讼之费用与时间花费折算过来无疑是无效成本，多则百万元，少则几十万元。

> **诉讼及执行：生效法律文书超过申请执行期间，被执行人提出异议导致人民法院经审查裁定不予执行，造成费用增加**

对于人民法院所作出的生效法律文书，仲裁委员会所作出的裁决，公证机关的公证债权文书，都是具有强制执行的法律效力的，强制执行的启动，需要有申请人的申请，那么，申请强制执行超过法定期限怎么处理？

超过时效分两种情况，一种是法律文书下达生效后，对方在规定时间内拒不执行。这种情况下可以申请法院强制执行。另一种是对方拒不执行法律文书的要求，但自己超过了可以申请强制执行的时间，这种情况下法院不再受理强制执行的申请。《中华人民共和国民事诉讼法》第二百四十六条对申请执行的期限作了一般性的规定，即"申请执行的期间为二年。申请执行时效的中止、中断，适用法律有关诉讼时效中止、中断的规定。"

判决生效后，由于申请人或者被申请执行人的不同，申请强制执行的期限也不同，这里分两种情况。

（1）申请人或者被申请执行人，只要有一方是自然人（即个人）的，应在判决书生效后的一年内到法院立案申请强制执行。

（2）申请人和被申请执行人双方都是单位的，应在6个月的时间内到法院立案申请强制执行。

无论何种情况，超过法定期限后，法院将不予保护，也就是不能对被申请执行人进行强制执行。所以笔者只能提醒这种无效成本若是产生，只能怪企业法务人员缺少责任心，要钱的事都不放在心上，那就只能换人，且要赔偿企业损失。

第三节 标杆房企销售及财税筹划阶段无效成本控制要点

本章最值得提醒读者掌握的是建筑业房地产企业20项主要涉税风险点及防控注意事项。

（一）建筑业房地产企业须关注的18项涉税风险点

按照日常税收征收管理梳理了建筑业房地产企业须关注的18项涉税风险点，具体如下。

1. 签订合同未申报缴纳印花税（印花税）

风险描述：根据《中华人民共和国印花税法》第一条规定，在中华人民共和国境内书立应税凭证、进行证券交易的单位和个人，都是印花税的纳税义务人，应当按照该法规定缴纳印花税。房地产企业签订土地出让或转让、规划设计、建筑施工等合同较多，容易忽略合同印花税申报。

风险防控建议：纳税人在经营过程中签订合同，应及时申报缴纳应税凭证对应的印花税。由于印花税征税范围较广、税目较多，纳税人需要事前准确掌握相关法规条例，避免出现税款滞纳风险。

2. 缺失合法有效的税前扣除凭证（企业所得税）

风险描述：根据《企业所得税税前扣除凭证管理办法》（国家税务总局公告2018年第28号）第五条规定，企业发生支出，应取得税前扣除凭证，作为计算企业所得税应纳税所得额时扣除相关支出的依据。同时，该公告第六条规定，企业应在当年度企业所得税法规定的汇算清缴期结束前取得税前扣除凭证。而房地产企业经营环节多、业务交易量和交易对象规模不一，尤其是对一些零散的人工费用、代理费用，部分情况下未能及时取得合法有效的税前扣除凭证，但同时又将相应的支出违规进行税前扣除，容易产生涉税风险。

风险防控建议：对房地产企业而言，是否能够取得合法有效的税前扣除凭证，直接决定了成本费用支出。因此，企业在业务交易时需注意上游供货商或服务提供商能否及时开具发票，同时在入账时需注意取得发票是否符合规定、票面信息是否与经济业务一致、是否为作废发票等。

3. 外购礼品用于赠送客户涉税风险（增值税、企业所得税）

风险描述：房地产企业在经营过程中，因销售或者宣传等营销性质活动需要，外购礼品赠送客户的情况时有发生。根据《中华人民共和国增值税暂行条例实施细则》（财政部、国家税务总局第50号令）第四条规定，该行为应视同销售货物。同时，根据《中华人民共和国企业所得税法实施条例》第四十三条规定，礼品赠送支出属于业务招待支出，只能按照发生额的60%作税前扣除且不得超过当年营业收入的0.5%。因此，礼品赠送业务若财务处理不当，容易造成税收风险。

风险防控建议：房地产企业发生向客户赠送礼品的业务时，财务上关于其涉及的增值税和企业所得税视同销售货物处理。同时，要注意两者之间存在处理上的差异，视同销售收入确认的，增值税要按照《中华人民共和国增值税暂行条例实施细则》第十六条规定的顺序来确定，企业所得税则按照公允价值确定收入。在确认视同销售收入后，则须按照营业收入和业务招待费支出总额，确定该项费用的税前扣除限额。

4. 违规代征契税（契税）

风险描述：根据《中华人民共和国税收征收管理法》第二十九条规定，除税务机关、税务人员以及经税务机关依照法律、行政法规委托代征的单位和人员外，任何单位和个人不得进行税款征收活动。部分房地产企业对该方面政策不熟悉，向购房者代收所谓"办证费"中包含了契税税款，实际已违反了上述规定，需承担相应的法律责任，同时也给购房者带来了一定的涉税风险。

风险防控建议：在未按照规定程序取得税务机关代征委托情况下，房地产企业不应向购房者代收任何契税税款，如已收取相关费用则应当尽快退回，及时纠正违规行为。

5. 车位销售未及时确认收入（增值税、企业所得税）

风险描述：车位销售收入一般是在项目竣工验收，首次确认产权后进行，属于现售行为，根据现行税收政策需要同时确认收入。但部分房地产企业由于不熟悉税收政策，在取得车位销售收入时,特别是对于不需要办理产权证的车位(人防工程部分)既未开具发票,也不作增值税、企业所得税收入确认,存在极大税收风险。

风险防控建议:企业应当梳理销售业务和款项,对已取得产权或交付使用的车位销售时要及时作收入确认,避免带来税款滞纳风险。

6. 预售阶段涉税风险(增值税、土地增值税、企业所得税)

风险描述:根据《房地产开发企业销售自行开发的房地产项目增值税征收管理暂行办法》(国家税务总局公告2016年第18号)第十条、《中华人民共和国土地增值税暂行条例实施细则》(财法字〔1995〕6号)第十六条、《国家税务总局关于营改增后土地增值税若干征管规定的公告》(国家税务总局公告2016年第70号)第一条有关规定,房地产企业在预售环节收到的预收款进入监管账户,收款次月征收期须按照上述规定向主管税务机关预缴税款,包括增值税预缴申报和土地增值税预征。同时,根据《房地产开发经营业务企业所得税处理办法》(国税发〔2009〕31号)第九条,企业需要根据预计毛利额计算应纳税所得额并在企业所得税季度预缴。但部分房地产企业由于不熟悉税收政策,未能够按照规定申报预缴或未能足额申报预缴税款。

风险防控建议:房地产企业取得《商品房预售许可证》后,在项目竣工前为迅速回笼资金采取预售方式销售,预收款需要及时足额作相应的税款预缴,避免产生税款滞纳风险。

7. 收入确认时点滞后(企业所得税)

风险描述:根据《房地产开发经营业务企业所得税处理办法》(国税发〔2009〕31号)第三条和第九条有关规定,房地产企业开发产品完工或视为完工后,应及时结算其计税成本并计算此前销售收入的实际毛利额,同时将其实际毛利额与其对应的预计毛利额之间的差额,计入当年度企业本项目与其他项目合并计算的应纳税所得额。部分房地产企业由于对税收政策不熟悉,未区分会计和税法的收入确认原则差异,导致企业在确认收入时点滞后,进而产生税款滞纳风险。

风险防控建议:房地产企业要准确把握开发产品的完工界定,即房地产企业开发产品竣工证明材料已报房地产管理部门备案、开发产品已开始投入使用或开发产品已取得了初始产权证明的,视为已经完工,应当及时确认收入。同时,不同的销售方式,具有不同的交易环节及操作流程,其纳税义务发生时间亦不同。《房地产开发经营业务企业所得税处理办法》(国税发〔2009〕31号)第六条对各种销售方式下收入的确认时点都作了明确规定。企业应对照这一规定,准确判断自身销售方式是否达到确认收入的时点,避免产生收入确认滞后的税务风险。

8. 自然人股东股息红利个人所得税未代扣代缴(个人所得税)

风险描述:根据《中华人民共和国个人所得税法》第二条、第九条以及《中华人民共和国个人所得税法实施条例》(国令第707号)第二十四条有关规定,房地产企业向个人股东支付股息红利时,应当预扣或者代扣个人所得税税款,按时缴库,并专项记载备查。部分房地产企业由于不熟悉政策,可能存在应扣未扣情形,尤其对于一些非货币形式的股东分红、赠送等行为,未准确掌握政策,容易产生税收风险。

风险防控建议:根据个人所得税政策规定,房地产企业在向股东支付股息红利或以其他形式分红的情况下,企业应当及时预扣或代扣税款,并且做好台账。同时,会计处理上要准确把握分红和往来账的区分。根据《财政部 国家税务总局关于规范个人投资者个人所得税征收管理的通知》(财税〔2003〕158号)第二条规定,纳税年度内个人投资者从其投资的企业(个人独资企业、合伙企业除外)借款,在该纳税年度终了后既不归还,又未用于企业生产经营的,其未归还的借款可视为企业对个人投资者的红利分配,依照"利息、股息、红利所得"项目计征个人所得税。部分股东长期借款需依照股息红利所得征收个税，房地产业属于资金密集行业，资金往来多，在这方面更需多加注意，避免产生税收风险。

9. 取得预收款项未按规定预缴税款（增值税）

风险描述：根据《国家税务总局关于进一步明确营改增有关征管问题的公告》（国家税务总局公告2017年第11号）第三条和《财政部 税务总局关于建筑服务等营改增试点政策的通知》（财税〔2017〕58号）第三条规定，纳税人提供建筑服务取得预收款，应在收到预收款时，以取得的预收款扣除支付的分包款后的余额，按照规定的预征率预缴增值税。纳税人在同一地级行政区范围内跨县（市、区）提供建筑服务，不适用《纳税人跨县（市、区）提供建筑服务增值税征收管理暂行办法》（国家税务总局公告2016年第17号）。部分纳税人对政策理解不熟悉，存在对跨市跨省项目纳税义务发生时未在建筑服务发生地预缴税款，或者收到预收款时未预缴税款的情形。

风险防控建议：建筑企业应准确把握政策规定，及时在建筑服务发生地或机构所在地预缴税款，同时要注意，采用不同方法计税的项目预缴增值税时的预征率不同。采取预收款方式提供建筑服务的应在收到预收款时预缴增值税；纳税义务发生时，同一地级市内的项目，不需要在项目所在地预缴税款，直接在机构所在地申报；跨市跨省项目，需要在建筑服务发生地预缴税款；适用一般计税方法计税的项目预征率为2％，适用简易计税方法计税的项目预征率为3％。

10. 建筑劳务收入确认不及时（企业所得税）

风险描述：《中华人民共和国企业所得税法实施条例》第二十三条规定，企业受托加工制造大型机械设备、船舶、飞机等，以及从事建筑、安装、装配工程业务或者提供劳务等，持续时间超过12个月的，按照纳税年度内完工进度或者完成的工作量确认收入的实现。部分建筑企业由于对税收政策不熟悉，未区分会计和税法的收入确认原则差异，导致企业在取得建筑劳务收入时未及时确认收入，容易产生税款滞纳风险。

风险防控建议：《国家税务总局关于确认企业所得税收入若干问题的通知》（国税函〔2008〕875号）第二条对企业确认劳务收入的确认方法、前提条件、时间点做出了明确规定。建筑企业应对照规定，判断完工进度，及时确定当期建筑劳务收入，避免产生收入确认滞后的税务风险。

11. 承租建筑施工设备取得发票的项目税率易出错（增值税）

风险描述：按照《财政部 国家税务总局关于明确金融 房地产开发 教育辅助服务等增值税政策的通知》（财税〔2016〕140号）第十六条规定，纳税人将建筑施工设备出租给他人使用并配备操作人员的，按照"建筑服务"缴纳增值税。建筑企业在施工工程中承租了施工设备如脚手架、钩机等，若出租方配备了操作人员，应取得税率为9％的增值税发票，如对政策把握不准，企业可能以购进有形动产租赁服务取得税率为13％的增值税发票，产生涉税风险。

风险防控建议：建筑企业在承租建筑施工设备时应注意区分出租方是否配备操作人员的情况，如果出租方负责安装操作应按购进建筑服务取得增值税发票，否则按购进有形动产租赁服务取得增值税发票。

12. 以电子形式签订的各类应税凭证未按规定缴纳印花税（印花税）

风险描述：根据《中华人民共和国印花税法》第一条规定，在中华人民共和国境内书立应税凭证、进行证券交易的单位和个人，都是印花税的纳税义务人，应当按照该法规定缴纳印花税。根据《财政部国家税务总局关于印花税若干政策的通知》（财税〔2006〕162号）第一条，对纳税人以电子形式签订的各类应税凭证按规定征收印花税。建筑企业一般规模较大、业务链复杂，签订建筑施工、工程采购、劳务分包等合同较多，加上纸质版合同管理难、效率低，越来越多建筑企业采用电子化的合同，容易忽略电子合同的印花税申报。

风险防控建议：纳税人在经营过程中签订的电子合同，应及时申报缴纳应税凭证对应的印花税。由于印花税征税范围较广、税目较多，纳税人需要事前准确掌握相关法规条例，避免出现税款滞纳风险。

13. 简易计税项目取得增值税专用发票并申报抵扣（增值税）

风险描述：根据《财政部 国家税务总局 关于全面推开营业税改征增值税试点的通知》（财税〔2016〕36号）规定，企业选择简易计税方法的项目进项税额不得从销项税额中抵扣。建筑企业中的增值税一般纳税人可以就不同的项目，分别依法选择适用一般计税方法或简易计税方法。在企业实际经营过程中，购进的货物、劳务和服务一般用于多个项目，可能存在购进货物、劳务和服务用于简易计税项目取得增值税专用发票并抵扣了增值税进项税额的问题，存在较大的税收风险。

风险防控建议：对于取得增值税专用发票的简易计税项目，其进项税额不得从销项税额中抵扣，已抵扣的应将对应的增值税进项税额进行转出，及时纠正税收违规行为。

14. 发生纳税义务未及时申报缴纳增值税（增值税）

风险描述：根据《财政部 国家税务总局 关于全面推开营业税改征增值税试点的通知》（财税〔2016〕36号）规定，增值税纳税义务发生时间为，纳税人发生应税行为并收讫销售款项或者取得索取销售款项凭据的当天（书面合同确定的付款日期；未签订书面合同或者书面合同未确定付款日期的，为服务完成的当天）；先开具发票的，为开具发票的当天。建筑业的增值税纳税义务时间按照开票时间、收款时间和书面合同约定的付款时间孰先的原则确认。有部分建筑企业对政策理解不深，认为不收款就不确认增值税收入，由于业主资金困难未按照合同约定的时间支付工程款等原因，未按合同约定的付款日期确认纳税义务发生的时间，存在较大税收风险。

风险防控建议：建筑企业应按合同约定的付款时间，到期后及时开具发票，若经双方约定推迟付款时间的，应及时签订补充协议，按新的付款时间确定纳税义务发生时间并开具发票申报纳税，避免带来税款滞纳风险。

15. 取得虚开增值税发票的风险（增值税）

风险描述：建筑企业的上游供应商数量众多，成分比较复杂，部分建筑材料是从农民、个体户或者小规模纳税人处购买，供应商一旦不按规定开具或者到税务机关代开发票，建筑企业就容易产生接受虚开增值税发票的风险，面临补缴企业所得税风险。若企业取得虚开的增值税专用发票，该部分发票将无法抵扣，已抵扣的相应进项税额也需作转出处理。如被税务机关认定为恶意接收虚开增值税发票，企业及其相关负责人还需承担刑事责任。

风险防控建议：建筑企业在购进货物或者服务时要提高防范意识，主动采取必要措施严格审核发票，审查取得发票的真实性，确保"资金流""发票流"和"货物或服务流"三流一致。对不符合要求的发票不予接受并要求开票方重新开具，若发现供货方失联或对取得的发票存在疑问，应当暂缓抵扣有关进项税款，必要时可向税务机关求助查证。

16. 兼营与混合销售未分别核算（增值税）

风险描述：根据《国家税务总局关于进一步明确营改增有关征管问题的公告》（国家税务总局公告2017年第11号）规定，纳税人销售活动板房、机器设备、钢结构件等自产货物的同时提供建筑、安装服务，不属于《营业税改征增值税试点实施办法》（财税〔2016〕36号）第四十条规定的混合销售，应分别核算货物和建筑服务的销售额，分别适用不同的税率或者征收率。若建筑企业兼营与混合销售划分不清又未分别核算销售额的，容易导致税率适用错误，产生税收风险。

风险防控建议：建筑企业在会计处理上应注意分别核算货物的销售收入和建筑安装服务的销售额，正确理解混合销售行为和兼营行为的定义，防范税收风险。

17. 跨省项目人员未办理全员全额扣缴（个人所得税）

风险描述：根据《国家税务总局关于建筑安装业跨省异地工程作业人员个人所得税征收管理问题的公告》（国家税务总局公告2015年第52号）第二条规定，跨省异地施工单位应就其所支付的工程作业人员工资、薪金所得，向工程作业所在地税务机关办理全员全额扣缴明细申报。凡实行全员全额扣缴明细申报的，工程作业所在地税务机关不得核定征收个人所得税。建筑企业跨省项目若未办理全员全额扣缴申报个人所得税，工程作业所在地税务机关将对该项目核定征收个人所得税。

风险防控建议：建筑企业应就自身的跨省异地施工项目所支付的工程作业人员工资、薪金所得，向工程作业所在地税务机关办理全员全额扣缴明细申报。

18. 未按规定适用简易计税方法及留存备查资料（增值税）

风险描述：根据《财政部 国家税务总局 关于全面推开营业税改征增值税试点的通知》（财税〔2016〕36号）和《财政部 税务总局关于建筑服务等营改增试点政策的通知》（财税〔2017〕58号）规定，建筑业一般纳税人以清包工方式提供的建筑服务，以及为甲供工程或建筑工程老项目提供的建筑服务，可选择简易计税方法计税。建筑工程总承包单位为房屋建筑的地基与基础、主体结构提供工程服务，建设单位自行采购全部或部分钢材、混凝土、砌体材料、预制构件的，适用简易计税方法计税。部分建筑企业对税收政策把握不准，容易错误选择计税方法，应适用简易计税的未采用简易计税。此外，根据《国家税务总局关于国内旅客运输服务进项税抵扣等增值税征管问题的公告》（国家税务总局公告2019年第31号）规定，自2019年10月1日起，提供建筑服务的一般纳税人按规定适用或选择适用简易计税方法计税的，不再实行备案制，相关证明材料无需向税务机关报送，改为自行留存备查。部分纳税人选择适用简易计税方法的建筑服务，容易忽略留存相关证明材料。

风险防控建议：在政策允许的范围内，纳税人可根据项目税负和发包方情况，选择适用一般计税方法或者简易计税方法，企业应注意按规定强制适用简易计税情形的不能选择适用一般计税方法。国家税务总局公告2019年第31号公告虽明确建筑企业选择适用简易计税的项目不用再备案，但仍需将以下证明材料留存备查：

（1）为建筑工程老项目提供的建筑服务，留存《建筑工程施工许可证》或建筑工程承包合同；

（2）为甲供工程提供的建筑服务、以清包工方式提供的建筑服务，留存建筑工程承包合同。

（二）企业所得税风险防控注意事项

1. 企业所得税风险防控要点

（1）及时取得合法有效凭据，确保各项成本费用能够税前扣除。

（2）合理归集开发间接费，优化期间费用。

（3）掌握项目所在地的预计毛利率政策。开发产品完工前，先按预售收入和预计毛利率计算应纳税所得额；完工后，计算实际毛利与预计毛利的差额，并按差额调整应纳税所得额。

（4）按税法规定的完工条件，及时计算完工产品的计税成本。注意完工标准界定问题：税法界定的完工标准与建筑法之间有区别；税法界定的完工标准与会计准则之间有区别。

（5）收入和成本费用的确认口径，税法与会计规定不一致的，年度汇算清缴时要按照税法规定进行纳税调整，并建立纳税调整事项台账（列明业务日期、凭证号、金额以及调整原因等）。

（6）注意收入与成本费用的配比，防止前期多缴税后期出现亏损得不到弥补。

2. 成本费用凭据的管控要点

（1）凭据管控的重要性。

目前实行以票控税，只有取得符合税法规定的合法有效凭据后，相关成本费用才能在税前扣除。为避免因凭据不合规产生不必要的税收损失，必须要加强凭据的税收风险控制，确保凭据的合法性、有效性。尤其房地产企业所得税和土地增值税在票据方面存在关联，且土地增值税对于发票尤其关注。

（2）必须在业务流程中进行管控。

首先要从源头开始控制，业务经办人员要及时取得与业务内容相符的合法有效凭据，然后财务人员要按规定加强审核管理。只有在业务流程的各环节中进行防范，也只有在各环节对企业所得税存在问题进行分析，才能有效管控潜在风险。

（3）合法有效的凭据类型及扣除原则如下。

企业发生经营活动和其他事项时，从其他单位、个人取得的用于证明其支出发生的凭证，包括但不限于发票（包括纸质发票和电子发票）、财政票据、完税凭证、收款凭证、分割单等。

《企业所得税税前扣除凭证管理办法》（国家税务总局公告2018年第28号）明确了凭"票"扣除的大原则，这里的"票"应理解为相应的合法有效凭证，发票只是合法有效凭证中外部凭证的一类。除该文件规定的特殊情况外，企业发生相关的成本费用，需按规定取得相应凭证才能在税前扣除。仅有税前扣除凭证，不足以证明支出的真实、合法、有效。企业发生的支出要想在税前扣除，除了需要有合法有效的税前扣除凭证外，还需要准备其他的相关资料，如合同协议、支出依据、付款凭证等留存备查。

（4）合法有效的内部凭据应具备的条件如下。

自制表单必须由制表人或经办人、审核人以及业务部门负责人签字；内部审批手续齐全；业务真实发生；表单内容完整，符合会计和税法规定，且与内部财务管理制度相符。

（5）合法有效的外部凭据应具备的条件如下。

① 形式合法：根据业务内容和性质，取得相应的行政事业收据、发票等。不合规发票类型有：a. 未填开付款方全称的；b. 变更品名的；c. 跨地区开具的；d. 发票专用章不合规的；e. 票面信息不全或者不清晰的；f. 应当备注而未备注的；g. 从2017年7月1日起，未填写购货方企业名称、纳税人识别号或统一社会信用代码的增值税普通发票；h. 从2018年3月1日起，加油票为以前的机打发票的；i. 商品和服务税收分类编码开错的。

② 内容完整规范：日期、业务内容、数量、单价、金额等填写齐全（汇总开具的必须附销货清单），大小写金额一致，抬头为单位全称（简化发票无效）。

③ 签章齐全：开票单位签章规范清晰，发票要加盖发票专用章，开票单位名称应与合同单位名称一致。注意，总公司签订合同的应由总公司开具发票，分公司签订合同的应由分公司开具发票。

④ 业务真实发生：票据内容要与经济合同、业务资料相符，原则上收款单位与开票单位应一致。

⑤ 及时取得票据：一方面业务经办人员办理报销手续时要及时取得票据，另一方面业务取得票据后应及时办理报销手续，尤其要避免跨年报销。

⑥ 发票补救措施：发票有最长 5 年的追补期限，但仅仅适用于企业在费用实际发生年度向后 5 年期间没有被税务机关发现发票遗漏（包括日常征管、评估、稽查中发现）。如果支付发生当年汇缴后，税务机关检查发现没有取得合法有效凭证的，则根据《企业所得税税前扣除凭证管理办法》（国家税务总局公告 2018 年第 28 号）第十五条，企业应当自被告知之日起 60 日内补开、换开符合规定的发票、其他外部凭证。此处只有 60 天的期限。

特殊情况无法换开发票处理办法：企业在补开、换开发票、其他外部凭证过程中，因对方注销、撤销、依法被吊销营业执照，被税务机关认定为非正常户等特殊原因无法补开、换开发票、其他外部凭证的，可凭相关资料证实支出真实性后，其支出允许税前扣除。

第八章

标杆房企无效成本管理措施及方案

第一节 房地产无效成本的管理措施

一、无效成本管理和控制思想概述

(1) 无效成本管理属于成本管理工作范畴，应立足事前管理，事后总结。

无效成本管理的出发点是已完项目的教训总结，即从已完工程实践中，通过分析总成本中的无效部分，沉淀无效成本数据和案例，总结出易发生无效成本的工作环节。应向公司管理层、各部门明确无效成本管理的概念、目的、分类、优点，获得公司全体对无效成本管理工作的支持。在制订项目目标成本时，根据对前期无效成本数据的统计分析，考虑通过努力减少导致无效成本的情况，以形成合理的目标成本。

(2) 无效成本管理的制度、操作手册应事前发布，过程监控。

在项目实施过程中，应将无效成本管理的制度、操作手册、各类措施进行事前发布、宣讲和培训，在重点工作环节进行动态监控、评估、考核，将过往类似项目的同类无效成本做到事前预防和事中杜绝，同时对多次重复发生的无效成本进行深入分析，提出有力管控及考核措施。同时将本项目形成的无效成本按前述方法进行分析和统计，提出工作改进建议，将新类型的无效成本纳入无效成本管理分类目录中，对新项目形成参考和指导作用。控制无效成本是降低项目成本直接有效的方法，有赖于公司各业务部门的共同参与。

二、定位、策划阶段无效成本管控措施

1. 运用价值工程理论实现效益增值

本阶段是创造项目价值的关键阶段，应以价值工程理论为依据。价值工程理论的特点是从客户的质量功能需求出发，通过价值创造，实现价值最大化；以最低的寿命周期成本，使产品具备应有的配置和功能；以功能分析优化为核心，将产品的价值、功能和成本作为一个整体来考虑。运用价值工程理论提升房地产项目价值的途径如表 8-1 所示。

表 8-1 运用价值工程理论提升房产项目价值的途径

途径	模式	适用范围	特点	采用方法
提高配置或功能，同时降低成本	$V\uparrow\uparrow=F\uparrow/C\downarrow$	更新设计、重大技术突破或需求突破	符合客户物美价廉心理，最理想途径，最难实现	采用新技术、新方法、新材料等手段

续表

途径	模式	适用范围	特点	采用方法
提高配置或功能,成本保持不变	$V\uparrow = F\uparrow/C\rightarrow$	功能不足之处有提升空间,客户在价格相当前提下欲购买质量最佳的产品	配置或功能提升为提升价值的主要手段	采用新技术、新方法;采用成本的二次不均衡分布策略
功能或配置大幅度提高,成本小幅度增加	$V\uparrow = F\uparrow\uparrow/C\uparrow$	高档型、改善型、特殊功能		采用新设计、新构思、新思维、打造精品
功能或配置保持不变,降低成本	$V\uparrow = F\rightarrow/C\downarrow$	发展较成熟、质量较稳定、基本满足客户需求	成本降低为提升价值的主要手段	保障质量前提下,严控非敏感性成本、合理配置功能性成本、加强管理
功能或配置小幅度降低,成本大幅度降低	$V\uparrow = F\downarrow/C\downarrow\downarrow$	经济适用型、低档产品		不影响必要功能,降低次要功能或取消次要配置,以简代繁

注：→表示不变，↑表示提高，↑↑表示大幅度提高，↓表示降低，↓↓表示大幅度降低。

2. 项目级成本策划

对房地产开发项目而言，本阶段产生的无效成本多为隐性无效成本。在本阶段，工作重点是项目收益最大化，应做好项目级成本策划和产品级成本策划。项目级的成本策划，应基于不同的产品组合，根据市场行情对销售价格进行研判，对项目的整体方案进行不同业态组合背景下的收益对比，最终得出并锁定其货值最大化的方案。基于项目收益最大化选择产品组合，如表 8-2 所示即为一具体案例。

表 8-2 基于项目收益最大化选择产品组合举例

	指标	方案一	方案二	方案三	方案四	方案五	方案六
项目方案	项目形态组成	11层小高层＋联排别墅	11层小高层＋18层小高层＋联排别墅	全部18层小高层	全部11层小高层	33层高层＋小区中央公园＋下沉式商业街	18层小高层＋情景洋房＋联排别墅
	总容积率	2.5	2.5	2.5	2.5	2.5	2.5
财务指标比较	综合单方成本/(元/m²)	2671	2748	2773	2693	2701	2809
	单方净利润/(元/m²)	597	554	497	550	685	499
	项目净利润/万元	31481	29223	26183	28976	36094	26294
	项目IRR(内部收益率)/%	31.6	30.16	28.16	30	35.68	28.23

务必避免不成熟的调研和方案急于实施的情况，笔者曾经历的某住宅地产项目中，产品初始定位为 12 栋多层住宅。但在项目开发过程中，发现周边楼盘高层小户型公寓的市场接受度非常高。因此，将其中 6 栋普通住宅更改为高层小户型公寓，但由于项目已经开始施工，层高、电梯、公共大堂等均要进行更改，且需要重新进行规划报建，造成了成本的较大浪费。值得说明的是，产品组合分析需要大量的经验和成本、销售大数据的支持，所以并不适合规模较小的房地产企业。除了产品组合方案，同时应对路网布置方案、停车布置方案、

场地标高方案这三大方案进行优化和管控。如场地标高方案，要综合考虑景观、排水、周边环境的协调，注意生产工艺和运输的要求，同时尽量利用地形使场内挖填方平衡，增加土方利用率，以减少弃土的运输费用。笔者所经历的某项目中，就曾因设计调研不充分，未充分利用原地形地貌，导致超额的土方开挖和运输费用。

3. 产品级成本策划

产品级成本策划，工作重点是聚集成本的有效投放，最大限度避免无效成本或低效成本的产生。即强调"好钢用在刀刃上""花好每一分钱"。首先将项目成本划分为急需控制的成本项、影响客户体验的成本项、可通过前期决策优化的成本项、必须支出的成本项和调整空间不大的成本项，其中前两项为管控的重点，建立基于客户需求的产品分级体系。这个阶段的工作要点是，分析土地属性，圈定主打产品；根据产品特征，锁定目标客户；根据目标客户的关注点（价值排序），决定成本投放重点；善用规划指标，使货值最大化；根据客户定位，确定产品配置。

三、设计阶段无效成本管控措施

1. 设计优化

常规水准的设计在行业内已经相当成熟，但结合成本、项目收益的设计优化目前并未在行业内普及。然而设计优化必将成为降低无效成本的重要措施。根据项目实践，设计优化的措施及重点为：尽可能减少和科学利用地下面积；控制窗地比，减少开窗面，实现门窗节能并降低造价；降低外立面率，优化工艺设计；优化结构设计，严控结构性成本；精细设计使用功能，避免设计错误和不合理功能等。如，根据标杆房企的经验及笔者所参与项目的实际情况，设计阶段对结构性成本主要关注钢筋与混凝土含量、窗地比、地下室层高等指标，其中每一项的优化和改良，都会带来明显的成本节约，如表8-3所示。

表 8-3 结构性成本控制七大指标

设计指标	指标改良	成本节约/(元/m²)
标准层钢筋含量	1kg/m³	5.8
标准层混凝土含量	0.01m³/m²	8
窗地比	0.01m²/m²	5
地下室层高	0.1m	13
地下车位平均面积	1m²/个	12.5
地下室钢筋含量	1kg/m²	1.2
硬景面积比例	1%	0.59

2. 成本不均衡投入

成本不均衡分布，是指在产品成本层面，对敏感性成本应基于客户视角重点投入，功能性成本强调与工程匹配，合理使用，结构性成本在保障安全的前提下进行严控的不均衡投入策略。根据众多房企敏感性成本投放的经验总结，对客户购买具有决定性影响的成本约占总成本的20%，企业对敏感性成本的管理就是要在客户感知度最高的这20%成本上下功夫。笔者所在公司曾基于客户视角，总结出敏感性成本的七大关键部位，即住宅室内精装、景观工程、门窗、大堂及电梯厅精装、外立面、栏杆、防水。以景观工程为例，绿化面积和投放总成本一定的条件下，最终景观效果也会存在很大的差异。例如，景观不一定要比奢华、比格调、比点睛树，笔者曾参观过某标杆企业已完工的住宅小区，该小区无一棵大树、无奢华水景，但整个小区景观的整体感觉非常不错。这就要求运用景观成本的二次不均衡分布策略。首先，针对景观成本按照软景、硬景、水景的比例进行合理筹划，完成第一次的景观成本不均衡分配，该比例可以基于历史项目的经验，也可以基于对竞品楼盘的踩盘；其次，需要对软景、硬景等的下一级成本进一步细分，如软景可以再细分为大乔、小乔、大灌、小灌、草坪，根据历史最优经验或标杆企业的项目数据来确定其各自占比；最后按照小区的不同区位和产品建筑的不同部位，对景观成本进行合理分配，进一步明确植被的间距、密度等，从而从最细节的层面固化园林景观的效果。在这个过程中，注重技术与经济相结合进行成本优化，如注意某些植被与建筑功能、设施的协调性，注意苗木价格的突跳点等。

3. 限额设计

限额设计是按照"按成本设计"的理论、思想和方法进行的。主要目的是设计出既有合格性能，又经济实用的产品。其重点在于将目标成本分配到分部、分项工程中，进行比较、限额设计。限额设计是通过优化设计和设计方案比选，对各种方案的成本进行核定，以达到事先控制成本造价的目的。在成熟的房企管理实践中，已形成了较为成熟的成本限额指标和指标选用、确定方法。在实践中有以下关注点。

（1）必须确保提出的限额指标科学合理，充分体现"结构性成本严控、功能性成本合理，敏感性成本增强"的理念，贯彻落实于各阶段成本测算和目标成本内。参考行业内的成本大数据，或引用标杆企业相关资料，并在实际应用中逐步完善。

（2）依照"利润-成本倒逼法"，反向推导、细分出（可供各设计工种使用的）成本配置，即成本限额指标或配置标准建议，以此指导设计，实现成本预控。如条件成熟，应由设计与成本管理部门共同负责制定、固化限量设计标准，涉及客户敏感性成本的配置标准须销售部门介入。

（3）将限额指标在任务书以及合同的设计中予以明确，约束设计单位重视设计的经济性。将限额指标作为过程控制和设计奖罚、履约评估的主要依据。在设计过程中同步进行成本测算、评审与验收。

4. 图纸会审

图纸会审是设计成果的最后一道关口，是精细化管理的重要措施，需认真对待。图纸会审应由设计部门牵头，组织工程、成本、物业、施工单位共同参与，最大限度避免图纸的设计错漏、各专业矛盾、深度不足等原因产生的无效成本消耗。根据历史经验，把容易出问题的要点进行梳理罗列，把确定正确的做法明确下来，指引图纸会审的全面性和细致性。有条件的甚至可以引入BIM（建筑信息模型）进行碰撞检查或模拟施工。

四、招投标阶段无效成本管控措施

1. 选择优质资源

房地产企业，从某种意义上来讲属于资源整合企业，所以资源的选、用、育、留对成本的影响非常大。招标阶段无效成本管控的关键在于合作单位的选择，而非合约价格的谈判。优质资源选择工作重点及管控措施如下。

（1）做好供应商入围的规范管理。供应商入围必须遵循三大原则。一是达标原则，即所有入围单位的各项条件必须符合招标文件要求，这是保证供应商质量的基本门槛和必要条件。二是竞争原则，尽可能形成充分的市场竞争，以选择出相对最优的供方。如邀请招标的有效投标人必须大于等于 $3N+1$（N 为实际需要的供应商数量）。三是新人原则，如确保入围名单中有 30%~40% 以上的新供应商，规避串标，整体上确保招标过程的良性竞争。尽量避免直接定标，直接定标的工程多数是出于企业内部推荐或个别决策者的利益联合。虽有便于管理等优点，但存在价格偏高、滥用补偿费用、利益交换等风险。

（2）明确入围考察的职责分工。杜绝对入围单位的考察流于形式的情况，应明确各个岗位的考察职责分工，保证各部门能出具专业的意见供决策者参考，而不是提供一个含糊其词的意见"请领导决策"。充分考察入围单位的各方面条件，避免单纯采用低价中标原则所带来的工期拖延、工程质量低劣的不良后果，避免造成无效成本增加。

（3）引入"优化设计＋施工"，在某些专业分包领域，为积极发挥供应商的专业能力，实现合作共赢，可引入"优化设计＋施工"的招标模式。其应用范围包括：基坑围护、超高层、钢结构、幕墙、泛光照明、园林绿化等。

（4）应避免只注重管理制度、流程，而忽视招标采购的经济效果。

（5）重视互联网招标采购。可关注并尝试利用跨企业的采购联盟、各类采购平台、发挥其规模效应，实现集中采购。

（6）深耕现有供应商、开拓未来供应商。招标投标是资源选择的一大利器，但它也有其局限性。招标投标本质上是一种"猎人模式"，即以单次博弈为主，从众多供应商中优选"猎物"，会存在成本高昂、因信息不对称产生的重大偏差等风险。基于这种认知，可以发展战略采购、培育供应商等模式，即"牧人模式"，对现有优质供应商进行培育，形成长期且稳定的合作关系。但仍应适时引入竞争，充分保持其价格和成本优势。

2. 合同标准化管理

合同标准化是任何一个卓越的房地产企业快速扩张的管理利器。合同标准化是指基于合约规划，梳理出需要固化的合同清单和具体的合同模板，以规避合同风险、降低无效成本、提高审批效率。具体做法上分三个步骤：范围规划、模板编制、应用控制。其中模板编制是专业化程度最高的部分，可借鉴标杆地产同类合同模板，根据本企业历史项目出现的合同漏洞、纠纷、争议进行梳理总结，在合同模板中进行"补丁升级"，并定期分析、优化，形成循环进步的管理闭环。

五、施工阶段无效成本管控措施

施工阶段的无效成本产生的原因主要为施工准备不充分、施工组织不力、现场管理不到位、指令失当、随意变更、施工质量管控不严等。由于房企是资源整合型企业，因承包商管理问题导致的无效成本可以通过合同管理转移给承包商来消化。对房企来说，本阶段的无效成本管控主要从精细化管理方面着手，重点应做到以下几个方面。

1. 施工组织及协调

首先应做好施工时间节点管理及施工界面协调工作。项目现场承包商众多，各专业交叉施工较为常见，各自都存在工期压力和施工作业面的需求。如果协调不力，将会产生大量无效成本。如笔者曾参建的某住宅项目中，由于施工场地狭小，前期计划不周，导致各专业施工队伍同时进场施工，施工组织协调难度较大。项目在施工过程中产生了大量签证费用，工期也受到影响。据测算，仅仅土方转堆、材料二次搬运两项额外增加费用就超过了100万元。

2. 施工管理的成本意识

如使用周期短的临建设施，应降低标准、满足基本需要即可；压缩工期应进行经济分析和评估，杜绝非关键线路的赶工费用；交叉施工现场应做好成本统计、分摊工作，将水电费、垃圾清运费等及时进行分摊，避免事后无法分摊只能由甲方承担；加强甲供材管理，如出入库、核销统计等管理工作；回收利用可重复利用的材料、设施、临建等。

3. 质量管理

质量管理是房企在施工过程中的难点和痛点，因质量问题导致的返工、维修、加固补强、业主赔付等费用尚可明确统计，但因质量问题造成的口碑下降、影响销售的危害却是无法估量的。质量管理工作必须形成管理体系，对承包人进行全程监控和考核。对历史产生的质量问题投诉进行统计分析、分级分类，研究后续工程的改进措施，将敏感质量问题控制在较小范围内。

4. 变更及签证管理

变更管理应遵守一单一估、一月一清、时间限制这三大原则。即每份设计变更、技术洽商、现场签证单均应有预估金额，且预估金额应分别对应相关工程合同；每月应对上月所有发出的变更、洽商、签证单进行核对与梳理；实行严格的时间限制，禁止事后补办签证与索赔。其中时间限制这条原则在实践中最难实现，可将变更签证的分类、结算原则、流程都在合同中进行详细约定，加强承包人对合同变更执行的配合力度。

5. 合同管理

做好对承包人合同范围内的交底、培训、考核等动态管理工作，使履约情况保持在可控状态之下；尽量避免随意切分合同、剥离施工内容转包于其他单位；做好质量问题的记录、通知整改、落实维修费用等工作；在可控范围内，合理安排工程进度付款，避免毫无节制地拖延进度付款，加强双方契约精神与合作意识。

6. 加强各部门的协调沟通

促进业务部门协同工作，降低无效成本产生的概率。

六、预结算阶段无效成本管控措施

1. 提升预结算工作的专业水准

如选用经验丰富的专职预结算人员，并定期进行专业讨论及培训；严格落实预结算二级乃至三级复核制度；建立完善的询价渠道，准确把握市场价格信息，减少因信息不对称造成的成本增加。

2. 预结算工作的精细化管理

应严格落实预结算工作的过程控制，把握其可追溯性。加强进度款审核，对进度款不能只停留在"预估""暂付"的认知水平；要求预结算过程中的底稿均应留存，每一个单据和数据均应有充分依据；实行精细化考核制度，对预结算成果的提交时间、精度进行考核，对出现的失误或错误按性质进行分类分级；从制度上杜绝预结算营私舞弊、利益交换等违纪行为。

3. 对造价咨询公司进行科学管理

现阶段多数房企会将预结算作业外包于造价咨询公司，其优点是造价咨询公司具有专业优势，但也存在因其自身利益考量而损害房企利益的现象，所以必须进行科学管理。应优选口碑良好、内部业务质量控制严格、配合度高的造价咨询公司；在合同中进行预结算成果文件的质量约束，并实现专人对接、过程评估、事后考核等手段；对结算审费用进行合理控制或转移。如笔者曾参与某项目共计10栋高层的总包结算，支付给咨询公司的审核费用合计高达540万元，主要原因是总包单位送审结算时高估冒算、申报各项合同约定不予计取的或暂未明确的大额补偿费用。经分析对比，如能对该项目的各总包结算由本公司进行初审，对各项大额补偿费用事先与承包人达成一致后报送咨询公司的话，可节省审核费用高达200万元。

七、销售及财税筹划阶段无效成本管控措施

1. 销售阶段无效成本管控措施

营销需求是一个放之四海而皆可用的理由，然而就是我们身边经常出现的"我认为这是营销需求，这是卖点"的情况，正在造成大量无效成本的投入，正在不断蚕食着项目利润，要避免类似事项发生，有几点要做好。

（1）术业有专攻。每个职能专业都有各自擅长的领域，切不可"把自己的爱好当成专业"，务必先把自己的本职工作搞清楚再去涉猎别的专业。当然不是说要壁垒管理、本位工作，如果遇到自己认为有必要的建议也是要提的，但是涉及项目卖点、营销需求的事情还是以营销主管部门的意见为准。

（2）充分交圈。很多"营销需求、项目卖点"的出发点是好的，也是真心想把项目做好，但问题是很多时候这些好的出发点只是自己的想法，浪费了大量的人力、物力后才发现原来自己认为的这些做法根本不是营销部门的需求，很多时候经过讨论认为必须上的配置，其实营销压根就不需要。解决这一问题的方法其实很简单，在有这些想法之初就跟营销确认，这些想法，这些配置到底是不是营销需要的，如果的确是卖点那么就继续深化，如果不是就要及时刹车。

（3）清晰动机。人在做任何事情的时候都有目的性，有时候目的性很明确，有时候却很模糊，但无论如何都是为了达成某种目的。当做某项工作，面层的目的是营销需求或增加项目卖点，那么就要深度剖析一下，到底这是不是根本目的。

如果通过分析还是认为是为了营销需求及增加项目卖点，那么不妨跟营销的同事沟通一下。就像某项目中做泛光照明设计的工程师，他可能模糊的目的是增加项目卖点，但底层的目的却有可能是为了做个作品出来。

（4）标准化。标准化的目的不是简单的复制，其最大的价值在于，标准化的过程是各职能充分交圈的过程，不同的定位对应不同的客户，不同的客户对应不同的配置，不同的配置对应不同的成本。

标准化的过程可以多投精力，多花时间，这些都是值得的，只有标准化做好了，才能尽可能地避免特殊事项发生，才会减少无谓的成本投入。

2. 财税筹划阶段无效成本管控措施

（1）熟悉有关的法律法规，合法合理开展税务筹划。我国与税务筹划相关的政策法规层次多、涉及面广，特别是税收政策，常常随着经济情况的变化和税制改革的需要而不断修正，这为企业的税务筹划带来了一定的困难，为此，企业应充分利用先进的计算机网络建立起一套适合自身特点的税务筹划信息系统，及时了解税务筹划相关的政策法规信息。

（2）总揽全局，避免片面性风险。税务筹划的目的是减轻税收负担、提高税后利润和企业价值最大化，税务筹划需要耗费一定的成本，同时还涉及其他相关主体的利益，所以，企业需具有全局观，才能尽可能地降低筹划风险。税务筹划的相关要点如下：

① 提高筹划人员的专业素质。筹划人员是税务筹划方案的设计者和实施者，对税务筹划的顺利开展作用重大。一名合格的筹划人员需要满足专业知识、统筹谋划能力、实践经历三个方面的要求。

② 充分考虑到各税种之间的关系，减轻整体税负。企业所缴纳的各种税收具有关联性，比如在计算企业所得税时，营业税、城建税等可以作为成本费用在税前扣除，只有全面考虑到各个税种之间的关系，所选择的筹划方案才是最佳的，才会在最大程度上减轻企业的整体负担。

③ 充分考虑到筹划成本，进行成本收益分析。企业在进行税务筹划应进行成本收益分析，既要考虑税务筹划的直接成本（人力、财力、物力），又要考虑到税务筹划的间接成本。只有当税务筹划的收益大于成本时，才有必要实施税务筹划。

④ 考虑到相关主体的利益和特殊情况。税务筹划不仅仅是纳税人自己的事，有时候还涉及交易对方的利益，如果仅关注自身利益而忽视了对方的利益，很可能遭到对方的抵制和反对而导致税务筹划失败。

（3）充分了解内外环境变化，将内部控制和外部控制相结合

① 内部控制要控制成本，要对筹划人员的专业素质进行控制，在成本收益分析的基础上，选择最优的方案。

② 要充分全面地了解企业所处的经济大环境，充分了解税收法律法规。

③ 企业应该加强与关联交易方之间的沟通，做到经营环节上的顺畅，通过合理的税务筹划既使自己得到最大利润，同时不损害其他企业的利益。

（4）加强与税务部门之间的联系

与税务部门加强联系将带来以下收获：

① 可以及时获悉最新和最准确的税收政策信息，方便企业进行涉税处理和对税务筹划进行必要的调整，以确保企业税务筹划的正确实施；

② 可以得到税务部门的指导和认同，大大降低风险；

③ 可以树立良好的形象，从而获取税务部门的信任。

八、结论与展望

1. 无效成本管理小结

综上所述，无效成本管理是一项实务性很强的复杂工作，需要一整套完整的管理思路和管理体系。其中，最重要的就是知识管理和经验管理。在知识管理方面，尊重专业，将价值工程方法运用到项目定位、策划、设计，甚至招采和施工方面；在经验管理方面，总结分析历史项目的成本构成，将无效成本剥离出来，形成各环节、各部门、各级别的明细表单，运用目标成本管理、合约规划、合同管理、动态成本管理等手段对其进行重点管控。最终目的是通过成本管理乃至项目管理的精进，实现项目收益的提升。

2. 无效成本管理的未来展望

面对行业的迅速发展、技术和管理的不断革新，笔者对无效成本管理的未来有以下几点展望。

（1）专门从事设计优化的顾问公司将逐渐兴起，传统的设计公司已不能完全适应现阶段房地产企业的发展需求，需逐步转型为"从设计降成本、向设计要利润"的层面上来。

（2）BIM、PM、云计算、人工智能等新技术在工程设计、施工总包管理中的应用，将大量降低成本管理人员算量、变更估算、进度款审核的工作量，使得成本管理人员能抽身出来完成更多有价值的事前控制工作。

（3）传统成本管理人员必须革新自身专业知识和技能，使自己兼具专业能力和跨专业协同能力，将成本管理的关注点从成本端的内部，扩大至各专业间的协同、价值管理和项目开发建设的全过程管理上，从而提升专业价值和话语权。

（4）21世纪初成本管理的目标是通过信息对称"消灭（供应商的）不合理利润"，目前成本管理的目标是通过精细化管理"消灭不合理成本"，未来有可能通过共享经济、技术革新等"消灭合理成本"。

第二节 标杆房企无效成本管控机制及方案

一、无效成本的管控方案

本节所述无效成本管控方案的使用范围为已初步具有无效成本专项管理能力，并已建立或拟建立三级成本储备管理机制的房企。

(一)无效成本的管理目标

首先,实现对无效成本的总金额及各合同的金额的统计和掌握;其次,单方成本分析能够灵活做到包含与剔除无效成本的两种分析口径;最后,无效成本实时统计能给决策者辅以所需的相关数据,减轻一线成本管理部门的工作压力。

(二)梳理成本科目,理清成本预算指标管理口径

按照系统性、分阶段、例外性三个原则梳理成本科目,如表8-4所示,从源头上对无效成本单独把关与监控。

表8-4 系统性、分阶段、例外性三个原则要点列表

原则	成本科目
系统性	覆盖价值链的全成本管理,从土地获取到项目竣工交楼
	从集团或公司层面统一成本科目体系
	区分成本、费用、与成本无关的资金支出,例如:"三费"单独列管,"新型墙体基金""散装水泥基金""工人工资保障金"等预先交纳,事后回收的资金支出可将利息支出纳入成本科目中体现与列管
	考虑成本支出对象合并或细分相关科目,例如:"桩基础"与"施工费"尽量合并成为一个科目,通水、通电、平整土地成本因支出对象不同可以细分为三个不同的科目
	根据相同成本性质归类细分二级或下级子科目
分阶段	尽量按照开发价值链先后顺序编列一级科目,例如:土地获取及税费、前期成本、规划设计成本、报批报建成本、工程施工成本、工程后续成本
	特殊或重要成本或覆盖整个价值链成本项尽量单列成为一级科目,例如:期间成本、甲供材料成本、公建配套、市政配套科目作为一级科目
	多种不同的版本,逐步精进
例外性	考虑无效成本及例外不可预见成本的支出

在一级科目"不可预见费"中编列"无效成本"科目,单独列管无效成本,如表8-5所示。

表8-5 成本科目表

科目名称	科目归属	科目类型
[一]项目总成本	项目成本	—
[+]土地及税费	项目成本	开发成本
[+]前期勘察、工程费用	项目成本	开发成本
[+]规划及设计费用	项目成本	开发成本
[+]报建及报批费用	项目成本	开发成本
[+]工程与施工费用	项目成本	开发成本
[+]甲供材料费用	项目成本	开发成本
[+]公建配套费用	项目成本	开发成本
[+]市政配套费	项目成本	开发成本
[+]开发间接费用	项目成本	开发成本
[一]不可预见费	项目成本	开发成本
无效成本	项目成本	开发成本
管理储备	项目成本	开发成本
[+]管理、财务、营销费用	项目成本	开发费用

在不可预见费中,可界定出投资管理缺陷、规划设计缺陷、施工管理缺陷等造成的无效成本,并与项目过程中将各类具体缺陷相适配,如图8-1所示。

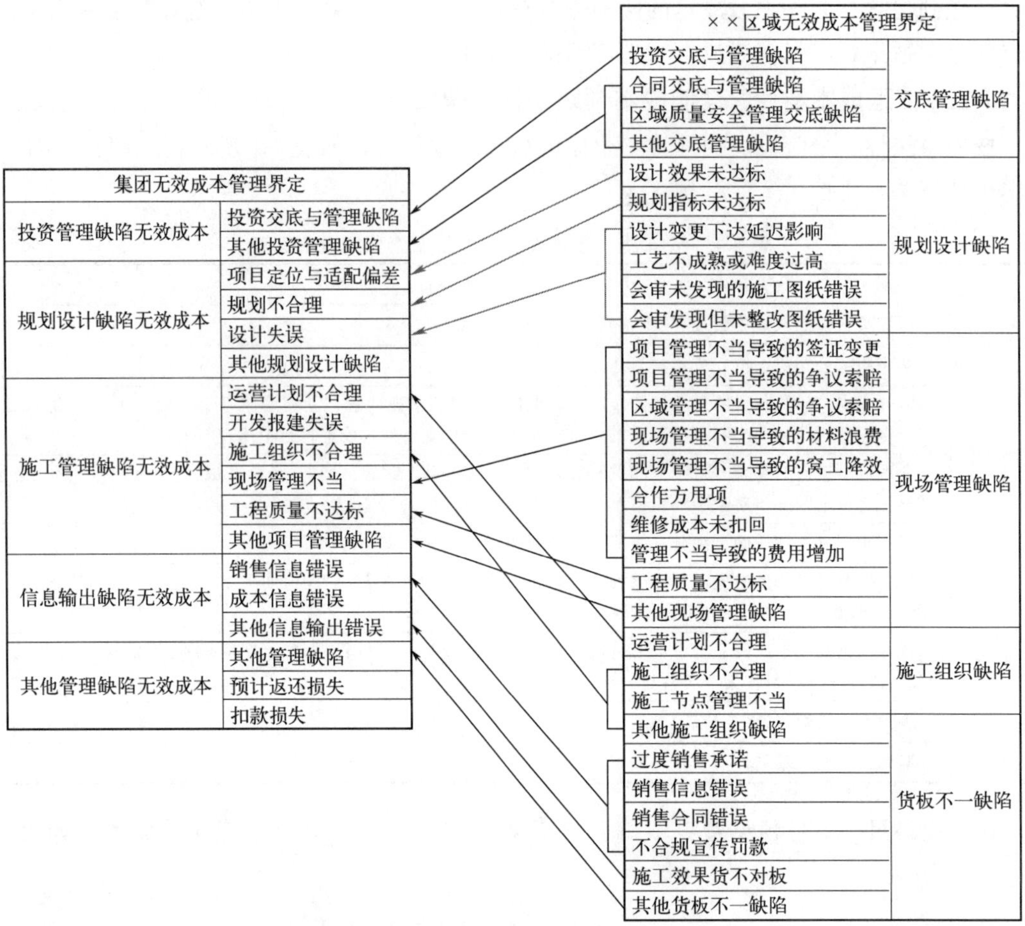

集团无效成本管理界定		××区域无效成本管理界定	
投资管理缺陷无效成本	投资交底与管理缺陷	投资交底与管理缺陷	交底管理缺陷
	其他投资管理缺陷	合同交底与管理缺陷	
		区域质量安全管理交底缺陷	
		其他交底管理缺陷	
规划设计缺陷无效成本	项目定位与适配偏差	设计效果未达标	规划设计缺陷
	规划不合理	规划指标未达标	
	设计失误	设计变更下达延迟影响	
	其他规划设计缺陷	工艺不成熟或难度过高	
		会审未发现的施工图纸错误	
		会审发现但未整改图纸错误	
施工管理缺陷无效成本	运营计划不合理	项目管理不当导致的签证变更	现场管理缺陷
	开发报建失误	项目管理不当导致的争议索赔	
	施工组织不合理	区域管理不当导致的争议索赔	
	现场管理不当	现场管理不当导致的材料浪费	
	工程质量不达标	现场管理不当导致的窝工降效	
	其他项目管理缺陷	合作方甩项	
		维修成本未扣回	
		管理不当导致的费用增加	
		工程质量不达标	
		其他现场管理缺陷	
信息输出缺陷无效成本	销售信息错误	运营计划不合理	施工组织缺陷
	成本信息错误	施工组织不合理	
	其他信息输出错误	施工节点管理不当	
		其他施工组织缺陷	
其他管理缺陷无效成本	其他管理缺陷	过度销售承诺	货板不一缺陷
	预计返还损失	销售信息错误	
	扣款损失	销售合同错误	
		不合规宣传罚款	
		施工效果货不对板	
		其他货板不一缺陷	

图 8-1 标杆房企无效成本管理界定系统

(三)构建成本管理三级储备机制

1. 成本的三级储备机制划分

成本的三级储备机制即管理储备机制、品质储备机制、项目储备机制。管理储备:在系统中建立一个固定科目来管理,通过科目授权控制,使用管理储备时将其先结转到其他科目中。品质储备:是公共的水池,为明确品质储备的来源,方便管理,应在每个科目中对该科目的品质储备进行管理,汇总则得到项目整体的品质储备金额。项目储备:变更在整个项目储备的总额内控制。

2. 构建成本三级储备机制的必要性

(1)项目越来越多,高度集权的模式下,项目运营效率出现瓶颈,此时项目、区域、集团应体现出对成本的合理分权。

(2)成本管理如何支撑客户经营的问题也是成本管理的一大重点,应考虑节约成本进入品质储备,提升产品品质与客户体验。

通过成本三级储备机制,可确保动态成本更加精准。

3. 如何构建成本的三级储备机制

（1）制订合理的成本三级储备管理权责，如表 8-6 所示。同时明确无效成本的管理职责和管理思路，如图 8-2、图 8-3 所示。

表 8-6　成本三级储备管理权责表

储备类型	用途	管理权限	管理价值
管理储备	不可预见费	决策层	严控超成本风险
品质储备	1. 余量与节约成本用于提升品质； 2. 一类变更（功能范围变化引起的变更）	业务审批会（区域总监、运营与预算管理部、采购与合同管理部、策划与设计管理部）	提升品质，好钢用在刀刃上
项目储备	二、三、四类变更（政策调整、设计缺陷、施工配合原因）由项目负责人审批使用	项目负责人（单笔 30 万元以下，总额 3% 以内）	在可控的范围内保证灵活性，提升项目开发效率

集团

- 负责制订和修编集团无效成本管理办法
- 线上对区域无效成本进行监控

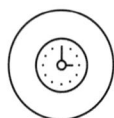

区域

- 区域成本部门制订无效成本管理细则，并统筹区域无效成本管理工作
- 区域各职能部门，配合区域成本部门做好无效成本的管理和数据信息的确认

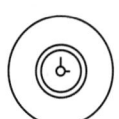

项目

- 项目总对整个项目的无效成本承责
- 项目成本岗组织和执行区域无效成本管理制度，并对无效成本进行录入

图 8-2　无效成本管理职责

■ **一般管理思路**
➢ 通过对开发全周期无效成本进行监控，对生产原因、责任主体、归属类型进行分析总结，提升竞争力，加强全周期成本管控，防控无效成本发生，确保项目经营目标落地

■ **无效成本管理推进思路**
➢ 集团联动明源为区域开发无效成本管理工具，从合同端、签证变更端、费用支付端、结算端对无效成本进行监控和管理

■ **集团管控思路**
➢ 通过动态巡检、中期过堂会、集团巡盘、结算审核等对区域无效成本进行审核
➢ 发现故意作假或者故意不进行系统信息录入的，对区域成本负责人进行约谈或给予行政处理，情节严重报审计核查

图 8-3　无效成本管理思路

（2）按照权责，人为管控成本的变更及成本储备的动用。例如某项目发生某项变更，预估金额 10 万元，实际变更金额达 30 万元，该科目规划余量 15 万元，则该变更动用成本储备情况如表 8-7 所示。

走出房地产无效成本控制的困境：典型案例和控制要点

表 8-7 成本储备动用情况分析表

成本储备动用额	成本控制分析
耗用"项目储备"10 万	该变更原先有考虑→从合同预估变更金额中扣除
耗用"品质储备"15 万	合同预估变更金额不足→从规划余量中扣除
耗用"管理储备"5 万	规划余量扣除后余量低→系统预警→被动成本调整（从不可预见费结转）

（四）构建无效成本的管理模式

1. 管理流程

无效成本管理流程如图 8-4 所示，其中产品单方成本的分析可按照不同的指标口径分析，即按建筑面积分摊、按可售面积分摊、按占地面积分摊、不分摊等模式，支持不同视角的单方成本分析模式。

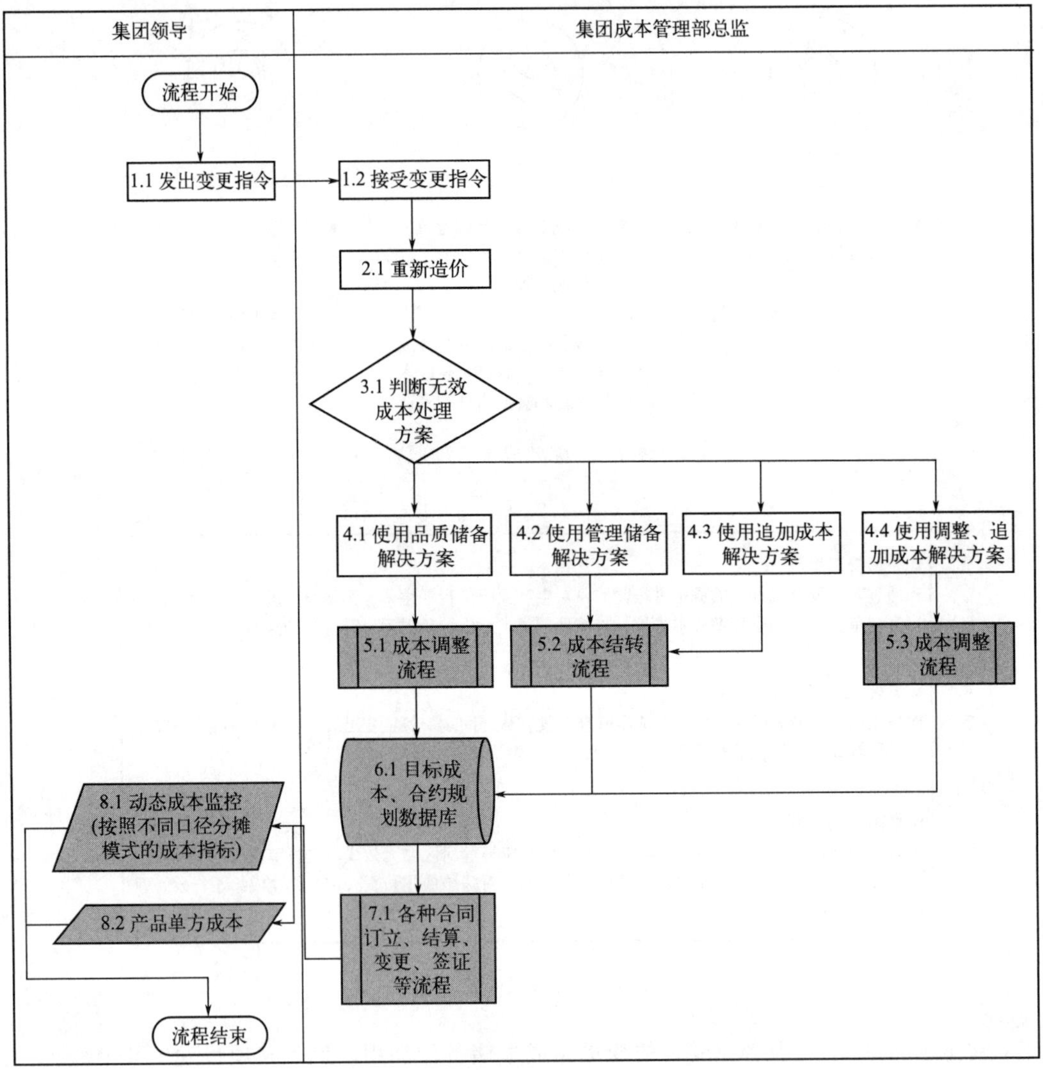

图 8-4 无效成本管理流程图

2. 流程输入与输出

流程输入与输出要求明细如表 8-8 所示，同时要注意：

①动用品质储备科目规划余量结转到无效成本科目时，要确保该科目规划余量不再被使用；

②目标成本申请调整、追加前一定要清晰说明调整或追加原因，完成后要拍照处理，便于不同版本之间的横向对比。

表 8-8 流程输入与输出要求明细

序号	步骤说明	处理方式	部门/岗位	输入	输出
1	1.2 接收变更指令	线下	集团成本管理部总监	变更指令	变更意见书
2	2.1 重新造价	线下	集团成本管理部总监	变更意见书	工程量清单
3	5.1 成本调整流程	线上	集团成本管理部总监	目标成本调整申请表	【目标成本】工作流
4	5.2 成本结转流程	线上	集团成本管理部总监	目标成本调整申请表	【目标成本】工作流
5	8.1 动态成本监控	线上	集团领导	—	【动态成本监控】查询视图
6	8.2 产品单方成本	线上	集团领导	—	【产品动态成本】查询视图

3. 无效成本确认

成本管控过程中，对产生的无效成本应在 1 个月内进行确认，并上传到审批流程。无效成本确认表如图 8-5 所示。

无效成本确认表

无效成本事件名称			无效成本分类	
项目名称				
所属合同编号				
施工单位名称或收费部门				
总成本/元	￥0.00	其中无效成本	￥0.00	
责任主体	主责部门		其他责任部门	
无效成本事件简述	事件问题：			
	评审意见： 区域成本管理部： 时间：			
责任部门负责人	年 月 日			
大区域负责人	年 月 日			
区域总监	年 月 日			

图 8-5 无效成本确认表

二、无效成本的解决方案验证

（一）品质储备验证法

品质储备验证法即将部分有规划余量的目标成本科目结转为无效成本并分解合约规划。案例：拆除现有普通围墙，重新修建带“马牙槎”围墙，合同金额为 15 万元。

方案执行前项目成本情况如表 8-9 所示，执行后如表 8-10 所示。

表 8-9 品质储备验证法方案执行前项目成本表

成本科目	目标成本/元	合约规划名称	合约规划/元	规划余量/元
项目合计…	254 150 000	—	250 000 000	4 150 000
不可预见费	300 000	—	0	300 000
无效成本	0	—	0	0
管理储备	300 000	—	0	300 000

表 8-10 品质储备验证法方案执行后项目成本表

成本科目	目标成本/元	合约规划名称	合约规划/元	规划余量/元
项目合计…	254 150 000	—	250 150 000	4 000 000
不可预见费	450 000	—	150 000	300 000
无效成本	150 000	—	150 000	0
—	—	旧围墙拆除及新围墙施工合同	150 000	0
管理储备	300 000	—	0	300 000

(二)管理储备验证法

管理储备验证法即将管理储备目标成本科目部分余额结转为无效成本并分解合约规划。案例:原有地下停车库人工入口栏杆为木质栏杆,为避免白蚁侵害,拆除后改建204不锈钢材质栏杆,合同金额为10万元。

方案执行后项目成本情况如表8-11所示。

表 8-11 管理储备验证法方案执行后项目成本表

成本科目	目标成本/元	合约规划名称	合约规划/元	规划余量/元
项目合计…	254 150 000	—	250 250 000	3 900 000
不可预见费	450 000	—	250 000	200 000
无效成本	250 000	—	250 000	0
—	—	旧围墙拆除及新围墙施工合同	150 000	0
—	—	地下车库入口栏杆拆除及改建合同	100 000	0
管理储备	200 000	—	0	200 000

(三)追加成本验证法

追加成本验证法即申请调整追加"无效成本"科目的目标成本并分解合约规划。案例:首层大堂装修重新改成木格栅抛光砖,合同金额为20万元。

方案执行后项目成本情况如表8-12所示。

表 8-12 追加成本验证法方案执行后项目成本表

成本科目	目标成本/元	合约规划名称	合约规划/元	规划余量/元
项目合计…	254 350 000	—	250 450 000	3 900 000
不可预见费	650 000	—	450 000	200 000
无效成本	450 000	—	450 000	0

续表

成本科目	目标成本/元	合约规划名称	合约规划/元	规划余量/元
—	—	旧围墙拆除及新围墙施工合同	150 000	0
—	—	地下车库入口栏杆拆除及改建合同	100 000	0
—	—	首层大堂地砖装修拆除、材料及施工合同	200 000	0
管理储备	200 000	—	0	200 000

(四) 混合验证法

混合验证法即申请调整原成本科目目标成本金额的同时,追加"无效成本"科目的目标成本并分解合约规划。案例:幕墙工程设计时采用的是单层固玻,合同签约金额为70万元,施工进行了一半,经上级指示临时改成双层固玻并抽真空,合同金额变更为100万元。

方案执行前项目成本情况如表8-13所示,执行后如表8-14所示。

表8-13 混合验证法方案执行前项目成本表

成本科目	目标成本/元	合约规划名称	合约规划/元	规划余量/元
项目合计…	254 350 000	—	250 450 000	3 900 000
幕墙工程费	700 000	××××	700 000	0
不可预见费	650 000	—	450 000	200 000
无效成本	450 000	—	450 000	0
—	—	旧围墙拆除及新围墙施工合同	150 000	0
—	—	地下车库入口栏杆拆除及改建合同	100 000	0
—	—	首层大堂地砖装修拆除、材料及施工合同	200 000	0
管理储备	200 000	—	0	200 000

表8-14 混合验证法方案执行后项目成本表

成本科目	目标成本/元	合约规划名称	合约规划/元	规划余量/元
项目合计…	255 000 000	—	251 100 000	3 900 000
幕墙工程费	350 000	××××	350 000	0
不可预见费	1 650 000	—	1 450 000	200 000
无效成本	1 450 000	—	1 450 000	0
—	—	旧围墙拆除及新围墙施工合同	150 000	0
—	—	地下车库入口栏杆拆除及改建合同	100 000	0
—	—	首层大堂地砖装修拆除、材料及施工合同	200 000	0
—	—	重新设计后幕墙工程追加合同量	1 000 000	0
管理储备	200 000	—	0	200 000

三、无效成本的管控方案应坚持的原则

（一）坚持四项基本原则

（1）事前控制原则：无效成本的发生采用事先控制的方式，即最大限度地优化方案设计、选择优质供应商资源、合理有效组织施工等，最大限度消除无效成本发生的可能。

（2）投资收益最大化原则：在无效成本指令发起时，接收指令的人员要充分考虑投资价值的最大化，针对变更方案要从正反两面反复论证，确保"好钢用在刀刃上"。

（3）限额设计原则：即在限额设计的指导思想下，避免无效成本的叠加发生与连锁反应，避免进一步扰乱本来就已经异常的经营与生产秩序。

（4）精准性原则：无效成本引发的目标成本的调整、结转、追加要精确反馈出动态成本的真实性，做到合理、有序、准确地反馈动态成本及产品单方成本。

（二）坚持过程严谨，不轻易动用储备

反对操作过程自由化，即未加严格分析而随意地动用成本品质储备与管理储备，造成品质储备与管理储备与当初规划严重偏离。

四、规避无效成本的有效措施

无效成本的管理，第一强调"事前策划"，第二强调"事中管理"。

一定要实行成本前置和全过程控制。在成本发生之前或在发生的过程中应多考虑和研究为什么要发生这项成本，应不应该发生，应该发生多少，应该由谁来发生，应该在什么地方发生。

提前对方案进行经济论证，给决策者提供最优的方案以供选择。决策后应对过程活动进行监视、测量、分析和改进，对于过程可能造成成本浪费的环节进行提前预警，避免无效成本的发生，如发生不可避免，也要将无效成本控制在最低限度内，避免给公司造成成本浪费。那无效成本到底该怎样进行有效规避呢？

（一）完善管理体系

1. 决策以数据为依据

避免没有依据或冲动的决策，一切决策紧紧围绕经营指标，在做决策时算一算项目经营指标变动情况，才更可能做出正确的决策。

2. 建立完善的成本管理体系

打造体系化全成本管理体系，以公司各专业部门从项目的前期入手，沿着设计、招标、合同、施工到销售的完整路径，同分公司管理层一起完成对设计费、工程费、监理费、维修费、管理费、营销费、赔付费用等各种费用目标成本的确定，并对实施过程中产生的设计变更及洽商等按合同、项目维度进行分析，判断出哪些是有效成本，哪些是无效成本，并按月按项目统计数据，通过动态的成本监控实现成本的有效管理。该成本管理体系可用图8-6进行示意。

3. 完善标准化建设，形成系统闭合的精细化管理

事前：关注设计阶段成本前置管控、标准产品、产品一体化。

事中：关注标准流程、责任成本、成本实测实量、强制审图、标准流程、BIM应用、专家委员会评审、成本策划书等方面，确定合理的施工技术方案及合理的工序，加强供应商考察，加大集中采购力度，严格执行现场签证制度。

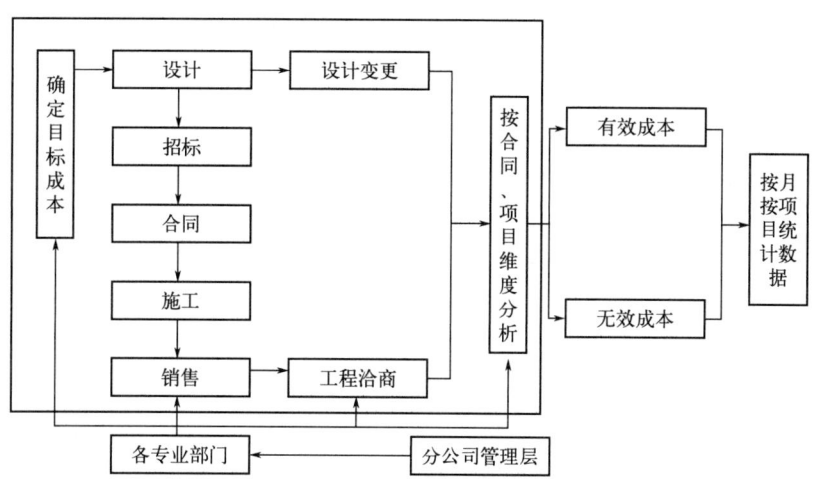

图 8-6 成本管理体系示意图

事后：关注后评估、数据库、案例库、培训宣贯等事项。同时引入无效成本信息化管控概念，其思路如图 8-7 所示。

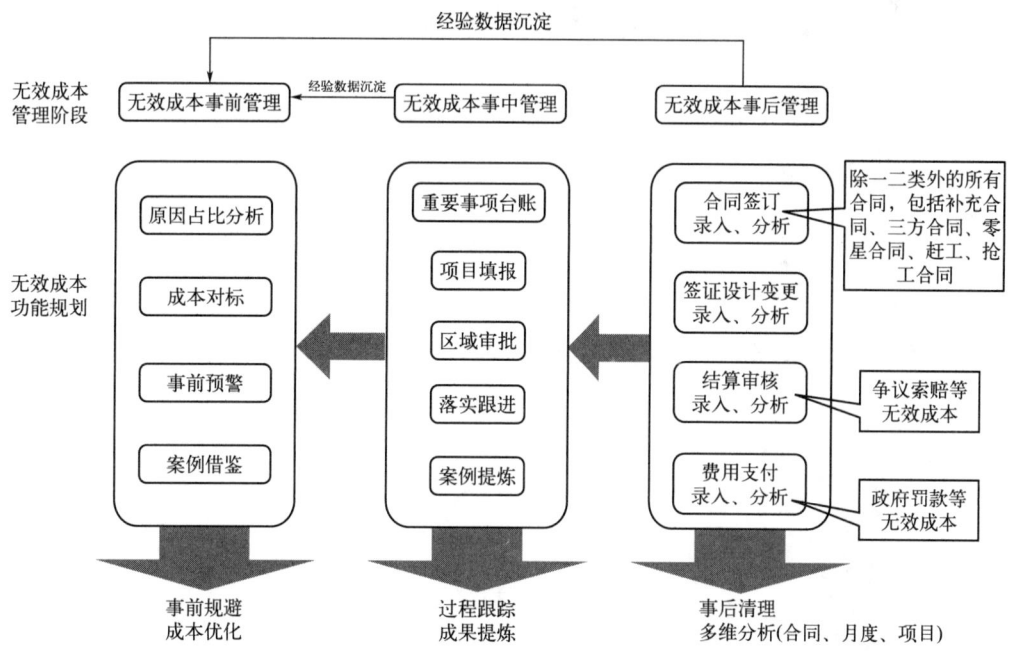

图 8-7 无效成本信息化管控思路

（二）无效成本承责机制

对于无效成本一定要严管理，严考核，对于无效成本造成较大损失的应予追责。

（1）明确责任主体：业务实施主体即为责任主体，对于出现重大无效成本的要给予处罚，具体无效成本事件具体分析，但一定要有责任承担人。

（2）隐瞒不报：如出现隐瞒不报的，要约谈对应单位的成本负责人，对于情况恶劣的进行薪酬罚款、行政降级甚至开除处理。

(3) 重大无效成本：视情况严重程度，联合公司审计部门核查，并对相关责任人进行处理。

(三) 无效成本的分析、发布

(1) 进行设计、方案审定、目标成本编制时，应根据对前期无效成本数据的统计分析，考虑通过努力减少导致无效成本的情况，以形成合理的成果。

(2) 通过对每单结算（包括合同和签证变更）及非合同性成本进行分析，提炼无效成本数据，建立无效成本案例库，指导后期工作。

(3) 定期（每月或每季度）向公司管理层和各部门通报无效成本动态信息、做出比较。

(4) 如图 8-8、图 8-9 所示，根据对无效成本产生原因的分析，提出工作改进建议。

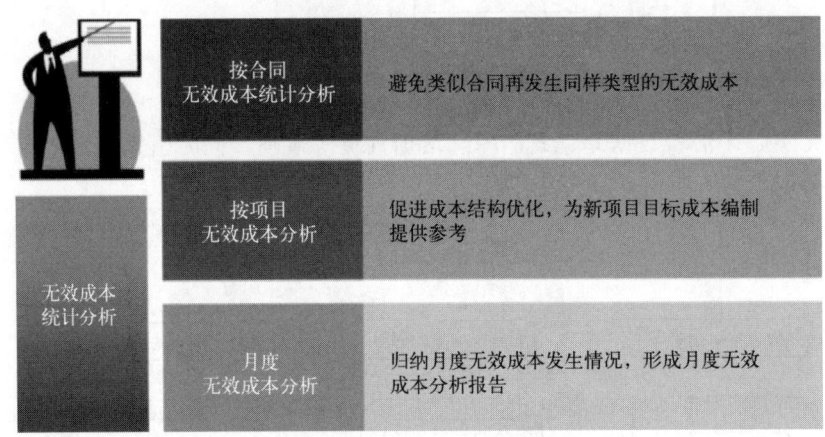

图 8-8 无效成本分析示意图

◆ 业务事前环节，对无效成本产生原因占比进行分析，以方便快捷地查询无效成本情况，提前预警预防，进行成本优化。

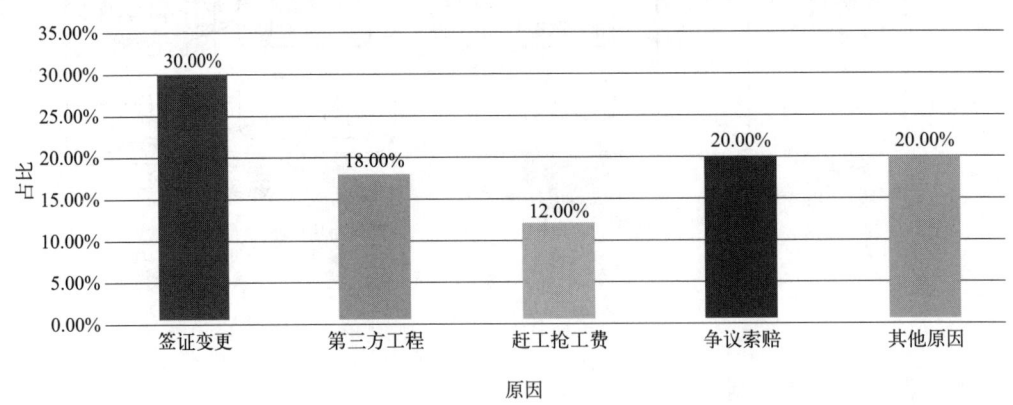

图 8-9 无效成本原因占比分析

(5) 建立无效成本自查机制。结合公司以往无效成本情况并结合标杆企业经验，形成企业的无效成本自查表，可以对业务进行指导和自查，如表 8-15 所示（节选）。

表 8-15 无效成本自查表（节选）

序号	项目名称	公司统一标准	
		是否执行	备注
一	前期方案阶段	—	
1	关注不同方案比较	√	方案设计阶段，多配合设计进行方案比较，选择合理、经济、适用的方案
2	公建配套面积(按最新的公建配套面积计算)	√	—
3	地下室层高 3.6m	√	
4	地下室底板结构找坡	√	
5	地下室布置方式；地下室顶板出地面 1.2m 以内最经济(不需要计算容积率)	√	
6	每个车位面积按集团对标要求考虑	√	
7	人防面积符合规定	√	
8	消防车通道布置形式	√	
9	外立面风格(必须明确外立面风格及本体系内开始时使用的楼盘)	—	
10	体形系数	√	
11	集团对标	√	
12	节能方案(是否只有东西墙采用内保温砂浆)	√	
13	标准做法统计(铝合金门窗、阳台栏杆、楼梯栏杆、窗护栏)	√	
二	土方工程		
1	项目部是否提供方格网图(要求第三方测量单位)	√	

五、改善无效成本管理应改善观念和完善制度体系

2021 年是"三道红线"实施元年，由此给房地产企业经营思路、管理模式带来了根本性的变化，迫使房地产企业开始考虑管理升级。过去，房地产为增量市场，房地产企业共同做大蛋糕。但在房地产的下行市场，利润增长压力增大，房企之间面临赤裸裸的拼刺刀竞争，房企进入"管理红利"时代。对于成本管理而言，随着行业的不断发展成熟，成本管理体系、管理措施趋同化程度越来越高，在这个"管理红利"的时代，房地产企业成本管理的根本竞争力在于是否能够最大程度规避无效成本。

有效成本是能够形成有效产品所必需或能提升价值、提升总体收益，对促进营销有积极作用的成本。无效成本是项目开发过程中由于管理失误产生的成本增加。换句话说，无效成本是项目实施过程中产生的对形成产品、提升价值、促进营销没有作用，无法获得客户认同和补偿的费用，属于浪费的成本。一般项目的成本现状如图 8-10 所示，可以看出，对于"无效成本"的管理越到位，越能享受"管理红利"，这是真金白银的利润，更是企业竞争策略下的护城河。

1. 无效成本多的企业的共性

需要注意的是，无效成本不仅仅是表面呈现的浪费，如反复拆改，图纸错漏碰缺等，也

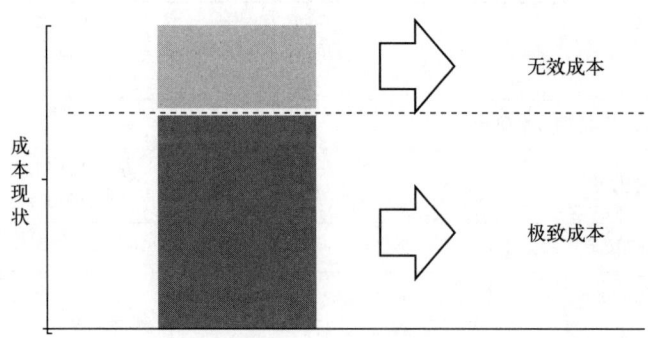

图 8-10 成本现状示意图

包括由于工作失误带来的决策浪费、机会成本增加，等等。一个企业无效成本的多少，可以直观地反映出企业的管理水平。无效成本多的企业具有以下共性：

(1) 凭感觉决策，用话语权决策；
(2) 方案过度保守，自留空间过大；
(3) 各自为政，不考虑整体影响，消耗大；
(4) 超标无预警、浪费严重；
(5) 跟踪考核滞后，关键问题走形式；
(6) 权责利不清，也不对等；
(7) 随意切分合同界面，增加管理难度，责任无法追溯；
(8) 违规照顾自家关系和利益。

2. 控制无效成本的要点

无效成本管理是一项实务性很强的复杂工作，需要一整套完整的管理思路、管理体系以及全员意识。在地产下行周期，房企顶层设计尤为重要，尤其对无效成本的重视应提上日程，向深层次要利润，这也是当下各房企正在积极做的事情。想做好无效成本的控制就要做好以下几方面：

(1) 管理体系、标准化的完善；
(2) 事前分析，事中跟踪，事后管理；
(3) 细分各阶段可能产生的无效成本；
(4) 进行无效成本原因分析并形成案例、风险清单；
(5) 建立无效成本管理职责以及承责机制。

以上动作的最终目的是通过成本管理乃至项目管理的精进，实现项目收益的提升。

第三节 标杆房企全阶段无效成本控制要点总结

笔者介绍的标杆房企，其盈利能力与利润率常年位列行业前三，引得无数房企跟风学习，其取得成就原因无他，企业经营犹如居家过日子，只有增收与节支并行，日子才能过得富足。为了使大家学到精髓，本书特整理了标杆房企对比无效成本的有效方法，其全阶段无效成本分析示意如图 8-11 所示，全阶段无效成本控制点见表 8-16。

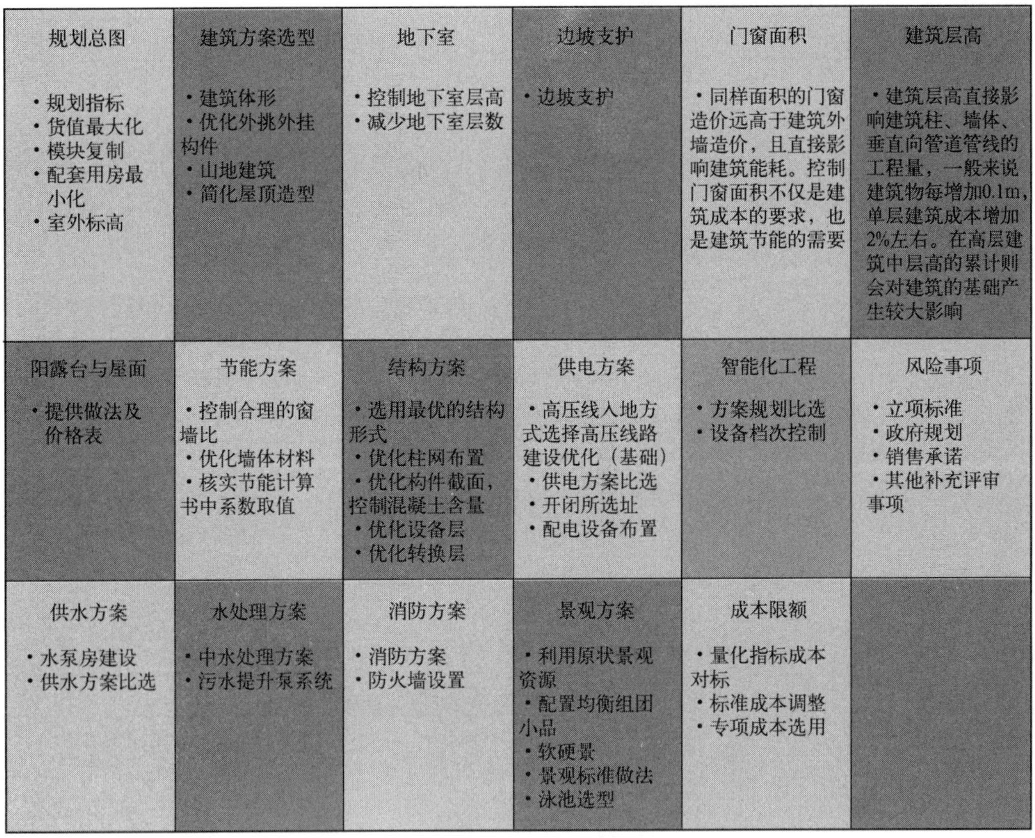

第八章 标杆房企无效成本管理措施及方案

规划总图	建筑方案选型	地下室	边坡支护	门窗面积	建筑层高
·规划指标 ·货值最大化 ·模块复制 ·配套用房最小化 ·室外标高	·建筑体形 ·优化外挑外挂构件 ·山地建筑 ·简化屋顶造型	·控制地下室层高 ·减少地下室层数	·边坡支护	·同样面积的门窗造价远高于建筑外墙造价，且直接影响建筑能耗。控制门窗面积不仅是建筑成本的要求，也是建筑节能的需要	·建筑层高直接影响建筑柱、墙体、垂直向管道管线的工程量，一般来说建筑物每增加0.1m，单层建筑成本增加2%左右。在高层建筑中层高的累计则会对建筑的基础产生较大影响
阳露台与屋面	节能方案	结构方案	供电方案	智能化工程	风险事项
·提ழ做法及价格表	·控制合理的窗墙比 ·优化墙体材料 ·核实节能计算书中系数取值	·选用最优的结构形式 ·优化柱网布置 ·优化构件截面，控制混凝土含量 ·优化设备层 ·优化转换层	·高压线入地方式选择高压线路建设优化（基础） ·供电方案比选 ·开闭所选址 ·配电设备布置	·方案规划比选 ·设备档次控制	·立项标准 ·政府规划 ·销售承诺 ·其他补充评审事项
供水方案	水处理方案	消防方案	景观方案	成本限额	
·水泵房建设 ·供水方案比选	·中水处理方案 ·污水提升泵系统	·消防方案 ·防火墙设置	·利用原状景观资源 ·配置均衡组团小品 ·软硬景 ·景观标准做法 ·泳池选型	·量化指标成本对标 ·标准成本调整 ·专项成本选用	

图 8-11 全阶段无效成本分析示意图

表 8-16 标杆房企全阶段无效成本控制点

序号	阶段	无效成本控制点
1	前期方案阶段	方案设计阶段，成本提供专业意见，各种不同方案做成本对比分析，为公司决策提供参考意见
2		按规范建设的物业管理用房、学校、幼儿园等公建配套设施建筑面积满足规范要求下限即可，不超规范
3		地下室底板、顶板采用结构找坡，避免建筑找坡
4		地下室埋深越浅越经济，但外露超过 1.5m 时需计容，因此地下室顶板露出市政地面 1.5m 最经济
5		人防面积满足规范规定即可，不得超规范
6		消防车道尽量避免布置在地下室顶板上，以减小顶板钢筋含量，如无法避免，则应尽量减少消防通道的长度
7		关注建筑体形，体形系数越小越经济，方案设计时与设计沟通，力求简洁大方
8		社区会所的面积按规范或者相关文件要求的下限执行
9		关注地下车库轮廓线、车位效率、车位大小（以 2400mm×5000mm 为宜）、行车道宽度、柱间距、车位设置合理性(有无空间浪费及无效面积)、车库出入口开间等是否满足经济合理原则

续表

序号	阶段	无效成本控制点
10	土石方工程	项目部提供方格网图,两家测量公司(不得是土方施工投标单位)测量后确定土方工程招标清单
11	土石方工程	综合两家测量公司测量土方量后作为合同清单总价包干,中标单位须综合考虑工程量偏差,成本结算时不调整
12	土石方工程	土方平衡整个项目整体考虑,一期余方堆放在后期,尽量在项目内平衡,少外运,少购土回填
13	土石方工程	桩基施工图须经土方单位、桩基单位、项目部三方确认,确保场地平整标高与桩基础施工标高一致
14	土石方工程	大基坑开挖后、总包开挖前,标高图纸须经过总包、土方单位及项目部三方确认
15	土石方工程	后标段开挖土方用于前标段地下室顶板回填土方
16	基础工程	基础形式选择:优先选用天然基础,其次筏板基础、CFG 桩,再次预制管桩基础,慎用旋挖桩基础
17	基础工程	基坑支护施工前项目部必须对基坑支护方案进行经济性比选,提供会议纪要
18	基础工程	设置抗浮锚杆的,须第三方勘察,确定抗浮锚杆深度
19	基础工程	成本自行测算桩基承载力,力求桩基选型最经济。塔楼外地下室部分尽量采用单桩承台及 A 型桩。桩基施工前必须要求试桩
20	基础工程	关注打桩自然地面标高与方格网标高相差
21	基础工程	桩基工程成本控制按附件执行
22	基础工程	关注地质勘察报告中的强风化岩深度
23	基础工程	若砖胎膜与混凝土交接面需做防水,则只在防水层部分做抹灰,否则砖胎膜不抹灰
24	基础工程	设计规范约定,建筑物周围回填三七灰土,如现场实际未发生,则在预结算时,不再计取此部分费用
25	结构、粗装修阶段	严格控制集团各对标值,未满足对标要求或未通过集团审批的,开工报告成本不得确认
26	结构、粗装修阶段	关注地下室顶板、地坪找坡方式,采用结构找坡,禁止采用建筑找坡
27	结构、粗装修阶段	审图时注意设计图纸与工程做法保持一致
28	结构、粗装修阶段	砖砌体砌筑完毕后、抹灰前,要求现场工程师提供现场实际构造柱布置图,按项目部确认的图纸结算
29	结构、粗装修阶段	不带地下室的建筑首层做法:高层做结构梁板、别墅做混凝土地坪配钢筋网片
30	结构、粗装修阶段	严格执行《××公司标准做法》《防水做法》
31	结构、粗装修阶段	确保合同附图与样板房保持一致,有住宅公园的,确保住宅公园图纸与可售产品的施工蓝图一致
32	结构、粗装修阶段	关注墙体厚度:外墙和分户墙 200mm 厚,客厅和主卧室有剪力墙的墙厚为 200mm,电箱位置墙体厚度 200mm,其他隔墙为 100mm 厚
33	结构、粗装修阶段	地下室车库入口利用土方堆坡使车库入口高于室外道路,并在入口处做截水沟,防止雨水进入地下室。入口顶棚建议不设永久顶盖。入口未采用永久顶盖的,坡道下方设置截水沟
34	结构、粗装修阶段	所有砂浆均不使用防水砂浆
35	结构、粗装修阶段	地下室排水沟在结构层做好,不得在建筑层做
36	结构、粗装修阶段	外墙除有窗的墙体以外,其余墙体不做腰梁

续表

序号	阶段	无效成本控制点
37	结构、粗装修阶段	抗渗混凝土不使用 P8 等级
38		保温部位按照《××保温做法统一规定》执行
39		防水卷材应采用低温柔性为-20℃的卷材,避免采用低温柔性为-25℃的卷材
40		非地上部位使用的聚苯板材料应采用普通 16kg/m³ 的材料
41		如允许,将地下车库人防门变更为战时钢板封堵
42	公共部位精装阶段	地下室仅在车道部位做地坪耐磨层,优先选用锂基固化剂处理
43		地下室独立柱、独立剪力墙不抹灰直接刮外墙腻子,砌体部位或与砌体相连的混凝土构件先抹灰后刮外墙腻子
44		无特别要求,地下室天棚结构面直接交付使用,不做装饰
45		铝合金门窗、阳台栏杆、楼梯栏杆、窗护栏、百叶等按标准图纸设计施工
46		铝合金门窗招标前测算窗地比与目标成本比较,测算铝型材含量(型材是否采用区域 B 类标准),关注窗户分隔风格及开窗率,满足使用功能即可,保证经济性
47		关注铝合金栏杆扶手的铝型材含量及型钢含量,按标准化图纸设计施工
48		入户花园或电梯厅大门口外侧为防雨水,采用窗封闭,不宜用栏杆
49		干挂石材钢结构严格执行优化后的标准图纸
50		电梯机房窗户改为上悬窗
51		主体砌体施工前,要求设计门窗深化图确定,避免后期修改
52	室内精装阶段	木地板房间由精装修单位做水泥砂浆找平层,可增加平整度,控制费用
53		首置首改项目客厅出阳台部位不做石材门槛石,直接用瓷砖施工到位
54		橱柜地柜地面及背面不做装饰面,用水泥砂浆找平
55		衣柜底不铺木地板。先做衣柜,后铺木地板
56		卫生间洁柜背面墙不做饰面,用水泥砂浆找平
57		首置首改项目卫生间采用钢化玻璃隔断不采用围闭式淋浴屏
58		卫生间玻璃做磨砂玻璃,避免采用白玻导致后期需增加拉帘或者贴玻璃纸
59		同一个房间瓷砖必须保证同一批次,避免产生色差而返工
60		地面瓷砖施工必须预先排砖,用波打线调整,尽量减少裁砖
61		为减少胶粘,公共部位装饰面采用吸水率大于 0.5%的砖,不采用瓷质砖
62		木地板房间不做自流平,底面不做夹板打底,直接做在找平层及防潮层上
63		衣柜背面墙体只刮腻子不刷涂料
64		户内门加工前必须现场实量门洞尺寸,保证入户门与预留门洞尺寸相匹配,但不得因门洞尺寸过大而加大入户门尺寸,确保入户门尺寸最经济合理
65		管井门部位取消贴砖或者石材
66		公共部位安装工程精装修设计提前介入,穿管布线按照精装修图纸由总包施工到位,精装修单位仅负责安装灯具
67		室内安装工程精装修设计提前介入,水电管线按照精装修图纸由总包施工到位,精装修单位负责安装灯具及洁具,取消水电改造费
68		公共部分如果需做造型柱子,在总包施工时由总包砌砖或者钢筋混凝土浇筑,不采用钢结构完成
69		大堂墙面干挂石材厚度以 25mm 为准,不得超标

续表

序号	阶段	无效成本控制点
70	室内精装阶段	地面装饰为满足效果选用脆性石材的,事先必须与设计沟通,采用复合材料
71		大堂地面石材不宜采用脆性石材,避免开裂而增加处理费用
72		会所等卫生间瓷砖及石材采用灌浆黏贴,不干挂
73		室内天棚不抹灰,直接批腻子
74		消防楼梯间不做地面及踏步装饰,采用砂浆踢脚线
75		不上人屋面不做面层装饰。屋面女儿墙内侧不做外墙装饰
76		首层采用石材饰面,首层墙角不做石材装饰,采用绿植装饰
77	园建工程	铁艺栏杆审查设计壁厚,无特别要求不得超标
78		无特别要求,室外钢构件镀锌,室内钢构件不镀锌
79		泳池基础由有结构设计资质的单位设计,禁止景观单位直接设计
80		院墙或围墙按标准做法设计施工
81		为防止开裂,车行道饰面不用大块石材
82		别墅小院大门统一为 3.6m 宽
83		院墙只在入口局部使用石材饰面,其他部位做涂料,且绿化遮挡部位不得使用石材饰面
84		宽度不大于 6m 小区道路,庭院灯按单侧布置
85		执行泳池统一标准
86		别墅小院铁艺栏杆围墙不做基础,不做压顶,栏杆底部灌木掩饰
87		石材标准:铺装石材长边不大于 600mm,车行道 50mm 厚,人行道光面烧面 20mm 厚,其他面 25mm 厚。非展示区石材不倒角、不磨边。景墙贴面石材不大于 20mm 厚,景墙底部绿化遮盖处不贴石材
88		景观水景深度控制在 30cm。尽量避免较大面积水景,后期维护费用很高
89		室外景观给排水管网,按照计算公式复核管径大小
90	室内电气工程	按供电局配置要求复核各产品单位负荷容量及小区总负荷
91		就近寻找分接箱,尽量不做专线。必须做专线的项目计算总负荷容量,控制专线电缆截面
92		合并户型的,安装工程必须严格按照合并后设计施工
93		配电房应建在供电范围的中心位置,尽量控制供电半径,减少低压电缆的长度
94		配电房尽量选择在塔楼下方的地下室,不占用车位
95		满足当地供电局要求的情况下,尽量减少母线槽的长度
96		××供电局规定单台变压器容量达到 630kV·A,高压柜须采用断路器柜,供电方案设计前与当地供电公司沟通
97		有发电机的,应在低压室设置一段应急母排,为非消防重要负荷提供电源。实现低压柜处双电源切换,以节省电缆
98		规范允许的情况下,选择 TN-C-S 系统,减少五芯电缆
99		综合比选发电机配置方案,发电机容量达到一定数值后,配置单台发电机的成本较配置两台发电机的成本高。提前与当地环保部门沟通,在保证通过验收的前提下考虑地面排放,不考虑高空排放
100		水泵房靠近配电间,减少电缆用量

续表

序号	阶段	无效成本控制点
101	室内电气工程	逐一核对截面超过 70mm² 的电缆,确保负荷容量无过多富余
102		电缆耐火等级的选择应遵循经济、实用的原则,能用普通不用阻燃、能用阻燃不用耐火,避免使用低烟无卤电缆
103		高层住宅供电采用电缆+穿刺接头,不宜采用母线槽、分支电缆或电缆分接箱
104		分析桥架或电缆路由,确定最经济路由
105		高层户内箱回路设置标准:总开关带漏电、照明、插座、厨房、空调。小房间空调合并回路
106		别墅户内箱回路设置标准:总开关带漏电、照明、插座、厨房、空调。总层数超过三层方可设置分箱
107		电梯随机控制箱内已含轿厢照明、井道照明回路,电梯机房配电箱不得预留以上两个回路
108		仅在住宅主电缆末端设置一个浪涌保护器
109		高层户内不配置网络布线及终端,由电话终端连接网络
110		高层每户弱电进线管仅保留4根,一根 D25,三根 D20
111		楼梯间选用感应吸顶灯,不采用感应开关+吸顶灯
112		精装修 C 标开关插座配置标准,按文件严格执行
113		消防控制电缆芯数够用即可,无须备用
114		消防电线电缆尽量选用阻燃电线电缆,满足规范的前提下尽量减少使用耐火电线电缆
115		按普通槽式桥架、托盘式桥架、梯架按统一技术标准采购结算
116		设置临时变压器台账,在公司内统一调配临变并及时办理临变押金退还
117		提前与电信局、有线电视公司沟通,确定本项目是否需设弱电机房
118		执行室内配电箱统一标准。注意商铺配电箱只配置总断路器,不设分开关
119		周界防越系统满足使用要求即可,避免采用电子围栏
120		不设计避雷小短针
121		避雷带最大规格 10mm,不采用超过 10mm 的避雷带
122		照明尽量采用 LED 灯
123		电井内不做任何装饰面层,除抹灰外
124		电气工程(包括消防工程)均采用 PVC 管材,不采用其他金属管材
125		厨房插座避免设置在燃气管道周边 30cm 的范围之内
126		原则上不采用 EPS 电源供电
127		仪表均采用机械式,避免采用数显
128		与设计院和质检站沟通,塑钢窗不做门窗接地
129		卫生间等电位端子箱设计时尽量靠近插座设计
130		桥架支吊架间距及采用角钢的规格型号按标准化文件设计施工
131		审核电缆及电缆桥架、给排水管道图纸时,虽规范约定"不宜"穿越人防区,但考虑到实际设计及施工要求时,可以穿越人防区,以避免材料浪费
132		航空障碍灯设置并非强制性条文规定,可不设置
133		非消防桥架避免使用防火处理

续表

序号	阶段	无效成本控制点
134	室内电气工程	背景音乐和消防广播合用一套系统(特殊项目及酒店除外)
135	室内电气工程	闭路监控系统的电视墙中仅保留一台42英寸液晶显示器作为调用器使用;其他监视器统一设置为21英寸监视器
136	室内电气工程	闭路监控系统在水泵房、配电间等设备用房只需要设置入侵探测器和电子巡查系统,不需要设置摄像机
137	室内电气工程	其余监控按照技防办最低要求设置
138	室内电气工程	在低端项目不配置停车管理系统
139	室内电气工程	停车管理系统在中端项目由小业主自行购买远距离卡,近距离卡每户配置不超过3张,低端项目不配置
140	室内电气工程	弱电所用管材在室外管材出路面及基础下方管材采用钢管,其余采用PVC管
141	室内电气工程	信息布线箱在精装交付配置通信模块;毛坯交付不配置,但预留足够空间
142	室内电气工程	可视对讲在低端项目采用非可视系统,别墅首层采用可视,其他楼层采用非可视
143	室内电气工程	室内安防系统在毛坯项目仅一二层及顶层配置
144	室内电气工程	在室外背景音乐音响点位仅布置重要景观组团
145	室内电气工程	强弱电末端点位:精装交付且无架空地板的配置末端点位;有架空地板的,则强电配置到配电箱,弱电预留至弱电井
146	室内电气工程	停车管理系统仅在商业配置纸票吐卡机,其余均为IC卡
147	室内电气工程	销售单元门禁系统仅在办公高端项目设置
148	室内给排水工程	生活水泵采用低速立式离心泵,消防水泵采用高速立式离心泵,生活水泵各分区选型尽量相同
149	室内给排水工程	生活泵房和消防泵房合建
150	室内给排水工程	塔楼内设置总管减压阀,不设支管减压阀
151	室内给排水工程	高层给水进户管:1～2个卫生间采用DN20;3个卫生间采用DN25
152	室内给排水工程	户内污水废水系统合流
153	室内给排水工程	在需要报警的集水坑、消防/生活水池附近增加消防模块,通过消防系统报警
154	室内给排水工程	非人防区及非泵房内的消火栓系统采用蝶阀
155	室内给排水工程	无特别要求,地下室集水坑的间距不小于50m
156	室内给排水工程	非关键部位的地下室集水坑,安装一台潜污泵,不设置备用泵
157	室内给排水工程	阀门按标准化文件执行
158	室内给排水工程	水暖井内不做任何装饰面层
159	室内给排水工程	厨房地面不设地漏,地面不需做防水
160	室内给排水工程	水井、暖井内不设置地漏和排水管道
161	室内给排水工程	甲供材结算时,PVC排水管当管径在100mm(含)以上时按实际数量结算
162	室内给排水工程	前期图纸审核时,应注意冷凝水管道、雨水管道等图纸是否设计全面
163	室外安装工程	室外电气管网:采用电缆沟＋保护管。外网电缆采用塑料波纹管保护,不采用PVC-C管,过路处采用镀锌钢管或玻璃钢电缆导管。当并行电缆数量大于等于12根时,采用暗埋式电缆沟比保护管更经济
164	室外安装工程	事前与供电公司沟通,尽量减小高压专线电缆截面
165	室外安装工程	室外灯具光源尽量选用节能灯,非开盘区不安装照树灯,庭院灯间距不宜小于灯高的5倍,草坪灯间距不宜小于15m

续表

序号	阶段	无效成本控制点
166	室外安装工程	绿化给水按照人工浇灌设计,同时取水点不超过 4 个
167		水景设计尽量不考虑大流量跌水效果,后期使用率低
168		非展示区景观灯具严格执行公共部位灯具控制标准
169		地下室顶板、别墅区雨排水井优先采用塑料井
170		采用双壁波纹管时,位于人行道及绿化带下采用环刚度 S1 级;位于车行道下采用环刚度 S2 级
171		审核室外管道设计图纸时,应注意如管沟要求沙粒回填,应取消
172	别墅毛坯交付安装工程	别墅强电交楼标准:防止业主装修时天花开槽,可布管但不穿线,减少浪费
173		别墅弱电交楼标准:弱电仅配置到弱电箱,不配置电话、电视等终端及管线。减少业主二次精装时因废弃原线管造成的浪费
174		别墅给排水交楼标准:排水只做立管,用水间预留接口或一个存水弯,不做支管。给水用水间预留接口
备注		别墅产品客户对精装个性化要求差异度非常高,客户精装时往往对安装管线进行革命性改变,往往造成极大浪费,因此才制订别墅毛坯交付安装配置策略零浪费措施。将剩下的成本用来提高其他部件的产品质量,以保证客户获得最佳性价比体验

附录一

标杆房企工程界面分判表

一、工程界面分判表介绍

某标杆房企对住宅项目进行工程界面分判，按工序将工程划分为 28 类，包含 108 项分部分项工程，具体见下节内容。其涉及签订合同种类有 6 种，如下所述。

（1）总承包合同：受发包人委托，承担住宅项目总承包工程的总承包单位与发包人签订的合同。

（2）独立施工合同：由发包方确定的执行住宅项目一部分工作内容的承包单位与发包人签订的合同。

（3）独立供应合同（甲供）：由发包方确定的供应住宅项目所需的一部分货物/物料的供应商与发包人签订的合同。

（4）指定分包合同：由发包人确定的负责执行住宅项目一部分工作内容的专业承包单位或其他单位与总承包单位签订的合同。

（5）指定供应合同（甲指乙供）由发包方确定的供应住宅项目所需的一部分货物/物料的供应商与总承包单位/指定分包单位签订的合同。

（6）服务合同：按规范要求提供检测、监测及咨询服务的服务单位与发包人签订的合同。

总承包方对指定分包合同、指定供应合同提供协调管理服务，对独立施工合同、独立供应合同提供协调服务。

在其工程界面分判表中，一个分判可包含多个分部分项工程，住宅项目分判按合同类别可分为 70 项，如图 A-1 所示。

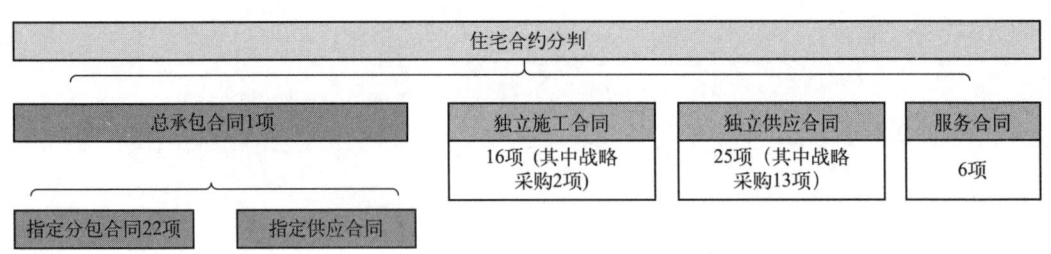

图 A-1 住宅合约分判示意图

该房企对战略采购的材料采用独立供应合同，对于其他供应合同，项目可以选择签订独立供应合同或指定供应合同，本次分判均按独立供应合同考虑。

以下将对分判表中各类合同进行简要介绍。在本节中,"战略采购"简称为"战采",表中的"√+W"表示总包或分包负责施工安装和材料供应的双包模式,"√+I"表示分包仅负责材料供应的模式。

(1)总承包合同范围说明如表 A-1 所示,其包含 5 大类、58 项分部分项工程,"其他"中主要为主材供应、开办费项目及对指定分包的配合照管工作等。

表 A-1　总承包合同范围说明

序号	1	2	3	4	5
类别	地下室土建工程	主体土建工程	防雷接地	普通水电	其他
合同范围	• 前期工程接收及修缮 • 临时设施(临时道路、大门等) • 捡底 • 局部基础换填 • 地下室主体结构 • 地下室防水 • 地下室砌体 • 地下室保温(若有) • 人防工程 • 地库地面工程(耐磨地面,地下室电梯厅地坪除外) • 地下室施工阶段之降水 • 地下室粗装饰工程 • 土方回填	• 主体结构工程(包括垃圾房、煤气调压站等) • 主体粗装饰工程(包括垃圾房、煤气调压站等) • 防水工程 • 室内地坪 • 屋面工程 • 外墙面砖	• 防雷接地等	• 地下室普通水电 • 主体普通水电 • 小市政(红线内楼栋外的排水系统)	• 预留、预埋 • 混凝土或砂浆砌体封堵 • 钢筋供应 • 商品混凝土供应 • 预拌砂浆供应 • 系统防火封墙 • 为电梯电源提供供电箱 • 电梯缓冲区爬梯及供检修的通道 • 电梯井道及留洞 • 消防控制室土建 • 弱电机房土建 • 建施图所反映的泛光照明管线 • 电梯吊钩预埋 • 园区内消防道路坯体 • 散水及截水沟 • 地下室入口之混凝土车道 • 零星金属工程 • 设备基础

(2)分判表中 16 项分部分项工程签订独立施工合同,其中执行战采项目为 2 项,具体如表 A-2 所示。

表 A-2　独立施工合同一览

序号	类别	分部分项工程名称	合同类型	适用范围
1	前期工程	场平工程	独立施工合同	住宅
2	前期工程	临时施工用电接驳工程	独立施工合同	住宅
3	前期工程	临时用水接驳工程	独立施工合同	住宅
4	前期工程	临时排水接驳工程	独立施工合同	住宅
5	土石方及基础工程	基坑土方工程	独立施工合同	住宅
6	土石方及基础工程	基坑支护	独立施工合同	住宅
7	土石方及基础工程	基坑降水	独立施工合同	住宅
8	土石方及基础工程	桩基础工程	独立施工合同	住宅
9	土石方及基础工程	地基处理	独立施工合同	住宅
10	燃气工程	燃气工程	独立施工合同	住宅
11	电梯工程	电梯安装	独立施工合同	住宅(战采)

续表

序号	类别	分部分项工程名称	合同类型	适用范围
12	柴油发电机供应及安装	柴油发电机供应及安装	独立施工合同	住宅（战采）
13	供配电工程	供配电工程	独立施工合同	住宅
14	地热工程	地热工程	独立施工合同	住宅
15	热力二次网工程	热力二次网工程	独立施工合同	住宅
16	热力外网工程	热力外网工程	独立施工合同	住宅

（3）分判表中有6类分部分项工程涉及签订独立供应合同，结合某房企总部战采清单及分判表工作界面中注明由发包方提供的材料明细，列出25项独立供应合同内容，其中战采项目13项，如表A-3所示。

表 A-3 独立供应合同一览

序号	类别	分部分项工程名称	合同类型	适用范围
1	主体土建工程	外墙面砖供应工程	独立供应合同	住宅
2	普通水电	低压配电产品供应	独立供应合同	住宅（战采）
3	普通水电	开关插座及面板供应工程	独立供应合同	住宅（战采）
4	普通水电	水泵供应工程	独立供应合同	住宅（战采）
5	普通水电	多媒体箱底盒供应工程	独立供应合同	住宅
6	普通水电	配电箱供应工程	独立供应合同	住宅
7	普通水电	阀门供应工程	独立供应合同	住宅（战采）
8	普通水电	T档、A档住宅项目户式中央空调	独立供应合同	住宅（战采）
9	普通水电	电缆供应工程	独立供应合同	住宅（战采）
10	普通水电	高低压柜供应工程	独立供应合同	住宅
11	普通水电	变压器供应工程	独立供应合同	住宅
12	普通水电	潜污泵供应工程	独立供应合同	住宅
13	普通水电	井圈、井盖、雨箅子供应工程	独立供应合同	住宅
14	弱电工程	可视对讲系统供应工程	独立供应合同	住宅（战采）
15	内装饰工程	玻化砖供应工程	独立供应合同	住宅（战采）
16	内装饰工程	人造石供应工程	独立供应合同	住宅（战采）
17	内装饰工程	室内灯具供应工程	独立供应合同	住宅（战采）
18	内装饰工程	洁具龙头、卫浴五金供应工程	独立供应合同	住宅（战采）
19	内装饰工程	户内木门供应工程	独立供应合同	住宅
20	内装饰工程	木地板供应工程	独立供应合同	住宅
21	内装饰工程	燃气具供应工程	独立供应合同	住宅（战采）
22	电梯工程	电梯供应工程	独立供应合同	住宅（战采）
23	景观工程	苗木供应工程	独立供应合同	住宅
24	景观工程	园林景观中的康乐设施供应工程	独立供应合同	住宅
25	景观工程	室外家私及垃圾箱供应工程	独立供应合同	住宅

(4) 分判表中22项分部分项工程签订指定分包合同，如表A-4所示。

表A-4 指定分包合同一览

序号	类别	分部分项工程名称	合同类型	适用范围
1	地下室土建工程	地库地面工程（地库地坪漆）	指定分包合同	住宅
2	消防工程	消防工程	指定分包合同	住宅
3	弱电工程	弱电工程	指定分包合同	住宅
4	暖通工程	暖通工程	指定分包合同	住宅
5	外装饰工程	外墙装饰工程	指定分包合同	住宅
6	外装饰工程	外墙涂料工程	指定分包合同	住宅
7	外装饰工程	泛光照明	指定分包合同	住宅
8	外装饰工程	门窗制安工程	指定分包合同	住宅
9	外装饰工程	栏杆工程	指定分包合同	住宅
10	外装饰工程	百叶工程	指定分包合同	住宅
11	内装饰工程	防火门供应及安装	指定分包合同	住宅
12	内装饰工程	公共空间装饰工程	指定分包合同	住宅
13	内装饰工程	大堂入口玻璃门及五金	指定分包合同	住宅
14	内装饰工程	户内（入户门以内）精装修	指定分包合同	住宅
15	内装饰工程	防火卷帘门制安	指定分包合同	住宅
16	内装饰工程	入户门制安	指定分包合同	住宅
17	标识标牌	标识标牌	指定分包合同	住宅
18	景观工程	硬景工程	指定分包合同	住宅
19	景观工程	软景工程	指定分包合同	住宅
20	景观工程	信报箱制安	指定分包合同	住宅
21	交安工程	交安工程	指定分包合同	住宅
22	电视、电话及网络工程	电视、电话及网络工程	指定分包合同	住宅

(5) 分判表中6项分部分项工程签订服务合同，如表A-5所示。

表A-5 服务合同一览

序号	类别	分部分项工程名称	合同类型	适用范围
1	土石方与基础工程	桩基础检测	服务合同	住宅
2	土石方与基础工程	基坑变形观测	服务合同	住宅
3	地下室土建工程	白蚁防治工程	服务合同	住宅
4	沉降观测	沉降观测	服务合同	住宅
5	地下水监测	地下水监测	服务合同	住宅
6	室内空气检测	室内空气检测	服务合同	住宅

以上为住宅工程界面分判表介绍，使用中应注意以下问题。

(1) 住宅项目工程界面分判表主要针对住宅房地产开发成本，不包含土地费、营销费、管理费、财务费及开发间接费。

(2) 调整原则：具有地方性特点的工程如地热工程由大区自行编制，除管控类别为大区公司的分项工程工作内容及界面，各大区可依据所在区域的实际情况自行调整确认，并在此基础上报公司工程管理部备案以外，其他内容不得自行调整。

（3）分判时大区在工程界面分判表的基础上可进行多项合并，并在备注栏中注明"此项含在××分项中，不鼓励再细分"。

二、工作内容及界面说明

1. 前期工程

前期工程界面分判及工作内容如表 A-6 所示。

表 A-6 前期工程界面分判表

类别	序号	分部分项工程名称	工作内容	分包负责	分包单位类别
前期工程	1	场平工程	1. 负责按场平方案进行土方开挖及外运。 2. 负责修建临时施工出入口的沉砂池、截水沟等，并负责自行购置临时出入口的冲洗设备。 3. 负责自行解决临时施工用水、用电接驳。 4. 负责自行解决场平施工阶段临时施工出入口开口工作（含手续办理），并负责临时出入口围墙及大门（场平施工阶段）、临时出入口道路等的修建工作。 5. 负责市政道路及施工区域的道路保护。 6. 负责城管等周边外围关系协调并确保场平工作顺利实施	√+W	场平
	2	临时施工用电接驳工程	负责项目临时施工用电方案申请，并负责包括电杆供应安装、电缆沟制作、电缆井制作、箱变基础制作、接地极制作、箱变及分支箱安装、红线外至红线内高压电缆供应安装、红线内高压电缆敷设、带电搭接、供电局供电调试、验收、通电等工作	√+W	临电
	3	临时用水接驳工程	负责项目临时用水方案的申请，且负责包含从市政给水井至红线内水表井的管道敷设、阀门安装、检查井的制作安装	√+W	临水
	4	临时排水接驳工程	负责排水方案的设计及施工（包含项目周边市政雨污水检查井的勘察工作）、地块红线至市政雨污水检查井管道的敷设及检查井的制作安装	√+W	临水

前期工程全部为独立分包工程，需要重点关注总包与前期工程分包间的工作界面，具体如下。

① 红线内变压器低压端后的临时用电工程、红线内水表后闸阀端之后的临时用水工程及红线内排水系统由总包负责。

② 红线外临时施工用电设施、临时用水设施及临时排水系统的接管及维护由总包负责。

前期工程现场如图 A-2 所示。

 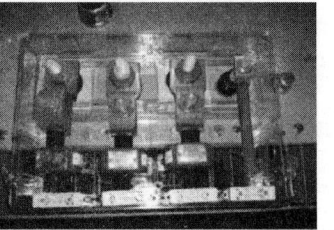

图 A-2 前期工程现场图

2. 土石方及基础工程

土石方及基础工程界面分判简表如表 A-7 所示。

表 A-7 土石方及基础工程界面分判简表

类别	序号	分部分项工程名称	分包负责	分包单位类别
土石方及基础工程	5	基坑土方工程(垫层底标高以上300mm以上土方)	√+W	土方
	6	基坑支护	√+W	基坑支护
	7	基坑降水	√+W	降水
	8	桩基础工程(若有)	√+W	桩基础
	9	桩基础检测(若有)	√+W	桩检测单位
	10	地基处理(若有)	√+W	地基处理
	11	基坑变形观测	√+W	基坑变形观测

下文将详细介绍各分部分项工程工作内容及分判关注点。

（1）基坑土方工程界面分判及工作内容如表 A-8 所示。

表 A-8 土石方及基础工程界面分判表节选（基坑土方工程）

序号	分部分项工程名称	工作内容	总包负责	分包负责	分包单位类别
5	基坑土方工程(垫层底标高以上 300mm 以上土方)	5.1 负责按发包人提供开挖图编制基坑土方开挖方案,并在此基础上进行土方(底板垫层底标高以上 300mm 以上)开挖并运输出场。 5.2 负责基坑土方施工阶段基坑底部的排水沟及集水坑施工,并负责基坑积水的排水工作(明排)。 5.3 负责自行解决基坑土方施工阶段临时施工出入口开口工作(含手续办理),并负责基坑土方施工阶段临时入口围墙及大门、临时出入口道路等的修建工作。 5.4 负责修建临时施工出入口的沉砂池、截水沟等,并负责自行购置临时出入口的冲洗设备。 5.5 负责市政道路及施工区域的道路保护。 5.6 负责自行解决临时施工用水、用电接驳。 5.7 负责城管等周边外围关系协调并确保基坑土方工作顺利实施。 5.8 负责基坑周边场平标高与冠梁顶标高间的放坡土方开挖及修边所产生土方的外运工作。 5.9 负责施工作业范围内废弃建筑物基础、市政地下管线设施以及其他地下障碍物(如有)的破碎、拆除、外运工作。 5.10 护壁桩芯土、桩间土(含桩间网喷护壁修边所产生之土方)、基坑支护所需之斜撑基础开挖所产生之土方、冠梁土方等的外运工作	—	√+W	土方

基坑土方工程分判关注点如下。

① 垫层底标高以上 300mm 以上土方由土方分包负责；

② 垫层底标高以上 300mm 以下土方：

a. 有地基处理的区域土方由地基处理单位负责；

b. 桩基础作业范围内土方由桩基础单位负责；

c. 有地基处理、桩基础作业的区域除外的区域由总包负责，即捡底工作。

基坑土方工程现场如图 A-3 所示。

图 A-3 基坑土方工程现场图

(2) 基坑支护工程界面分判及工作内容如表 A-9 所示。

表 A-9 土石方及基础工程界面分判表节选（基坑支护）

序号	分部分项工程名称	工作内容	总包负责	分包负责	分包单位类别
6	基坑支护	6.1 负责基坑支护方案的专项论证及施工报建，并负责《深基坑施工许可证》的办理(若有)。 6.2 负责按通过专项论证的基坑支护方案进行基坑支护(含内支撑)施工。 6.3 负责基坑上口周边的截水沟、排水沟、基坑周边安全围挡及警示设施等(若总包单位在基坑土方施工前已中标进场，则由总包单位负责实施)。 6.4 负责基坑周边场平标高与冠梁顶标高间的放坡土方开挖及修边等。 6.5 负责基坑支护作业范围内基坑土方开挖施工完成后的基坑壁修边工作。 6.6 负责基坑土方施工过程中对基坑变形进行监测。 6.7 负责自购材料按规范或政府部门的有关规定而进行的材料检验或实验。	—	√+W	基坑支护

图 A-4 基坑支护现场图

基坑支护分判界面关注点如下。

① 基坑上口周边的截水沟、排水沟、基坑周边安全围挡及警示设施等，若总包单位在基坑土方施工前已中标进场，则由总包单位负责；若总包单位在基坑土方施工前尚未进场，则由基坑支护单位负责实施。

② 基坑周边场平标高与冠梁顶标高间的放坡土方开挖及修边所产生土方的外运工作由基坑土方单位负责。

③ 地下室周边土方回填完成后基坑支护及内支撑的拆除及清运工作由总包单位负责实施。

基坑支护现场如图 A-4 所示。

(3) 桩基础工程界面分判及工作内容如表 A-10 所示。

表 A-10 土石方及基础工程界面分判表节选（桩基础工程）

序号	分部分项工程名称	工作内容	总包负责	分包负责	分包单位类别
8	桩基础工程（若有）	8.1 负责试桩、桩基础方案专项审查及报建。 8.2 负责现场定位测量及放线。 8.3 负责按审查通过的桩基础方案进行施工，包括桩芯土开挖、桩基础施工等，并负责桩芯土清理及外运。 8.4 负责桩基础作业范围内桩间土(垫层底标高以上 300mm 以下部分土方(含因打桩挤压所导致的桩基础作业范围内上浮部分土方)清理及外运。 8.5 负责提供桩基础施工机械并负责运输至现场，且负责桩基础施工机械设备的进出场工作。 8.6 负责施工作业范围内废弃建筑物基础、市政地下管线设施以及其他地下障碍物(如有)的破碎、拆除、外运。 8.7 负责裁桩头到准确标高，并负责裁桩所产生之桩渣的清理及外运。	—	√+W	桩基础

续表

序号	分部分项工程名称	工作内容	总包负责	分包负责	分包单位类别
8	桩基础工程（若有）	8.8 负责试桩及试桩检测，并负责与桩基础测试、补桩、接桩等相关的一切事宜。 8.9 负责自购材料按规范或政府部门的有关规定而进行的材料检验或实验。 8.10 负责配合桩基础检测单位工作的开展（如桩基础检测单位配重块及机械设备进场道路平整、车辆等进场道路平整、试桩头周边场地平整等工作）	—	√+W	桩基础

桩基础分判界面关注点如下。
① 桩内为基础承台预留钢筋的调直及保护措施由总包单位实施。
② 桩基础桩头等位置的防水收头处理由总包单位实施。
③ 裁桩头由桩基础分包负责。
桩基础工程现场如图 A-5 所示。

图 A-5　桩基础工程现场图

（4）地基处理界面分判及工作内容如表 A-11 所示。

表 A-11　土石方及基础工程界面分判表节选（地基处理）

序号	分部分项工程名称	工作内容	总包负责	分包负责	分包单位类别
10	地基处理（若有）	10.1 负责地基处理方案的专项论证及报建。 10.2 负责按通过论证的地基处理方案进行施工，包括桩芯土开挖及外运、清理桩头至准确标高、褥垫层铺设及压实、桩间土（垫层底标高以上 300mm 以下部分土方）清理及外运等。 10.3 负责施工过程中所产生土方、灰饼、砂浆块及清理桩头所产生之桩渣等的清理及外运工作。 10.4 负责地基处理施工完成后的地基承载力检测，并确保通过政府有关部门验收。 10.5 负责抗浮锚杆锚体钢筋弯折	—	√+W	地基处理

地基处理分判界面关注点：抗浮锚杆杯口、桩头等位置的防水收头处理由总包单位实施。

地基处理现场如图 A-6 所示。

3. 地下室土建工程

地下室土建工程界面分判简表如表 A-12 所示。

图 A-6　地基处理现场图

表 A-12 地下室土建工程界面分判简表

类别	序号	分部分项工程名称	总包负责	分包负责	分包单位类别
地下室土建工程	12	前期工程接收及修缮	√+W	—	—
	13	临时设施(临时道路、大门等)	√+W	—	—
	14	捡底	√+W	—	—
	15	局部基础换填	√+W	—	—
	16	地下室主体结构	√+W	—	—
	17	地下室防水	√+W	—	—
	18	地下室砌体	√+W	—	—
	19	地下室保温(若有)	√+W	—	—
	20	人防工程	√+W	—	—
	21	地库地面工程(耐磨地面,地下室电梯厅地坪除外)	√+W	—	—
	22	地库地面工程[地库地坪漆(不含设备房)]	—	√+W	地坪漆单位
	23	地下室施工阶段之降水(最后一个电梯井垫层封闭施工完成后)	√+W	—	—
	24	白蚁防治工程	—	√+W	白蚁防治单位
	25	地下室粗装饰工程	√+W	—	—
	26	土方回填	√+W	—	—

下文将详细介绍各分部分项工程工作内容及分判关注点。

（1）人防工程界面分判及工作内容如表 A-13 所示。

表 A-13 地下室土建工程界面分判表节选（人防工程）

序号	分部分项工程名称	工作内容	总包负责	分包负责	分包单位类别
20	人防工程	20.1 负责人防门供应安装(生产、装车、运输、卸货、预埋及安装)、临战封堵件(预埋件)的制作及安装。 20.2 负责防爆波地漏、防爆电铃、自动排气活门、手/电动密闭阀、油网滤尘器、密闭式风管、移动电站等设备的供货及安装。 20.3 负责防化专用油网滤尘器、防化专用离心风机、防化专用过滤吸收器、防化专用手动双连杆密闭阀、消声器、防化专用超压自动排气活门等人防化设备供应及安装(若有)。 20.4 负责自购材料按规范或政府部门的有关规定而进行的材料检验或实验。 20.5 负责人防标志及标识的采购及安装。 20.6 负责组织由政府相关部门参加的人防工程竣工验收,并确保通过	√+W	—	—

人防工程分判界面关注点：人防门吊环（图 A-7）预埋由总包单位负责，人防门收口工作由总包单位实施。大区可根据具体实际情况自行调整。

（2）地库地面工程界面分判及工作内容如表 A-14 所示。

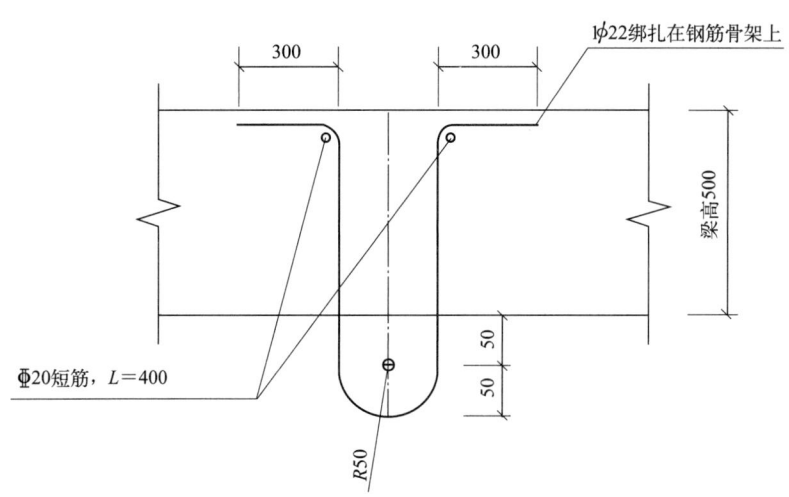

图 A-7　人防门吊环示意图（单位：mm）

表 A-14　地下室土建工程界面分判表节选（地库地面工程）

序号	分部分项工程名称	工作内容	总包负责	分包负责	分包单位类别
21	地库地面工程（耐磨地面，地下室电梯厅地坪除外）	21.1 负责地库地面（地下室电梯厅地坪除外）基层处理。 21.2 负责自行采购耐磨地坪施工所需的材料及机械设备（若有）。 21.3 负责耐磨地坪施工，且负责施工过程中周边成品的保护工作（若有）	√+W	—	—
22	地库地面工程[地库地坪漆（不含设备房）]	22.1 负责自行采购地坪漆施工所需的材料及机械设备。 22.2 负责地坪漆施工，且负责施工过程中的成品保护工作。 22.3 负责自购材料按规范或政府部门的有关规定而进行的材料检验或实验	—	√+W	地坪漆单位

地库地面工程分判界面关注点如下。

① 地坪漆基层由总包单位负责，并达到与地坪漆单位的移交标准。

② 画线由地下室交安工程单位负责。

（3）地下室粗装饰工程、土方回填界面分判及工作内容如表 A-15 所示。

表 A-15　地下室土建工程界面分判表节选（地下室粗装饰工程等）

序号	分部分项工程名称	工作内容	总包负责	分包负责	分包单位类别
25	地下室粗装饰工程	25.1 负责地下室墙面及天棚抹灰、腻子、墙顶面防霉腻子、墙顶面防毒涂料等。 25.2 负责地下室消防楼梯基层及地砖面层（面砖供应由总包单位负责）	√+W	—	—
26	土方回填	26.1 负责地下室基坑周边土方回填、砖胎膜周边回填、房心土回填，并夯实。 26.2 负责地下室周边土方回填完成后基坑支护及内支撑的拆除及清运。 26.3 负责地下室顶板土方回填（含架空层）。回填标高为相邻建筑大堂入口平台完成面以下 300mm（具体数值由各大区自行确定，不同标高相接处以 45°放坡）	√+W	—	—

地下室粗装饰工程及土方回填分判界面关注点如下。

① 地下室公共部位（如电梯厅、走道等）基层抹灰找平由公共空间装饰单位负责。

② 总包负责地下室顶板土方回填，景观单位负责与园林绿化相关的土方工程施工。

4. 主体土建工程

主体土建工程界面分判简表如表 A-16 所示。

表 A-16　主体土建工程界面分判简表

类别	序号	分部分项工程名称	总包负责	分包负责	分包单位类别
主体土建工程	27	主体结构工程（包括垃圾房、煤气调压站等）	√+W	—	
	28	主体粗装饰工程（包括垃圾房、煤气调压站等）	√+W	—	
	29	防水工程	√+W	—	
	30	室内地坪	√+W	—	
	31	屋面工程	√+W	—	
	32	外墙面砖	√+W	—	

下文将详细介绍各分部分项工程工作内容及分判关注点。

（1）主体粗装饰工程界面分判及工作内容如表 A-17 所示。

表 A-17　主体土建工程界面分判表节选（主体粗装饰工程）

序号	分部分项工程名称	工作内容	总包负责	分包负责	分包单位类别
28	主体粗装饰工程（包括垃圾房、煤气调压站等）	28.1 负责砌体工程（含砌块墙、隔墙等）。 28.2 负责楼栋以内的粗装修（含入户大堂、电梯厅），包括抹灰（含内外墙）、腻子工程[含天棚及墙面，且含架空层天棚及墙面（若架空层天棚及墙面为腻子），弱电机房除外]、保温工程（负责含屋面及楼地面保温、外墙保温、架空层保温等，玻璃幕墙部位保温除外，并应保证各项保温性能试验及保温材料的复试能够通过当地质监站及消防局的验收）等施工。若为清水房报验，户内（入户门以内）墙体装饰总包单位施工至腻子层；若为精装修房报验，户内墙体装饰总包单位仅施工至抹灰层。 28.3 负责外墙门窗室内外基层抹灰收口。 28.4 负责防火门门框与结构洞口间砂浆塞缝，并负责防火门门框与土建洞口的基层抹灰收口处理，且负责电梯厅及公共走道以外区域防火门门框与土建洞口饰面层收口处理（以防火门为界）。 28.5 负责钢制防火门门框注浆施工（若有）。 28.6 负责入户门门框与土建洞口间的砂浆塞缝，并负责入户门门框与土建洞口的基层抹灰收口处理。 28.7 负责入户门门框灌浆（若有）。 28.8 负责外墙门窗下口及两侧防水砂浆塞缝及防水，负责其余部位门窗框与土建洞口发泡剂塞缝施工。 28.9 负责消防控制室的天花吊顶、墙面饰面（抹灰及腻子）施工。若消控室与弱电中控室合用，由弱电负责；若消控室独立设置，则由消防单位施工。 28.10 负责组织政府有关部门保温专项验收工作，并保证通过	√+W	—	—

主体粗装饰工程分判界面关注点如下。

① 总包负责屋面、楼地面保温、架空层保温，幕墙部位的保温由外墙装饰单位负责。

保温工程示意图如图 A-8 所示。

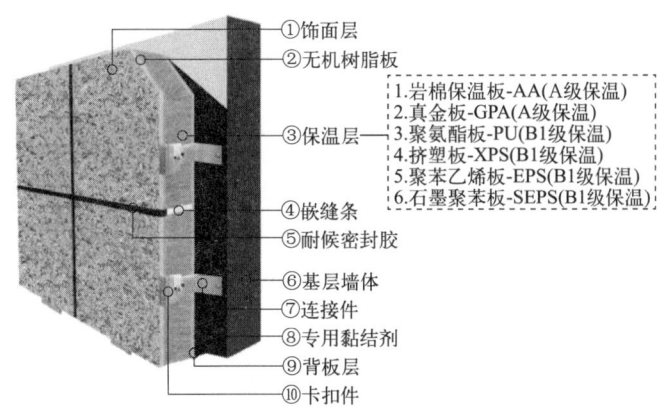

图 A-8 保温工程示意图

② 若为清水房报验，户内（入户门以内）墙体装饰总包单位施工至腻子层，若为精装修房报验，户内墙体装饰总包单位仅施工至抹灰层。

户内墙体装饰工程现场如图 A-9 所示。

③ 外墙门窗内外侧打胶收口（图 A-10）由门窗制安单位负责，基层抹灰由总包单位负责。

④ 弱电机房（图 A-11）装修要求高，因此机房天棚吊顶、墙面腻子、防静电地板由弱电单位负责实施，墙面由总包单位仅施工至抹灰层。

图 A-9 户内墙体装饰工程现场

图 A-10 窗户外侧打胶收口

图 A-11 弱电机房

（2）防水工程、室内地坪界面分判及工作内容如表 A-18 所示。

表 A-18 主体土建工程界面分判表节选（防水工程等）

序号	分部分项工程名称	工作内容	总包负责	分包负责	分包单位类别
29	防水工程	29.1 负责室内外防水层施工,止水/防水封堵/防水保护措施施工。 29.2 若为清水房报验,负责卫生间、厨房及阳台防水处理及保护措施施工(生活阳台全做防水,景观阳台仅管道周边及地漏周边做防水),若为精装房报验,则卫生间、厨房及阳台防水处理由户内精装修单位负责实施。 29.3 负责外墙防水及找平施工	√+W	—	—

续表

序号	分部分项工程名称	工作内容	总包负责	分包负责	分包单位类别
30	室内地坪	30.1 负责消防楼梯间基层及面层。 30.2 负责阳台地面面层(粗装修)。 30.3 负责楼栋内地面面层(弱电机房除外)。若为清水房报验,入户门以内地坪面层由总包单位负责实施,若为精装房报验,入户门以内总包单位仅对结构基层进行清理和找平,地面面层由户内精装修单位负责实施	√+W	—	—

防水工程及室内地坪工程分判界面关注点如下。

① 若为精装房报验,则卫生间、厨房及阳台防水处理由户内精装修单位负责。

② 若为清水房报验,入户门以内地坪面层由总包单位负责实施,若为精装房报验,入户门以内总包单位仅对结构基层进行清理和找平,地面面层由户内精装修单位负责。

5. 防雷接地工程

防雷接地工程界面分判及工作内容如表 A-19 所示。

表 A-19　防雷接地工程界面分判表

类别	序号	分部分项工程名称	工作内容	总包负责	分包负责	分包单位类别
防雷接地	33	防雷接地	33.1 负责避雷针专用接地电缆至预埋大底板避雷接地系统施工。 33.2 负责与柱钢筋、测试井、铜导体、接地棒等相连的避雷接地系统施工。 33.3 负责总防雷接地系统施工,包括为其他分项防雷提供接口,如为外墙金属门窗、栏杆、外墙装饰工程提供防雷接地系统的焊点等(从均压环引至每个门窗、栏杆洞口)。 33.4 负责组织防雷验收并取得相应报告	√+W	—	—

屋面及外立面上的金属构件与总防雷系统的接驳工作由各相关分包单位自行负责。

① 消防控制室设备与接地系统接驳由消防单位实施。

② 弱电设备及管线与接地系统接驳由弱电单位负责实施。

图 A-12　防雷接地现场图

③ 暖通设备及管线与接地系统的接驳由暖通单位负责实施。

④ 外幕墙、钢网架等的防雷接地及与总防雷接地系统的连接由外墙装饰单位负责。

⑤ 室外门窗的防雷接地及与总防雷接地系统的连接由门窗单位负责实施。

⑥ 室外栏杆及百叶的防雷接地及与总防雷接地系统的连接由栏杆百叶单位负责实施。

防雷接地现场如图 A-12 所示。

6. 消防工程、弱电工程、暖通工程

(1) 消防工程界面分判及工作内容如表 A-20 所示。

表 A-20 消防工程界面分判表

类别	序号	分部分项工程名称	工作内容	分包负责	分包单位类别
消防工程	34	消防工程	34.1 负责消防系统(控制设备、探测设备、报警设备、应急广播设备、消防专用电话控制设备及联动管线)施工。 34.2 负责装于综合机电设备、材料(如风管、水管)上的消防设备到消防系统的管线施工。 34.3 负责消防设备及管线的系统防火封堵。涉及多个专业在一个部位的防火封堵,系统防火封堵由最后一个施工的专业单位负责实施)。 34.4 负责各楼栋内消火栓、喷淋系统管道及配套消防设施、消防末端排水管道、阀门阀件、泡沫罐系统、消防水泵及泵房所有消防管道等的安装。 34.5 负责总坪上自来水水表后的消防给水系统安装及井室砌筑。 34.6 负责消防控制室报警主机及联动控制柜到各栋报警联动控制设备线路敷设、驳接、调试。 34.7 负责消防控制室报警主机及联动控制柜到地下室报警设备及联动设备线路敷设、驳接、调试。 34.8 负责系统内消防报警及联动设备的采购、安装、调试,并负责与各个联动设备的联合调试。 34.9 负责气体灭火系统的安装和联动线路敷设及调试。 34.10 负责完成消防控制室设备与接地系统驳接。 34.11 负责消防水箱出水口管道预留法兰盘之后的消防管道及配件采购及安装,且负责与消防水箱出水口管道预留法兰接口的碰头工作。以消防水箱出水管道法兰盘接口为界,出水管道法兰盘接口之前的屋顶消防水箱及进水管道、液位控制阀、溢水泄水管道及阀门、出水管道预留法兰接口等的采购及安装由标段主体普通水电单位负责实施。 34.12 负责与消防系统相关的消防标志及标识施工。 34.13 负责消防部门所要求的专项检测(包含防火封堵检测、电气检测、消防检测等)并获取检测报告,且负责搜集其他各分包单位与消防有关的专项检测报告。 34.14 负责消防工程施工的成品保护工作。 34.15 负责组织消防验收并确保验收通过	√+W	消防单位

(2) 弱电工程界面分判及工作内容如表 A-21 所示。

表 A-21 弱电工程界面分判表

类别	序号	分部分项工程名称	工作内容	总包负责	分包负责	分包单位类别
弱电工程	35	弱电工程	35.1 负责弱电设备装于综合机电设备/材料(如风管、水管)上施工。 35.2 负责装于综合机电设备、材料(如风管、水管)上的弱电设备到弱电系统的管线施工。 35.3 负责综合机电设备按规范要求提供的干触点到弱电设备的管线施工。 35.4 负责弱电设备及管线上的消防标志及标识(疏散指示除外)。 35.5 负责弱电设备及管线的系统防火封堵(涉及多个专业在一个部位的防火封堵,系统防火封堵由最后一个施工的专业单位负责实施)	—	√+W	弱电单位

续表

类别	序号	分部分项工程名称	工作内容	总包负责	分包负责	分包单位类别
弱电工程	35	弱电工程	35.6 负责弱电系统到地下室弱电间、机房及弱电间、机房内所有弱电系统的工作。 35.7 负责由地下室弱电间、机房出线端至地下室所有弱电系统的工作。 35.8 负责于电梯机房及电梯井道范围以外的电梯控制电缆管线施工(含电缆供应)。 35.9 负责于电梯机房及电梯井道范围以外的电梯轿厢内对讲、监视配线配管及安装。 35.10 负责电梯轿厢内读卡系统、监视器配线配管及安装。电梯单位负责轿厢内读卡器、监视器开孔,并配合弱电单位调试安装。 35.11 负责电梯机房至电梯专用监控屏的管线施工。 35.12 负责弱电机房的天花吊顶、墙面腻子、防静电地板施工(若消防控制室与弱电机房合用,弱电机房的天花吊顶、墙面腻子、防静电地板施工仍由弱电单位负责实施)。 35.13 负责弱电设备及管线的防雷接地及与总防雷接地系统的连接。 35.14 负责视频监控系统施工,包括该系统完整的设备、运行软件及附件采购安装,该系统管线(弱电托盘及主体结构预留预埋部分除外)线缆采购安装等。 35.15 负责可视对讲及室内安防系统施工,包括该系统完整的设备及附件安装,该系统管线(弱电托盘及主体结构预留预埋部分除外)线缆采购安装等。 35.16 负责一卡通及门禁系统(包括车库管理和门禁系统)施工,包括该系统完整的设备、管理软件及附件采购安装,该系统管线(弱电托盘及主体结构预留预埋部分除外)线缆采购安装(包括挖填土方)。 35.17 负责背景音乐系统施工,包括该系统完整的设备及附件采购安装,该系统管线线缆采购安装(包含挖填土方)。 35.18 负责电子巡更系统施工,包括该系统完整的设备、运行软件及附件采购安装。 35.19 负责从机房到各用电点管线的采购及安装(包括挖填土方),机房集中供电电源的采购安装。 35.20 负责户内电话系统的布线(多媒体箱至电话点位)和面板安装。 35.21 负责所有子系统的调试及联动调试。 35.22 负责弱电控制中心、弱电机房接地及弱电井道内专业接地线施工。 35.23 负责弱电设备到专用弱电的接地系统。 35.24 负责弱电设备及管线有关的管沟、管道井、检修井、各种井盖等施工	—	√+W	弱电单位

续表

类别	序号	分部分项工程名称	工作内容	总包负责	分包负责	分包单位类别
弱电工程	35	弱电工程	35.25 负责弱电系统(包括监控系统、周界管理系统、出入口管理系统、车库管理系统、门禁及可视对讲系统、巡更系统、红外报警系统、紧急救助系统、燃气泄漏报警系统、电话系统、网络系统、有线电视系统等)在混凝土及砌体内的所有开槽及管道连接工作,且负责弱电系统管线安装完成后开槽部分的混凝土或砂浆砌体封堵。 35.26 负责室内弱电到市政接点的弱电工程施工(与电视、电话、网络工程的施工界面有关,各大区可根据具体实际自行调整)。 35.27 负责系统的竣工验收并取得竣工验收报告。 35.28 负责自购材料按规范或政府部门的有关规定而进行的材料检验或实验	—	√+W	弱电单位

（3）暖通工程界面分判及工作内容如表 A-22 所示。

表 A-22　暖通工程界面分判表

类别	序号	分部分项工程名称	工作内容	总包负责	分包负责	分包单位类别
暖通工程	36	暖通工程	36.1 负责挡烟垂壁供应及安装。 36.2 负责按规范要求为弱电系统提供干触点。 36.3 负责按规范要求为消防设备提供干触点。 36.4 负责暖通设备及管线上的消防标志及标识(疏散指示除外)。 36.5 负责暖通设备及管线的系统防火封堵(涉及多个专业在一个部位的防火封堵,系统防火封堵由最后一个施工的专业单位负责实施)。 36.6 负责参与综合管线排布。 36.7 负责总平范围内室外机电机房、风井出风口的机电工程施工。 36.8 负责暖通设备及管线与接地系统的驳接。 36.9 负责柴油发电机土建烟道内钢制烟道(除机房后)的采购及安装(若有)。 36.10 负责自购材料按规范或政府部门的有关规定而进行的材料检验或实验	—	√+W	暖通单位

消防、弱电、暖通工程分判界面关注点如下。

① 系统防火封堵为谁施工谁封堵（涉及多个专业在一个部位的防火封堵，系统防火封堵由最后一个施工的专业单位负责实施）。

② 设备基础由总包负责实施。

③ 全部系统的预埋管道、箱体、预留孔洞、预埋套管工作由总包单位负责实施。

④ 所有系统预留孔洞的混凝土或砂浆砌体封堵（开槽部分除外）、箱体及设备安装或改造完成后的收口工作由总包单位负责实施，开槽部分的混凝土或砂浆砌体封堵由开槽单位负责。

7．燃气工程

燃气工程界面分判及工作内容如表 A-23 所示。

表 A-23 燃气工程界面分判表

类别	序号	分部分项工程名称	工作内容	总包负责	分包负责	分包单位类别
燃气工程	37	燃气工程	37.1 负责室内燃气管道和庭院管道的安装。 37.2 负责燃气表、调压器、各种燃气阀门的供应及安装。 37.3 负责阀门箱的制作和安装。 37.4 负责按规范要求为弱电系统提供干触点。 37.5 负责按规范要求为消防设备提供干触点。 37.6 负责燃气设备及管线上的消防标志及标识(疏散指示除外)。 37.7 负责燃气设备及管线的系统防火封堵(涉及多个专业在一个部位的防火封堵,系统防火封堵由最后一个施工的专业单位负责实施)。 37.8 负责开槽部分的混凝土或砂浆砌体封堵。 37.9 负责燃气设备基础施工	—	√+W	燃气单位

燃气工程分判界面关注点如下。
① 燃气设备基础由总包单位负责。
② 混凝土结构内所有孔洞、套管和管道、预埋件等的预留预埋由总包单位负责。
③ 所有孔洞的混凝土或砂浆砌体封堵由总包单位负责。

8. 普通水电工程

普通水电工程界面分判及工作内容如表 A-24 所示。

表 A-24 普通水电工程界面分判表

类别	序号	分部分项工程名称	工作内容	总包负责	分包负责	分包单位类别
普通水电	38	地下室普通水电	38.1 地下室生活给水系统。 38.2 地下室重力排水(含雨、污、废水等)系统安装、中水系统安装、压力排水系统安装。 38.3 人防给排水系统安装。 38.4 电气设备安装工程。 38.5 人防电气	√+W	—	—
	39	主体普通水电	39.1 给水系统。 39.2 排水系统。 39.3 电气系统	√+W	—	—
	40	小市政(红线内楼栋外的排水系统)	40.1 负责出户第一个检查井或散水沟至红线外市政管网之间所有管道、井室(井圈井盖除外)、雨水口(不含雨箅子)的采购及施工安装(出户第一个检查井由小市政单位负责实施),并负责与红线外市政管网的接驳工作。 40.2 负责散水沟与雨水检查井或雨水口的管道连接。 40.3 负责排水系统相关的格栅池或化粪池和其他污水处理、提升设备设施的采购及施工安装(如在地下室及楼栋外)。 40.4 负责相关的排污验收及取证工作	√+W	—	—

小市政工程分判界面关注点如下。
① 出户第一个检查井由小市政单位负责实施。井圈井盖、雨箅子由发包方提供,由景观单位负责实施。

② 受水点至出户第一个检查井或散水沟之间的所有管道、沟渠采购及施工安装由总包单位负责。

9. 外装饰工程

外装饰工程界面分判简表如表 A-25 所示。

表 A-25　外装饰工程界面分判简表

类别	序号	分部分项工程名称	总包负责	分包负责	分包单位类别
外装饰工程	41	外墙装饰工程	—	√+W	外墙装饰
	42	外墙涂料工程	—	√+W	涂料单位
	43	泛光照明(如果有泛光照明专项设计,专项设计内容纳入泛光照明范围)	—	√+W	泛光照明单位
	44	门窗制安工程	—	√+W	门窗制作安装单位
	45	栏杆工程	—	√+W	栏杆百叶制作安装单位
	46	百叶工程	—	√+W	栏杆百叶制作安装单位

下文将详细介绍各分部分项工程工作内容及分判关注点。

(1) 外墙装饰工程界面分判及工作内容如表 A-26 所示。

表 A-26　外装饰工程界面分判表节选（外墙装饰工程）

类别	序号	分部分项工程名称	工作内容	总包负责	分包负责	分包单位类别
外装饰工程	41	外墙装饰工程	41.1 负责按业主提供的图纸,且结合现场土建施工实际对外墙幕墙大样图、节点图进行专项深化设计,并依据业主提供的土建施工图及现场土建施工实际进行龙骨排布深化设计。 41.2 负责室外幕墙龙骨或支架。 41.3 负责玻璃雨篷[含与玻璃雨篷有关的檐口装饰施工(如有)]、铝板雨篷、采光天棚或天棚钢网架施工,且负责玻璃雨篷、铝板雨篷、采光天棚或天棚钢网架于混凝土中的预埋件施工。若玻璃雨篷、铝板雨篷、采光天棚或天棚钢网架于混凝土中的预埋件预埋开始施工时,外墙装饰单位已定标,则由外墙装饰单位负责实施,若外墙装饰单位尚未定标则由总包单位实施。(此处仅为建议做法,各大区可根据具体实际自行调整) 41.4 负责玻璃幕墙、铝板幕墙等施工。 41.5 负责与幕墙装饰相关的檐口装饰施工(如有)。 41.6 负责外墙幕墙石材的采购、供应、成品运输至业主指定地点(含装车及卸货)、安装及成品保护等,且负责石材各项性能指标的检测工作并出具相应的报告。 41.7 负责室外幕墙、钢网架等的防雷接地及与总防雷接地系统的连接。 41.8 负责外墙饰面(幕墙、干挂石材)于混凝土中的预埋件施工。若外墙饰面(幕墙、干挂石材)于混凝土中的预埋件预埋开始施工时,外墙装饰单位已定标,则由外墙装饰单位负责实施,若外墙装饰单位尚未定标则由总包单位实施	—	√+W	外墙装饰

续表

类别	序号	分部分项工程名称	工作内容	总包负责	分包负责	分包单位类别
外装饰工程	41	外墙装饰工程	41.9 负责玻璃幕墙窗台部位封堵(包括楼板与玻璃空隙间的防火铝盖板)。 41.10 负责外墙装饰工程的报检备案及验收工作。 41.11 负责幕墙型材、型材配件、密封材料、紧固件的制作及安装,并对局部墙面进行砂浆找平以确保型材及配件安装。 41.12 负责外墙石材或其他装饰材料安装及校正施工,并负责除外墙石材以外的其他装饰材料的采购及供应。 41.13 负责外墙石材或其他装饰材料的打胶,并负责外墙幕墙范围内外墙门窗窗框与土建洞口饰面层收口处理。 41.14 负责外墙区域的开孔及开洞,并负责外墙灯具安装(无泛光照明专项设计时,外墙照明灯具,如壁灯等纳入外墙装饰工程范围)及外墙装饰区域内第一个点位以后的外装灯具穿管接线。 41.15 负责以单元大堂入口门槛石为界与二装单位进行收边收口工作,且负责按业主提供的景观总平标高进行外墙幕墙施工(景观与外墙幕墙交接部位的收口处理由景观单位负责实施)。 41.16 负责建施图中未反映的外墙装饰区域内灯具管线敷设,和外墙装饰范围内的灯具采购及安装。 41.17 负责外墙装饰范围内第一个点位后穿管接线工作。 41.18 负责玻璃幕墙窗台部位的收口(包括楼板与玻璃空隙间的防火铝盖板),并负责外墙装饰范围内外墙门窗的室外抹灰收口。 41.19 负责外墙装饰工程施工所需的外架搭设及拆除工作(总包单位提供的现场已有外架除外)。 41.20 负责幕墙部位的保温施工。 41.21 负责与外墙面砖、栏杆百叶以及其他分部工程交接部位的饰面收口处理。 41.22 负责幕墙工程性能监测工作并获取相应的监测报告。 41.23 负责自购材料按规范或政府部门的有关规定而进行的材料检验或实验。 41.24 负责大堂入户门内侧门框与土建洞口饰面收口	—	√+W	外墙装饰

外墙装饰工程分判界面关注点如下。

① 若玻璃雨棚(图 A-13)、铝板雨棚、采光大棚或天棚钢网架等于混凝土中的预埋件预埋开始施工时,外墙装饰单位已定标,则由外墙装饰单位负责实施,若外墙装饰单位尚未定标则由总包单位实施(此处仅为建议做法,各大区可根据具体实际自行调整)。

② 若外墙饰面(幕墙、干挂石材)于混凝土中的预埋件预埋(图 A-14)开始施工时,外墙装饰单位已定标,则由外墙装饰单位负责,若外墙装饰单位尚未定标则由总包单位实施。

图 A-13　玻璃雨棚　　　　　图 A-14　外墙饰面预埋件施工

③ 建施图中反映的外墙区域内灯具（图 A-15）的管线预埋、电源接驳、预留位置、开槽防水等由总包单位负责。且总包负责外装灯具穿管接线至外墙装饰区域内第一个点位。

④ 单元大堂入口门槛石以外墙面由外墙装饰单位负责施工，以内由公装单位负责施工，单元入口（图 A-16）大堂门套及门槛由公装单位负责施工。

图 A-15　外墙灯具　　　　　图 A-16　单元入口

⑤ 总包单位负责在外墙装饰工程施工完成后，进行淋水试验。

⑥ 总包为各分包单位施工提供已有脚手架，外墙装饰单位施工所需之外架由外墙装饰单位自行负责。

（2）外墙涂料工程界面分判及工作内容如表 A-27 所示。

表 A-27　外装饰工程界面分判表节选（外墙涂料工程）

序号	分部分项工程名称	工作内容	总包负责	分包负责	分包单位类别
42	外墙涂料工程	42.1 负责按业主提供的图纸，并结合现场土建施工实际对外墙涂料及 EPS 施工进行专项深化设计。 42.2 负责 EPS 线条的采购、检验检测、运输、仓储（含项目施工现场的临时仓储）。 42.3 负责提前介入土建总包单位外墙基层抹灰，并对外墙基层抹灰的质量进行实测。 42.4 负责基层处理及外墙涂料与 EPS 线条施工（包含阳台及上人屋面之女儿墙内侧），并负责外墙面砖、石栏杆百叶，以及其他分部分项工程交接部位的饰面收口处理。 42.5 负责外墙涂料范围内外墙门窗窗框与土建洞口饰面层收口处理。 42.6 负责按业主提供的景观总平标高与景观进行收边收口施工，负责以单元大堂入口门槛石为界与二装单位进行收边收口工作	—	√+W	涂料单位

续表

序号	分部分项 工程名称	工作内容	总包 负责	分包 负责	分包单 位类别
42	外墙涂料工程	42.7 负责外墙涂料及EPS线条的成品保护,且负责在施工过程中对施工作业面内或相邻区域的土建成品、外墙窗、外墙幕墙、栏杆百叶等成品进行保护。 42.8 负责架空层墙面及天花饰面层施工(若架空层墙面及天花为涂料)。 42.9 负责施工所需外架(总包单位提供现场已有外架部分除外)及吊篮的租赁、运输、搭设、拆除、保管等。 42.10 负责自购材料按规范或政府部门的有关规定而进行采购	—	√+W	涂料单位

外墙涂料工程分判界面关注点如下。

① 外墙涂料范围内的外墙基层抹灰找平由总包单位负责实施。

② 总包单位负责为外墙涂料单位提供现场已有外架。

(3) 泛光照明界面分判及工作内容如表A-28所示。

表A-28 外装饰工程界面分判表节选(泛光照明)

序号	分部分项 工程名称	工作内容	总包 负责	分包 负责	分包单 位类别
43	泛光照明(如果有泛光照明专项设计,专项设计内容纳入泛光照明范围)	43.1 负责建施图中未反映部分的泛光照明管线施工(包含在主体结构及砌体结构上开槽,以及管线敷设施工完成后开槽的混凝土或砂浆砌体封堵)。 43.2 负责泛光照明灯具的采购、运输及安装,并负责相应成品的保护工作。 43.3 负责自购材料按规范或政府部门的有关规定而进行的材料检验或实验	—	√+W	泛光照明单位

泛光照明工程分判界面关注点如下。

① 建施图中反映的泛光照明管线由总包单位负责预埋,未反映的由泛光照明分包负责。

② 泛光照明的预留位置、开槽、防水等由总包单位负责。

(4) 门窗制安工程分判及工作内容如表A-29所示。

表A-29 外装饰工程界面分判表节选(门窗制安工程)

序号	分部分项 工程名称	工作内容	总包 负责	分包 负责	分包单 位类别
44	门窗制安工程	44.1 负责铝合金门窗、塑钢门窗制作安装(包含斜屋面窗)。 44.2 负责铝合金型材/塑钢的供应、运输(含装货、运输及卸车)、成品保护(含装卸及运输过程中的成品保护等)等工作。 44.3 负责铝合金五金件的供应、运输(含装货、运输及卸车)、成品保护(含装卸及运输过程中的成品保护等)等工作。 44.4 负责室外门窗的防雷接地及与总防雷接地系统的连接。 44.5 负责商铺门窗(含商铺玻璃门)制作安装施工。 44.6 负责外墙门窗内外打胶收口等施工。 44.7 负责自购材料按规范或政府部门的有关规定而进行的材料检验或实验,并负责门窗的性能检测(如密闭性、抗风压等)且获取相应检测报告	—	√+W	门窗制安单位

门窗制安工程分判界面关注点：外墙门窗窗框与土建洞口间的饰面层收口由门窗所在区域外饰面施工方负责，如图 A-17 所示。

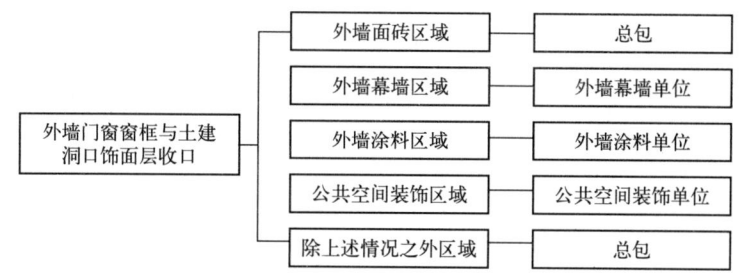

图 A-17 外墙门窗窗框与土建洞口饰面层收口界面划分

（5）栏杆工程分判及工作内容如表 A-30 所示。

表 A-30 外装饰工程界面分判表节选（栏杆工程）

序号	分部分项工程名称	工作内容	总包负责	分包负责	分包单位类别
45	栏杆工程	45.1 负责各种扶手、栏杆（消防楼梯间栏杆及扶手、景观栏杆、残坡栏杆、钢爬梯、检修梯等地下室所有扶手栏杆除外）的制作及安装。包括户内（入户门以内）护窗栏杆、公共区域及后勤区域之护窗栏杆、建施图所反映的阳台及露台栏杆、建施图所反映的屋面栏杆（女儿墙上的栏杆）、建施图所反映的挑廊及扇前栏杆等。 45.2 负责室外栏杆的防雷接地及与总防雷接地系统的连接。 45.3 负责自购材料按规范或政府部门的有关规定而进行的材料检验或实验	—	√+W	栏杆百叶制安单位

栏杆工程分判界面关注点如下。
① 景观栏杆、残坡栏杆由景观单位负责实施。
② 消防楼梯间栏杆及扶手、钢爬梯、检修梯等地下室所有扶手栏杆的制作安装由总包负责。

10. 内装饰工程

内装饰工程界面分判简表如表 A-31 所示。

表 A-31 内装饰工程界面分判简表

类别	序号	分部分项工程名称	总包负责	分包负责	分包单位类别
内装饰工程	47	防火门供应及安装	—	√+W	防火门供应及安装单位
	48	公共空间装饰（包含大堂、电梯、走道、公共卫生间等公共精装修区域）	—	√+W	公共空间装饰单位
	49	大堂入口玻璃门及五金	—	√+W	大堂入口门制安单位
	50	公共空间墙地砖供应	—	√+I	公共空间墙地砖供应单位
	51	户内（入户门以内）精装修	—	√+W	户内精装修单位
	52	防火卷帘门制作安装	—	√+W	防火卷帘门制作安装单位
	53	入户门制作安装	—	√+W	入户门制作安装单位

（1）防火门供应及安装界面分判及工作内容如表 A-32 所示。

表 A-32 内装饰工程界面分判表节选（防火门供应及安装）

序号	分部分项工程名称	工作内容	总包负责	分包负责	分包单位类别
47	防火门供应及安装	47.1 负责后勤区域防火门及成套配件(如防火门框、门扇、防火胶条、安装固件、铰链、闭门器、顺位器、拉手、防火锁以及防火玻璃等)加工制作、运输至业主指定地点(含装货及卸货)、成品保护、安装等。 47.2 负责公区范围内防火门及成套配件(如防火门框、门扇、防火胶条、安装固件、铰链、闭门器、顺位器、拉手、防火锁以及防火玻璃等)加工制作、运输至业主指定地点(含装货及卸货)、成品保护、安装等(公区范围内防火门饰面处理由公装单位负责实施)。 47.3 负责对防火门的各项性能指标进行检测，并出具书面报告。 47.4 负责协调消防验收工作并确保消防验收通过。 47.5 负责防火门上的消防标志及标识(疏散指示除外)	—	√+W	防火门供应及安装单位

图 A-18 防火门

防火门供应及安装工程分判界面关注点如下。

① 防火门（图 A-18）门框与土建洞口的基层抹灰收口由总包负责。

② 钢制防火门门框注浆施工（若有）由总包单位负责。

③ 公共区范围内的防火门饰面由公装单位负责。

④ 以防火门为界，电梯厅及公共走道区域的防火门饰面层收口由公装单位负责实施，电梯厅及公共走道以外区域的防火门饰面层收口由总包单位负责实施。

(2) 公共空间装饰工程界面分判及工作内容如表 A-33 所示。

表 A-33 内装饰工程界面分判表节选（公共空间装饰）

序号	分部分项工程名称	工作内容	总包负责	分包负责	分包单位类别
48	公共空间装饰(包含大堂、电梯厅、走道、公共卫生间等公共精装修区域)	48.1 负责电梯厅等精装修区域地、墙、顶面基层抹灰修补。 48.2 负责电梯厅等精装修区域墙地面砖/石材等施工，且负责公共空间墙地砖联系供货、进场验收、场地内保管及成品保护等。 48.3 负责电梯厅等精装修区域墙面、顶面饰面乳胶漆/木饰面等施工。 48.4 负责电梯轿厢装修(若有)。 48.5 负责电梯厅及公共走道区域的防火门收口。 48.6 负责公共空间装饰范围内的普通照明的配管穿线、开关及插座面板安装、灯具安装等，并负责从分层配电箱接驳(竖向总包单位桥架，横向总包若有桥架可走总包桥架，若无桥架则由公装单位自行配管)。 48.7 负责电梯门套的采购及安装。 48.8 负责公共空间装饰范围内的外墙门窗室内饰面收口。 48.9 负责公共空间装饰范围内的栏杆、百叶固定部位的饰面层收口。 48.10 负责公共空间装饰范围内机电、弱电、消防等预留洞及统一开孔工作，并负责在机电、弱电、消防安装施工完成后对公共空间装饰范围内机电、弱电、消防等预留洞及开孔进行封堵	—	√+W	公共空间装饰单位

续表

序号	分部分项工程名称	工作内容	总包负责	分包负责	分包单位类别
48	公共空间装饰（包含大堂、电梯厅、走道、公共卫生间等公共精装修区域）	48.11 负责在公共空间装饰范围内为机电、弱电、消防等预留检修孔。 48.12 负责与信报箱交接处的收口处理。 48.13 负责与入户门交接部位的饰面收口处理。 48.14 负责公区范围内的防火门饰面处理，且负责后勤区域内无防火要求但有饰面要求的门及门套的采购及安装。 48.15 负责自购材料按规范或政府部门的有关规定而进行的材料检验或实验。 48.16 负责大堂入户门内侧门框与土建洞口饰面收口。 48.17 负责大堂入户门的门槛石施工	—	√+W	公共空间装饰单位

公共空间装饰工程分判界面关注点如下。

① 后勤区域内无防火要求且无饰面要求的门及门套由总包负责采购安装，后勤区域内无防火要求但有饰面要求的门及门套由公装单位采购安装。

② 单元门外地面装饰面层（以单元门为界）与公装交接部位的收口处理由景观单位负责实施。

③ 公共精装修区域基层抹灰找平由公装单位负责。

（3）大堂入口玻璃门及五金工程界面分判及工作内容如表 A-34 所示。

表 A-34　内装饰工程界面分判表节选（大堂入口玻璃及五金）

序号	分部分项工程名称	工作内容	总包负责	分包负责	分包单位类别
49	大堂入口玻璃门及五金	49.1 负责大堂入口门及五金的采购及安装	—	√+W	大堂入口门制作安装单位

大堂入口玻璃门及五金工程分判界面关注点如下。

① 大堂入户门门框与土建洞口的砂浆塞缝、基层抹灰收口由总包单位负责。

② 大堂入户内侧门框与土建洞口饰面收口由公装单位负责实施，大堂入户门外侧门框与土建洞口饰面收口由外装单位负责实施。

（4）入户门制安工程界面分判及工作内容如表 A-35 所示。

表 A-35　内装饰工程界面分判表节选（入户门制安）

序号	分部分项工程名称	工作内容	总包负责	分包负责	分包单位类别
53	入户门制安	53.1 负责入户门及成套配件的加工制作、运输至业主指定地点（含装货及卸货）、安装、成品保护。 53.2 负责入户门外侧打胶收口。 53.3 负责对入户门的各项性能指标进行检测，并出具书面报告	—	√+W	入户门制作安装单位

入户门制安工程分判界面关注点如下。

① 入户门门框与土建洞口的砂浆塞缝、基层抹灰收口由总包单位负责。

② 入户门门框灌浆（若有）由总包单位负责。

③ 公装范围内与入户门交接部位的饰面收口处理由公装单位负责实施，打胶处理由入

户门制安单位负责实施。

针对内装饰工程,其分判界面还需关注以下几点。

① 防火门、大堂入户门、入户门门框与土建洞口的塞缝由总包负责,外墙门窗由门窗制安单位负责。

② 所有门窗的边框与土建洞口的基层抹灰收口都由总包负责。

③ 门窗的饰面收口处理由门窗所在区域的装修责任单位负责。

11. 电梯工程

电梯工程界面分判及工作内容如表 A-36 所示。

表 A-36 电梯工程界面分判表

类别	序号	分部分项工程名称	工作内容	分包负责	分包单位类别
电梯工程	54	电梯供应	54.1 负责电梯生产、供应,并运输至发包人指定地点(含装车及卸货)、成品保护(含装车、运输及卸货)等。 54.2 负责电梯轿厢内读卡器、监视器的开孔,并配合弱电单位进行调整安装。 54.3 负责电梯轿厢内扬声器供应及安装。 54.4 负责为消防报警信号提供干触点。 54.5 负责在电梯交付使用前的大修工作(将电梯作为临时施工电梯使用的才有此项)	√+W	电梯供应单位
	55	电梯安装	55.1 负责电梯钢梁、钢牛腿、分隔梁、承重垫板、钢平台及用于支撑电梯机房内的装置等的制作及安装。 55.2 负责电梯联系供货、进场验收、场地内保管及成品保护等。 55.3 负责电梯安装。 55.4 负责于电梯机房及电梯井道范围以内的电梯控制电缆管线施工(含电缆供应)。 55.5 负责于电梯机房及电梯井道范围以内的电梯轿厢内对讲、监视配线配管及安装。 55.6 负责电梯机房内配电箱连至电梯控制柜的电缆管线安装。 55.7 负责电梯井内的插座与照明安装施工。 55.8 负责电梯井内断路器至电梯设备的电源连接(若有)。 55.9 负责电梯的交付维护。 55.10 负责电梯安装施工所需之脚手架的搭设	√+W	电梯安装单位

电梯工程分判界面关注点:电梯机房及电梯井道范围以内的电梯轿厢内对讲、监视配线配管及安装由电梯安装单位负责,不在弱电范围内。

12. 标识标牌工程

标识标牌工程界面分判及工作内容如表 A-37 所示。

表 A-37 标识标牌工程界面分判表

类别	序号	分部分项工程名称	工作内容	分包负责	分包单位类别
标识标牌	56	标识标牌	56.1 负责除消防标志及标识、人防标志及标识疏散指示以外的标识标牌施工(含室外标志、标识)	√+W	标识标牌单位

标识标牌工程分判界面关注点如下。

① 公共空间装饰范围内的疏散指示制作及安装由公装单位负责,公共空间装饰范围以外的疏散指示制作及安装由总包单位负责。

② 人防标志及标识采购及安装由总包单位负责实施。

13. 景观工程

景观工程界面分判简表如表 A-38 所示。

表 A-38 景观工程界面分判简表

类别	序号	分部分项工程名称	总包负责	分包负责	分包单位类别
景观工程	57	硬景工程	—	√＋W	硬景单位
	58	软景工程	—	√＋W	软景单位
	59	园林景观中的康乐设施	—	√＋W	康乐设施供应单位
	60	室外家具及垃圾箱	—	√＋W	室外家具供应单位
	61	信报箱制作安装	—	√＋W	信报箱制安单位

（1）硬景工程界面分判及工作内容如表 A-39 所示。

表 A-39 景观工程界面分判表节选（硬景工程）

序号	分部分项工程名称	工作内容	分包负责	分包单位类别
57	硬景工程	57.1 负责与园林绿化相关的二次土方工程施工(若有)。 57.2 负责总平范围内原有路面及地下障碍物、地下建筑破除、清理及外运(总包单位施工需要硬化的场地及施工道路由总包单位负责破除)。 57.3 负责总平范围内原有地块围墙拆除、清理及外运(总包单位施工需要新修临时围墙、施工大门等由总包单位负责拆除)。 57.4 负责总平范围内消防道路坯体及饰面层施工。 57.5 负责总平范围内混凝土车道坯体及饰面层施工。 57.6 负责单元入口残坡通道及台阶坯体及面层施工。 57.7 负责总平范围内室外零星金属工程(铁门、栏杆、地坪金属条)施工，且负责单元入口残破栏杆、总平范围内景观栏杆制安施工。 57.8 负责建施图范围外的构筑物(如门卫室)、人防疏散口坯体及饰面层等施工(若有)。 57.9 负责建施图范围内的构筑物(如门卫室)、人防疏散口饰面层施工。 57.10 负责景观围墙、大门等施工。 57.11 负责总平范围内硬质景观工程(含垫层及饰面层施工)。 57.12 负责总平范围内室外机电机房、风井、采光井、车道挡墙等饰面层施工。 57.13 负责景观与外墙幕墙交接部位的收口处理。 57.14 负责游泳池坯体及饰面层等施工，且负责游泳池相关的水电系统施工。 57.15 负责雕塑小品(含基础坯体及饰面层)采购及安装施工。 57.16 负责园林绿化有关的管沟、管道井、检修井、设备基础、管网、各种井圈及井盖施工。 57.17 负责总平范围内雨污水检查井升井工作(依据景观施工图确定的标高，从前期小市政单位施工完成的标高对总平范围内雨污水检查井提升)，并负责井圈及井盖安装施工。 57.18 负责水景工程施工(含相关的管道铺设，设备、喷头安装及调试，水景效果的调试，水景基础、坯体及饰面层施工)	√＋W	硬景单位

续表

序号	分部分项工程名称	工作内容	分包负责	分包单位类别
57	硬景工程	57.19 负责园林绿化之专用灌溉系统施工。 57.20 负责园林绿化亮化系统（专用配电箱、控制箱、灯具及管线、管沟等）施工，并负责从总包单位提供的指定电源接驳点的接驳工作。 57.21 负责单元门外地面装饰面层（以单元门为界）且负责公装交接部位的收口处理	√+W	硬景单位

硬景工程分判界面关注点如下。

① 与园林绿化相关的二次土方工程施工（若有）由硬景单位负责施工，造型土、种植土及滤水层等由软景单位负责实施。

② 建施图范围内的构筑物（如门卫室、垃圾房）、人防疏散口、室外机电机房、风井、采光井、车道挡墙等坯体施工由总包单位负责实施。

③ 外墙装饰单位按业主提供的景观总平标高进行外墙幕墙施工，景观与外墙幕墙交接部分收口处理由景观单位负责。

（2）软景工程界面分判及工作内容如表 A-40 所示。

表 A-40　景观工程界面分判表节选（软景工程）

序号	分部分项工程名称	工作内容	总包负责	分包负责	分包单位类别
58	软景工程	58.1 负责与园林绿化相关的二次土方工程施工完成后的场地平整及建渣清运工作（若有）。 58.2 负责总平范围内及屋面（若有）造型土、种植土及滤水层等施工，并负责多余土方清理及外运（包含地下室开挖线以外但又位于软景范围内存在的多余土方）。 56.3 负责总平范围内及屋面（若有）粗造坡及细造坡施工。 58.4 负责总平范围内及屋面（若有）灌木及草坪种植工程（含保活）。 58.5 负责总平范围内及屋面（若有）乔木种植（含保活），且负责发包人要求进行的乔木支撑等工作	—	√+W	软景单位

软景工程分判界面关注点：与园林绿化相关的二次土方工程施工（若有）由硬景单位负责，造型土、种植土及滤水层等施工由软景单位负责实施。

附录二

房地产成本管控60问

本节针对房地产行业全过程成本管控,提炼出 60 个问题及解答,分拿地规划及方案阶段、设计阶段、招投标阶段、施工阶段、预结算阶段、销售及财税筹划阶段共六个阶段予以展示。

一、拿地规划及方案阶段

问题一:房地产项目投资估算如何进行阶段性划分?

【答】地产行业一般是编制各阶段的目标成本(类似估算、概算)。标杆房企一般会编制土地版、启动版、定位版、方案版、扩初版和施工图版目标成本。其中定位版、方案版和扩初版较为关键,通常将这 3 个版本称为目标成本的 V1 版、V2 版、V3 版。进行成本精细化管理的企业往往将这 3 个版本的成本测算与控制的要点锁死。房地产开发阶段及对应阶段目标成本如图 B-1 所示。

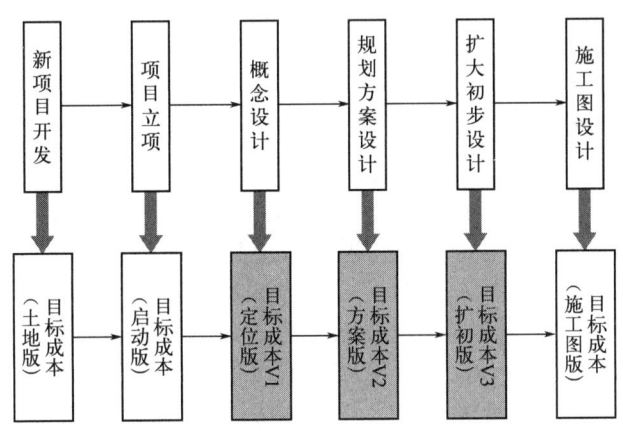

图 B-1 房地产开发阶段及对应阶段目标成本

1. 土地版目标成本

根据类似产品在拿地前进行前期策划管理,新业态前期会有顾问公司参与,根据方案图进行投资估算。同类型项目,如产品测算已经成熟,可将老项目的动态成本进行微调则可完成该阶段目标成本编制。项目投资需要保证一定比例的税后利润率,利润率根据地区不同而存在区别。

2. 启动版目标成本

投资部门牵头进行该版本投资估算。拿地后,建立项目团队,接力进一步完善方案,对产品、售价、成本、投资回报率进行调整,进一步明确项目的定位及业态。

3. 定位版目标成本(目标成本 V1 版)

在项目营销定位阶段,由营销部门牵头,设计进一步深入,针对市场、客户、周边竞品进行调研分析。结合营销定位报告,对多方案的组合进行成本匡算,如表 B-1 所示,并对路网设置、停车设置、场地标高、公建配套等进行测算,最终找出盈利最大化的产品组合,并形成下步设计工作的限额控制目标。

表 B-1 定位阶段方案比选及目标成本测算

项目	对比指标	方案一	方案二	方案三	方案四	方案五	方案六	方案七
产品构成	产品形态构成	全部11层小高层	全部18层小高层	11层小高层+联排别墅	11层小高层+18层小高层+联排别墅	11层小高层+18层小高层	18层小高层+联排别墅	18层小高层+情景洋房+联排别墅
	总容积率	2	2	2	2	2	2	2
财务指标比较	综合单方成本/元	2 693.60	2 773.07	2 671.35	2 748.10	2 773.85	2 747.43	2 809.38
	单方净利润/元	549.82	496.57	597.36	554.50	506.69	548.00	498.99
	项目净利润/万元	28 976.53	28 169.75	31 481.81	29 222.72	26 701.72	28 879.53	26 294.39
	项目 IRR(内部收益率)/%	30.00	28.16	31.60	30.16	28.53	29.92	28.23

确定目标成本 V1 版的主要依据为:

(1) 项目地块红线内外情况、政府规划要点等信息;

(2) 客户品类、产品类型、面积指标、户型配比、预期售价等信息;

(3) 区域内同档次或相似产品的成本构成及价格水平;

(4) 结算类似项目的含量及造价数据;

(5) 项目风格及主题重大技术解决方案;

(6) 成本配置标准化规划体系。

4. 方案版目标成本(目标成本 V2 版)

在规划设计阶段,限额设计是关键,重点对建筑方案、安装方案、结构方案、精装修方案、地下室方案、景观方案、建筑节能方案等形成标准化的管控。利用单价指标、含量指标、百分比指标等可控方式进行合理拆分,总部据此与项目公司签订《目标成本控制责任书》,并以此指导设计、招标、施工、采购等业务活动中的成本费用使用与管理以及对项目公司进行考核。目标成本控制全流程任务如图 B-2 所示。

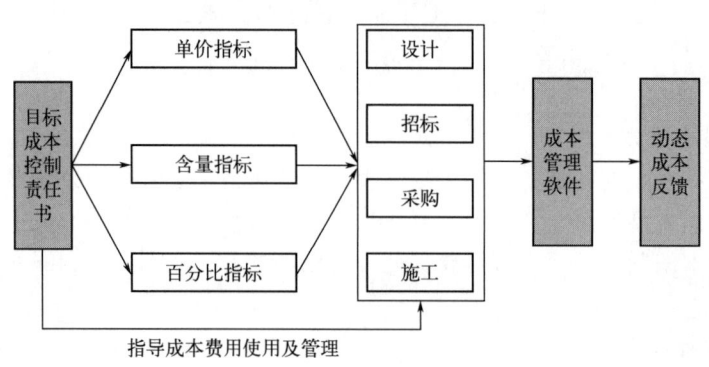

图 B-2 目标成本控制全流程任务

目标成本 V2 版的编制依据为：
(1) 项目定位阶段目标成本测算表；
(2) 现场地块地质条件及地基详勘报告等补充资料；
(3) 经政府审批的规划设计指标及规划设计方案；
(4) 政府现行的房地产相关收费标准；
(5) 财务提供的行政费用、资本化利息及期间费用；
(6) 以往类似项目的造价指标和项目所在地的市场价格信息。

5．扩初版目标成本（目标成本 V3 版）

在扩大初步设计阶段，需强调客户体验、客户价值。需要明确客户价值排序与成本额度分配，排好优先次序，达成营销、设计与成本的平衡。管控的重点是基础类型、材料规格、构件尺寸、主要设备选型。此时进行目标成本动态控制流程如图 B-3 所示。

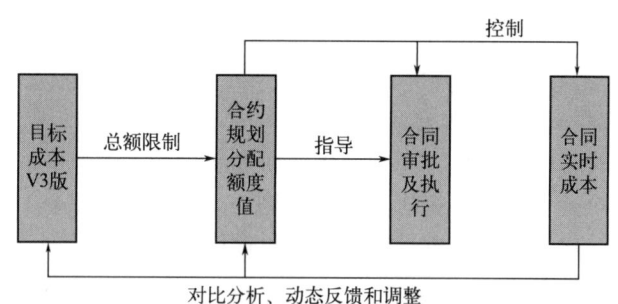

图 B-3　目标成本动态控制流程

目标成本 V3 版的编制依据为：
(1) 结构初步设计；
(2) 安装初步设计；
(3) 景观初步设计；
(4) 精装修初步设计。

6．施工图版目标成本

根据确认的施工图纸修订补充扩初版目标成本，进行二次设计优化，形成施工图版目标成本。

上述目标成本的编制，因产品业态不同或产品的标准化程度不同，在执行时会有部分调整，但大体的思路是相同的。

问题二：房企开发成本主要包括哪些内容？

【答】现代房企开发成本一般包括土地费用、前期费用、主体建筑安装工程费、社区管网工程费、园林环境工程费、配套设施费、开发间接费、期间费用等 8 类费用。

(1) 土地费用，受土地市场等影响，不作标准成本要求。

(2) 前期费用，主要包括策划费用、勘察设计费、报批报建费、三通一平费、临时设施费，价格相对稳定，一般会按单方造价指标作为标准成本控制上限。

(3) 主体建筑安装工程费，包括土石方工程、基础工程、结构及粗装修、公共部位装修、门窗工程、安装工程、室内设备供应及安装、户内精装修等工程费用。主体建筑安装工程费标准成本由建造标准、单方造价指标、单方含量指标等组成。

(4) 社区管网工程费，包括红线范围内室外给排水系统、采暖系统、燃气系统、供电系统及高低压设备、智能化系统等工程建设费用及各系统与市政配套管网接驳工程费用。社区管网工程费标准成本由建造标准、单方造价指标等组成。

（5）园林环境工程费，包括绿化工程费、建筑小品费用、道路广场建造费、围墙大门建造费、室外照明费用等。园林环境工程费标准成本由建造标准、单方造价指标、软硬景控制比等组成。

（6）配套设施费，包括无产权、处置权或收益权的地下车库（带人防）、设备用房、垃圾站、警卫室等配套设施需支出的费用。配套设施费标准成本由建造标准、单方造价指标、单方含量指标等组成。

（7）开发间接费，包括工程管理费、营销设施建造费、物业管理后期完善费、不可预见费：

① 工程管理费，包括工程监理费、招标代理费、造价咨询服务费等。其价格相对稳定，一般会按单方造价指标作为标准成本控制上限。

② 营销设施建造费，包括样板间设计费、精装修及家具配饰费用，受销售策略影响，一般不作标准成本要求。

③ 物业管理后期完善费，不作标准成本要求。

④ 不可预见费，可不作标准成本要求。

（8）期间费用，包括管理费用、销售费用、财务费用，不作标准成本要求。

对上述费用各地产公司在内容表达上略有不同，如表 B-2、表 B-3 所示。部分房企还会编制标准化目标成本，作为指导、审批各项目的目标成本的依据。

表 B-2 ××项目目标成本测算金额汇总表（A 公司）

序号	项目名称	综合 建面单方/(元/m²)	综合 总投资/万元	备注
	概算金额	11 664.08	309 879.53	建筑面积为 265 669.84m²
1	土地款	876.35	23 282.08	—
1.1	土地出让金	823.11	21 867.48	据实计入
1.2	契税	33.34	885.63	据实计入
1.3	土地使用费	19.88	528.19	据实计入
1.4	土地登记费	0.03	0.78	据实计入
2	工程建设其他费	896.26	23 811.05	—
2.1	勘察设计费	187.65	4 985.30	详见相关附表
2.2	报批报建费	218.03	5 792.34	详见相关附表
2.3	临时设施费	42.28	1 123.24	详见相关附表
2.4	工程管理相关费	410.67	10 910.17	详见相关附表
2.5	其他工程费	37.64	1 000.00	详见相关附表
3	主体建筑安装工程费	8 381.26	222 664.69	—
3.1	土方、基坑支护及桩基工程	197.74	5 253.33	详见相关附表
3.2	建筑工程	4 083.28	108 480.45	详见相关附表
3.3	安装工程	4 100.24	108 930.91	详见相关附表
4	室外工程	531.55	14 121.76	—
4.1	园林绿化工程	284.47	7 557.60	
4.1.1	地面绿化	—	3 312.00	1800 元/m²

续表

序号	项目名称	综合 建面单方/(元/m²)	综合 总投资/万元	备注
4.1.2	透水铺装	—	2 032.00	800元/m²
4.1.3	不透水铺装	—	865.60	800元/m²
4.1.4	围墙	—	500.00	2500元/m²
4.1.5	大门	—	600.00	—
4.1.6	屋面绿化工程	—	248.00	400元/m²
4.2	室外管网	247.08	6 564.16	详见相关附表
5	红线外大市政及代征道路、绿地	483.77	12 852.39	—
5.1	红线外大市政	436.63	11 600.00	含设计、监理费
5.2	代征公共绿地(5 775m²)	1 300.00	750.75	同园区内标准
5.3	代征道路(3 046.25m²)	1 300.00	396.01	同园区内标准
5.4	代征道路绿地(812.50m²)	1 300.00	105.63	同园区内标准
6	不可预见费	494.88	13 147.57	未发生部分5%计入
	合计	11 664.08	309 879.53	

表 B-3 ××项目目标成本测算金额汇总表（B公司）

序号	成本项目	可售面积单位成本/(元/m²)	总成本/万元	分摊标准说明及备注
	建筑面积	—	—	251 042m²
	可售面积/持有物业	—	—	239 794m²
	占地面积	—	—	66 820m²
一	土地及政府规费	41	766	—
1	土地获得价款	0	0	占地面积
2	丈量报建费	41	766	建筑面积
二	配套及地下室费	645	12 061	建筑面积
1	土地属性指标类	14	258	—
2	地下室	357	6 674	
3	特殊土地基处理	274	5 129	
4	场地平整	0	0	
三	基建及管网费	2 169	40 572	—
1	主体土建工程	1 669	31 222	直接归属
2	主体安装工程	388	7 252	直接归属
3	室外管网工程	112	2 098	占地面积
4	风险费	0	0	建筑面积
5	其他	0	0	建筑面积
四	室内精装修费	1 000	18 710	直接归属
五	装饰及环保费	443	8 296	直接归属

续表

序号	成本项目	可售面积单位成本/(元/m²)	总成本/万元	分摊标准说明及备注
1	建筑立面及部品	304	5 696	—
2	公共部位精装修	101	1 896	—
3	室内弱电系统	22	405	—
4	绿色节能环保	16	299	—
六	环境提升费	235	4 389	建筑面积
1	土地合同外选择型配套	110	2 054	建筑面积
2	室外智能化系统	15	287	建筑面积
3	园林环境工程	109	2 047	占地面积
七	开发管理费	421	7 881	—
1	规划设计费	69	1 297	建筑面积
2	行政管理费	212	3 969	建筑面积
3	工程管理费	53	982	建筑面积
4	营销设施建造费	34	630	建筑面积
5	造价咨询费	14	257	建筑面积
6	物业完善费	40	747	建筑面积
八	资本化利息	0	0	建筑面积
	开发成本	4 953	92 674	—
九	期间费用	0	0	建筑面积
1	管理费用	0	0	—

问题三：目标成本的数据来源？如何应用？准确性如何？

【答】目标成本数据有三个主要来源：(1) 集团内已有成熟产品类型的，通常采用本集团内同类型项目数据，将老项目的动态成本进行微调则可完成目标成本编制；(2) 其他标杆房企在当地同类项目造价指标；(3) 非标准项，如地标型建筑等未涉足的项目类型，则会聘请顾问公司采集规模、定位等类似的项目的数据进行参考。

标杆房企会对标准化程度比较高的产品业态编制标准目标成本。标准目标成本是指当企业有了多个项目的成本数据库积累后，通过对历史数据进行整理、分析，并结合当前市场价格水平制定的符合该企业开发项目实际情况的标准成本指标，一般每1~2年更新一次。标准成本指标主要包括"建造标准""单方造价指标""单方含量指标"等，其中"单方含量指标"和"单方造价指标"是指导目标成本测算及限额设计的重要指标。原则上，目标成本测算及限额设计指标均不得超过标准成本要求，超过时需说明原因。

问题四：建设方案比选时进行经济分析有哪些方法和依据？

【答】仍遵循《建设项目经济评价方法与参数》开展经济评价，采用多方案对比，备选方案为2~3个。

主要经济评价指标为IRR内部收益率、成本利润率、税后利润率。与《建设项目经济评价方法与参数》思路、方法基本相同。

问题五：成本管理在方案策划阶段有哪些主要工作，如何实施？

【答】主要是开展两个方面的策划，即"项目策划"和"产品策划"。

1. 项目策划

以收益最大化视角进行总图策划，从项目整体布局、产品业态组合等实现项目成本的首轮不均衡分配，如图 B-4 所示。

容积率	0.7	1.0	2.6
别墅占比	100%	36%	0
高层占比	0	64%	100%
商业占比	0	0	10%
收入/亿元	13.3	16	29.7
成本/亿元	9.6	12.9	27.5
税前利润/亿元	3.7	3.1	2.2

备注：别墅售价9000～11500元/m²；高层6000元/m²

图 B-4 房地产开发方案策划阶段成本测算示意图

2. 产品策划

针对不同业态有成本规划体系的编制，以客户感知和不同品类客户需求为逻辑主线，进行产品设计和部品配置等决策工作，从而将建造成本进行合理、有效的分配。基于敏感性成本、功能性成本、结构性成本的产品角度的二次不均衡分配，可以实现用更少的成本，获得更好的产品体验。具体成本指标含义如下。

（1）结构性成本：指对承受各种荷载、起骨架作用的空间体系（如桩基、基础、梁、板、柱、墙等）所投入的成本。这部分不太受业主关注，但属于建筑物的必备要素，需要对其指标（如钢筋含量、混凝土含量、模板含量、砌体含量、窗地比、外立面造型等）进行控制。

（2）敏感性成本：指某些成本参数的小幅度变化可导致经济效果指标的较大变化。就是相对投入较少、成本回报较高、最受业主关注的部分，如园林景观工程、门窗工程、外立面装修、大堂精装修、电梯前室装修、智能化工程、体验示范区等。

（3）功能性成本：分基本功能和附加功能。基本功能是实现项目用途必不可少的功能，附加功能是基本功能之外的其他功能。

上述成本控制的原则是：

原则一，严控结构性成本：严控桩基、基础、柱、墙、梁、板等分项工程指标；

原则二，投入敏感性成本：园林绿化、门窗、外立面、入户大堂、智能化等工程进行合理投入；

原则三，合理分配功能性成本：功能配备合理，实现必要功能，减少不必要功能。

问题六：投资估算如何与设计方案衔接？

【答】主要通过以下三个步骤。

（1）先进行项目策划，强调货值最大化。通过四大设计方案进行成本控制：产品组合方案、路网布置方案、停车布置方案、场地标高方案。

（2）其次进行产品策划。确定单价指标、含量指标、百分比指标，然后据此进行限额设计。针对建筑方案、安装方案、结构方案、精装修方案、景观方案、地下室方案、建筑节能方案等实现标准化的管控。

（3）最后依据客户体验调整。在扩初设计阶段，尽量站在客户视角去做产品，重点投入敏感性成本。

问题七：本阶段与咨询公司的合作方式、合作深度如何？

【答】目前地产领域的造价咨询开展的仍然是算量、计价的业务为主，在目标成本编制、与设计的协同等方面的服务能力有限，加之这些内容多数是房地产公司的核心关切内容，多数为自己完成。咨询公司在目标成本编制及设计协同方面的配合工作更多倾向于"校核"作用，即根据初步设计图纸测算各类关键指标是否满足要求、是否控制在限额之内，如：主体结构钢筋含量、混凝土含量、窗地比、软硬景比例、停车效率等。相对住宅项目来说，商业项目需要造价咨询单位配合完成目标成本编制、合约规划的情况更多一些。

部分地产企业在前期尝试与港企合作，拟进一步充分了解其合同及项目管理模式，但随着地产产品研发能力及成本管理能力进一步完善，目前更多的是倾向于选择国内的咨询企业进行合作。但合作的深度仅限于协助业主的成本管理人员进行成本测算工作，无法介入到前期可研及方案阶段的工作中。

在无类似经验的项目中，地产企业往往会考虑港资咨询公司，因其启动较早、经验较为完善。地产企业的关键需求是从咨询公司处寻求相关类型的数据进行比对，而国内的咨询公司被认为不具备数据积累及成熟的数据分析能力，从而合作较少。

问题八：地产企业有无内部的企业定额？

【答】标杆房企通常已经建立了内部的造价指标库，甚至编制了标准目标成本，用于指导后续的项目目标成本编制与审批。某种意义上来说，标准目标成本已经有些类似于房企自身企业定额。

在具体项目目标成本审批时，可借助中介机构，或自身的人脉积累，收集外部数据进行对标，以使自身确定的项目目标成本更贴近于市场。招标过程中，对回标价格进行统计分析，可以作为后续标底及评标的依据，亦可作为新项目目标成本编制的参考依据。

二、设计阶段

问题九：如何开展限额设计？

【答】限额设计工作程序如下。

（1）各项目均需成立设计成本工作小组。

（2）设计合同或任务书中明确提出限额设计指标及标准化做法，限额设计指标需符合标准成本及目标成本要求；主体结构工程限额设计指标一般包括钢筋单方含量、混凝土单方含量、层高、墙地比、窗地比、停车效率等；精装修工程限额设计指标一般为单方造价指标；园林绿化工程限额设计指标一般为软硬景比例、单方造价指标等。

（3）待施工图出具前，项目公司需组织对典型楼栋限额设计指标达标率进行复核，复核无误后方可出具正式蓝图。当存在超标设计时，必须组织设计单位进行优化，除特殊情况报备同意外，不得超标出具施工图。

问题十：如何进行设计评审？

【答】图纸完成后，必须依据设计评审标准组织图纸会审，全部符合后方可正式出图；若存在不符合设计评审标准的事项必须提出解决方案，并逐一落实。图纸评审通过，但后期又发生相关设计变更的，将对设计部门进行追责。

问题十一：有哪些清单计价模式，其依据是什么？

【答】不同的清单计价模式与依据如下。

（1）部分企业有自己的标准清单及企业定额，清单模式采用港式清单的做法，清单价格为全费用单价，清单工程量计算规则参考目前国标清单的计价规则，预算单价执行企业定额定价，企业定额没有的项目会参考当时造价管理部门颁布的定额进行组价。

(2) 部分房企还是采用国标清单，并执行当地造价管理部门颁发的定额及信息价进行组价，管理费费率及利润率会考虑一定比例的下浮让利。

问题十二：清单计价如何与设计图纸协同、匹配？

【答】可采用以下方法。

(1) 在方案设计完成后，依据图纸对工程量指标、价格指标、百分比指标进行对标检查，提出调整建议。

(2) 目前地产领域编制模拟清单招标的情况比较普遍，模拟清单在一定程度有指导设计标准的作用。造价咨询单位配合编制模拟清单与控制价，配合开展招采相关工作；在施工图设计完成后，进行合同金额重计量（转固）的工作。

三、招投标阶段

问题十三：标段划分的依据和原则是什么？招标方案如何策划？

【答】主要根据投标单位承接能力及管理便利性、项目工期要求进行标段划分。地产公司多数通过合约规划来衔接目标成本与招采管理，即把目标成本按照自上而下，逐级分解为合约大类与相应的合同金额目标，进而指导下一步的招标工作和合约管控工作。

问题十四：合约规划的定义与作用？

【答】合约规划是指项目目标成本确定后，对项目全生命周期内所发生的所有合同大类及金额进行预估，是实现成本控制的基础。合约规划也可以理解为以预估合同的方式对目标成本的分级，将目标成本控制科目上的金额分解至具体的合同。

合约规划具备三大管理价值：一，成本控制的管理抓手；二，支撑资金计划预测；三，指导后期采购计划编制。合约规划管理流程及内容如图 B-5 所示。

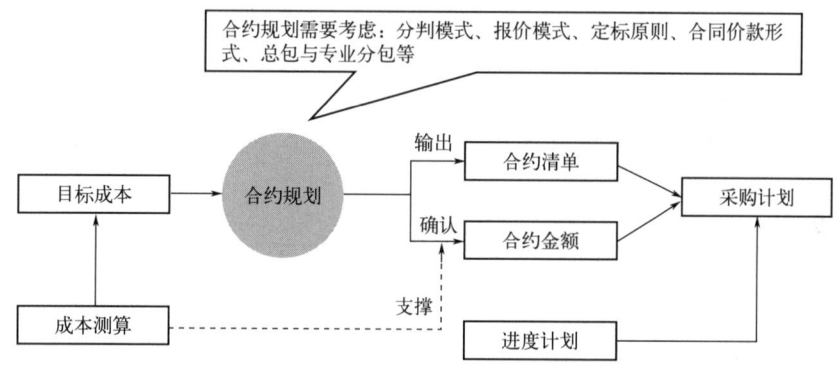

图 B-5　房地产开发合约规划管理流程及内容

问题十五：合约规划如何编制、调整？

【答】待方案版目标成本审批通过后，项目公司需及时根据项目管控模式、上级公司集采应用及专业资质许可要求、项目工期及当地垄断情况等分解目标成本，形成项目合约规划。项目合约规划的编制主要涉及项目合约规划界面、合约规划金额、合同计价及招标方式、主责部门等，其中合约规划界面划分是项目合约规划编制最为重要、复杂的工作，也是其他信息继续完善的前提。

项目合约规划是项目目标成本执行的重要管理工具，项目招标必须严格围绕合约规划展开，招标金额不得突破合约规划金额，同时项目合同执行金额、预结金额、结算金额等均必须在合约规划范围之内，以保证项目动态成本可控。

为有效规范项目合约规划编制口径、提高合约规划编制效率以及避免拆解发包等，大多房企均会自主制定及发布标准合约规划。

某项目合约规划主要内容如图 B-6 所示。

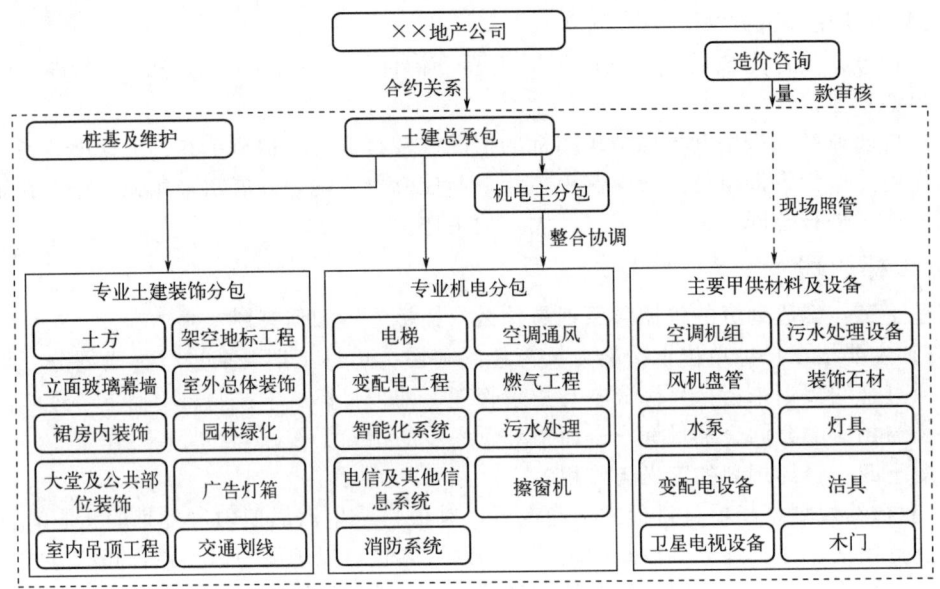

图 B-6　某项目合约规划主要内容

当发生以下情况时，项目合约规划需及时进行调整：
（1）目标成本发生变化导致对应合约规划金额发生变化时；
（2）项目合约规划界面发生变化时；
（3）目标成本及项目合约界面均不发生调整，但合约规划金额发生变化时。

问题十六：如何确定采购计划与采购方式？

【答】根据合约规划来编制每个项目的采购计划，如图 B-7 所示。

序号	招标项目名称	责任主体	招标方式	标底价	发标日期	定标日期	签约日期	进场日期	范围说明（如需）
1	地下管网、土壤氡浓度探测	城市公司	直接采购						
2	地震安全、交通影响、环境影响评价	城市公司	直接采购						
3	客户需求调研	城市公司	邀请招标						
4	地质勘察	城市公司	直接采购						

图 B-7　某项目采购计划示意

需要说明的是，一般房地产集团会对不同采购任务的采购方式、组织部门、评标办法、供货方式、计价方式、战略采购进行比较明确的规定，以便更为高效且在受控的情况下开展该项工作。

某公司采购权限划分如表 B-4 所示。

表 B-4 某公司采购权限划分表

采购类别		采购方式	采购金额	组织部门	备注
集团工程及材料采购（含战略采购）		招标	不受金额限制	工程管理部	招标和议标均不得少于两个部门参加，直接采购需得到负责对承包商管理的部门的同意。在金额范围内，可选择高一级的承包商
工程/勘察/监理类承包商		招标	合同金额 30 万元以上	合约成本部	
		议标	合同金额 5 万元以上，30 万元及以下	合约成本部	
		直接采购	合同金额 5 万元及以下	合约成本部	
材料/设备类承包商	钢材、水泥、外墙砖	招标	合同金额 50 万元以上	合约成本部	
		议标	合同金额 50 万元及以下，5 万元以上	合约成本部	
		直接采购	5 万元及以下项目	合约成本部	
	其他	招标	合同金额 30 万元以上	合约成本部	
		议标	合同金额 30 万元及以下，5 万元以上	合约成本部	
		直接采购	5 万元及以下项目	合约成本部	
设计类承包商		招标	合同金额 10 万元以上	集团规划设计部	
		议标	合同金额 10 万元及以下，5 万元以上	集团规划设计部	
		直接采购	5 万元及以下项目	项目公司设计管理部	

采购的原则及方法示意如图 B-8 所示。

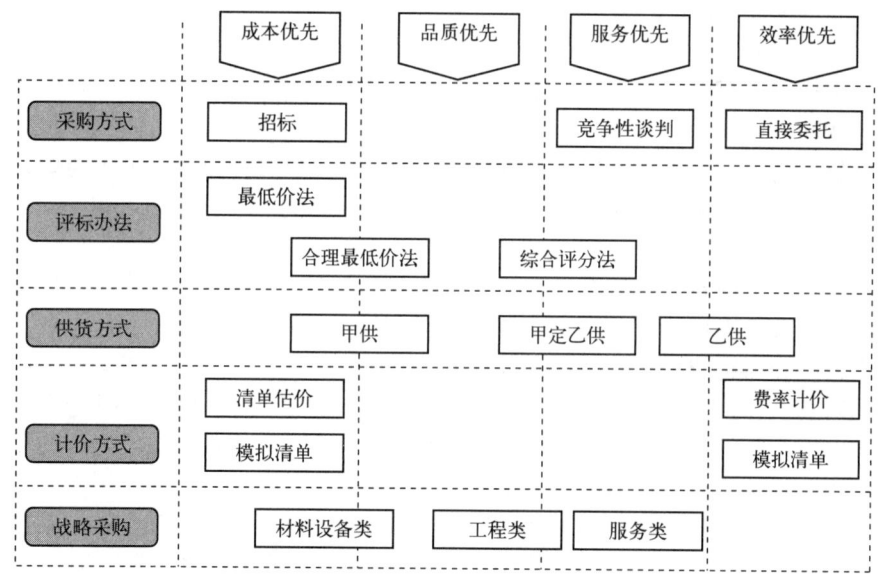

图 B-8 某公司采购方法示意

在采购计划的执行过程中，应采取有效措施对采购计划的执行状况进行高效识别，发现异常情况及时处理。同时，严格管控招标责任主体变更（如原本总部集中采购事项变更为项目直接采购）、招标方式变更等情况。

问题十七：采购方式如何进行选择与管理？

【答】要点如下。

（1）国有投资的企业根据政府要求的金额等级选择公开招标或邀请招标。对于新入库的合作单位，会对其采取资格预审、投标考察、团队面试（注重团队）环节。金额较大的项目招标定标需要通过当地招标管理办公室进行，基本招标流程按国家规定流程执行，但是为了保证招标过程可靠、中标单位可靠，在正式招标前一般会进行市场调研，对潜在客户及报价标准进行初步了解。

（2）目前多数非国有投资的房地产项目选择供应商的方式与港式比较接近，前期重视潜在客户的考察，采用邀请招标的方式确定供应商，投标报价有一定的协商空间，这种方式可保证价格合理、过程合作可控。

（3）多数企业集团总部会进行集中采购，建立战略合作供应商库，项目公司在库内选用供应商，可缩短招标时间，简化招标流程。中标价格采取合理低价的方式进行，可以对报价进行调整。

（4）大多数地产都有内部的招标平台，要求符合投标资格的施工单位、供应商在投标前先入库。对于入库企业，部分地产商会对其进行考核走访，对如供应商的返修率等进行考察。

（5）具体项目招标时，在供方库中选择参与单位，采购部门负责组织对入围单位的考察，工程和研发部门及成本管控部门参与资格预审，并在入围审批中提出明确意见。

问题十八：如何考察潜在投标人？

【答】多数房企都会对潜在投标人进行考察，大型地产集团对入库单位会进行严格把关，招采管理部门、工程部门、研发部门都需要参与其中，并由分管上级审批供方库成员。原则上，只有已入库的单位方有资格参与投标，对供应商主要从组织架构、履历、历史业绩、产品性能、财务状况等方面进行考察。

供方推荐有三大原则。

（1）达标原则，即所有入围单位的各项条件必须符合招标文件要求，这是保证供应商质量的基本门槛和必要条件。

（2）竞争原则，尽可能在供应商之间形成市场竞争，以选择出相对最优的供方。在具体执行中，很多标杆企业明确要求，邀请招标的有效标底数必须大于等于 $2N+1$，N 为实际需要合作的供应商。

（3）新人原则，即在邀请招标时尽量保证至少有 1 家未合作供应商参与，规避串标，整体上确保招标过程的良性竞争。

问题十九：如何把招标范本制作得有利于己方？

【答】多数公司通常会编制各专业招标文件范本，与国家范本相比，国家的范本比较公正，而地产企业的招标文件范本更多将风险转移给承包商，以提高其最终造价的可控性。

问题二十：房地产企业如何编制工程量清单？

【答】房企一般会采用模拟清单、施工图清单、费率三种形式组织招标，为有效缩短项目整体开发周期及减少后期结算争议，总包模拟清单招标较为普遍，先行确定总包进场施工，待施工图出具后，及时转固。

根据计价体系不同，房企清单控制价可分为国标体系及港标体系，其中国内房企普遍采用国标计价体系，港资、外资及部分广深房企惯采用港标计价体系。国标体系主要依据《建设工程工程量清单计价规范》（GB 50500—2013）、历史项目价格等编制清单；港标体系主要依据港标规范、历史项目价格等编制清单。但不管国标清单还是港式清单，在项目组价时都会比较弱化定额组价，一般采用类似项目价格，无类似项目价格时也是优先通过询价组价，后才参考定额组价。部分房企在国标或港标清单的基础上，结合自身企业开发产品情况，制订企业标准清单。

大多数房企控制价不公开（除国有投资项目要求必须公开招标除外），仅作为内部招标价格控制及清标的依据。

问题二十一：评标的规则如何？对投标书的计价模式要求是什么？是否有答疑澄清修正，如何实施？

【答】（1）评标一般采用综合评分法，一般技术标与商务标的评分占比为4∶6（有的单位商务标占比更高）。商务标常采用综合低价的原则，会根据所有的报价采用一定的处理确定基准价，低于基准价加分，高于基准价扣分。

（2）投标书的计价模式分两种，一种是参照目前国标清单、定额组价方式报价，另外一种是全费用清单，投标人自主报价。

（3）清标环节一般都有答疑澄清修正，采用质询函的方式进行问题沟通、报价修正。

问题二十二：有无清标环节，如何实施？

【答】一般都会设立清标环节。在定标之前进行清标，目的是审查每份投标文件是否实质上响应了招标文件的要求。首先审查资料的完整性与合规性、与招标清单的一致性，其次对投标价进行对比分析，如有模糊不清之处，要求投标单位进行澄清。在项目评审过程中，对投标人投标报价进行详细的比对分析，分析其报价中主要材料费、人工费、机械费、措施费、管理费、临设费、安全文明施工费、规费税金等所有相关造价组成是否合理。如发现不合理因素，需要投标人进行澄清与调整，通过澄清与调整使投标价格更加合理。

一般地产企业会有多次回标的情况，回标次数受企业性质、企业管理要求、招标项目规模等因素影响。

问题二十三：如何防范围标、串标？

【答】防范围标、串标应注意以下方面。

（1）推行资格后审，增加投标人数量，提高竞争性。

（2）开标时加强监管，如要求投标人的法定代表人或拟派项目经理持有效证件到场，并提供单位为本人缴纳社保证明文件，增加围标串标的难度。

（3）加强投标保证金管理，如要求投标保证金从投标人本单位基本账户转出，开标时要求提供原始转账凭证。

（4）制订有针对性的评标办法，如采用"经评审的最低投标价法"，不限定投标人数量，有效评标价通过计算和评审确定，就增加了围标串标的难度。

（5）推行工程量清单招标和电子评标。通过IP地址检测投标方报名、购买招标文件、澄清答疑、回标等环节是否存在异常情况。

（6）通过清标发现投标报价异常情况。集团定期组织招采检查，若发现供应商串围标行为，通过暂停投标、没收投标保证金、拉入黑名单等形式处罚及警示供应商，对恶意串标者，可剔出合格供应商库，并在征信体系中予以公布。

问题二十四：不平衡报价的认定规则与调整方法？

【答】1. **不平衡报价的认定**

有的合同会在招标文件中约定判定不平衡报价原则。通常认定规则为考虑有无可能带来"低价中标，高价结算"的较大风险。如人工、主材报价超出招标控制价或其他单位报价以及类似项目中标价±50%，其他材料与机械报价超过招标控制价或其他单位报价以及类似项目中标价100%，可以认定为严重不平衡报价。

2. 应对不平衡报价措施

（1）如有条件，尽量保证设计深度，减少变更出现。

（2）编制工程量清单时，项目特征描述要精准，减少模糊项，同时工程量计算应尽量准确，防止因工程量不准确，给投标单位不平衡报价的机会。

（3）如清标发现不平衡报价，部分企业要求潜在中标人在总价不变的情况下进行分项价款的调整，也有企业进行第二轮报价调整价款。

（4）对于采用限价进行招标控制的项目，一般约定变更的计价原则为采用投标下浮率。根据承包人中标价格水平与最高限价的差值，确定投标下浮比例，如发生变更，有合同外单价，首先采用限价编制原则进行套价（套定额，计入信息价），然后根据中标价格与招标限价的下浮比例，再对变更单价进行下浮。

（5）参考市场价格、历史数据等，第一次接触的项目类型预留一定的区间。截标后，开标前，给出预计中标价（标底），针对不合理价格进行约谈。

3. 不平衡报价的调整原则

（1）国有投资项目如清标过程中发现有不平衡报价，应要求合同签订前进行调整，但不改变其投标总价。

（2）非国有投资项目如清标过程中发现有不平衡报价，应要求合同签订前进行调整，投标总价应随之更改，不改视为放弃投标。

问题二十五：关于最高投标限价相关问题。

最高投标限价的问题可细分为：有无设置最高投标限价、标底或预计中标价，具体如何编制？作用是什么？最高限价是否公开？

【答】（1）国有地产企业按照《建设工程工程量清单计价规范》（GB 50500—2013）必须公开最高限价，但执行过程中，仅部分国有投资房地产项目会设招标控制价作为最高限价并公开，编制依据为国标清单及当地定额、信息价。一般仅公开总价的为多，另少部分公开价格主要构成部分，如分部分项总价、措施费总价、税金总额、暂估价总额等。

（2）非国有投资企业通常不设最高限价，但是会编制招标控制价作为标底价，依据招标文件、施工图纸、定额及信息价格、集团内外类似项目造价数据等编制，标底价作预计中标价格，一般不会向投标人公开。投标后，会将所有投标报价与标底价进行对比分析，在一定范围内（以万科为例，一般总包是±6%，分包是±10%）的属于有效投标。

问题二十六：招标控制价的组价方式有哪些？

招标控制价的组价问题可细分为：控制价编制时综合单价是否全部采用定额规则组价？哪些不采用定额计价方式组价，他们又是如何组价的？招标控制价的综合单价有无分析表格，如何分析或评价其单价的合理性？

【答】（1）除部分企业使用港资清单外，大部分的房地产企业编制控制价仍采用定额规则进行组价，不仅需要报分部分项工程单价，也需要列示对应的定额子目量价、人材机消耗量价等相关信息。不过依据定额测算仅作为确定分部分项价格的参考，最终必须按照历史数据进行市场价格的修正，并控制在目标成本范围之内。

（2）对于港资清单，往往主要采用历史项目数据组价，更注重与历史市场价格的对标。例如C30混凝土柱，近期项目所在地类似业态是否有定标价格，混凝土价格在两个项目招标周期内是否有大的调整、人工价格是否有涨幅，根据这些市场信息调整综合单价。当无历史项目数据时，也会参考定额组价。

一些特殊的分包项目如精装修、幕墙、门窗等工程，多数企业招标采取清单计价模式编制控制价，要求填写综合单价分析表，分析表要明确列示所需的主要材料及消耗量。特例：幕墙按照含钢量、玻璃、型材、五金配件按照实际消耗量计取，大辅材按照实际图纸算量，制作安装人工按照面积计取，与投标单位的成本测算一致。

（3）控制价的综合单价有分析表格，以便在清标时作为基础性的参考。除特殊项目外单价分析表中人工、材料、机械、管理费无须呈现消耗量，若存在变更，则参考定额。

（4）分析和评价综合单价的合理性要从综合单价所包含的人工、材料、机械、管理、风险、利润等费用入手。

① 分析人工费用时：每日工程施工的人工消耗量水平，与企业的工程管理水平以及施工人员工作积极性密切相关，但是通常在此方面成本需要高于社会成本均值。以建筑行业市场的人工平均薪资水平决定人工单价，平均日工资要求高于劳动保障部门所发布的每日薪资最低标准。

② 分析材料费用时：施工材料单价与工程项目施工中的现场管理水平相关，要求高于行业材料成本均值，与施工的实际情况相结合，适当调整辅助材料消耗量，选择增加或是减少。材料单价还与材料的进货渠道、地区、数量、季节、运输和付款条件等密切相关，一般要求要高于同市场的产品价格。

③ 分析机械费用时：施工机械需要考虑闲置过程中产生的维保费，依照相关规定，在允许范围内，施工机械费用要高于行业成本均值。

④ 分析管理费用时：管理费用与施工单位在建筑工程项目施工中的管理水平密切相关，但是同样要求高于行业成本均值。

⑤ 风险费用、利润在不同企业之间存在明显差异。假若考虑与建设单位建立长期合作关系，是允许部分企业选择低利润甚至零利润情况的，但是其核心是在不低于成本的前提下报价最低，需要通过企业的优化管理、技术革新等路径提升竞争力，在保证工程质量的前提下尽可能压缩成本，这样才能提高企业的利润创造能力。

问题二十七：招标控制价是否与施工组织或工期关联？

【答】咨询机构编制限价时会适当考虑施工组织与工期等因素，但主要是参考定额（个别省份定额有赶工系数，根据标准工期定额和业主要求工期确定费率）、企业内外部历史价格数据做出判断。措施费用因为技术方案的不同会存在一定的差别，属于较大的风险项。在实际招标过程中技术措施方案会作为投标报价的一部分，以支撑报价的合理性，通常采用固定包干价。

问题二十八：实际中标价与招标控制价相比的下浮比率如何？

【答】对于标杆房企，由于具有大量类似项目数据，最高投标限价相对准确，一般可控制在3%~5%。除此外，可控制在10%~15%。

问题二十九：专业工程（如电梯）或无定额子目的工程，如何定价？

【答】对于一些专业工程，无定额子目，均需设定招标控制价。招标控制价应控制在目标成本范围之内，其价格确定需要结合历史成本数据，或进行市场调研与询价流程予以确定。

对于此类工程，多数的房企集团总部都会通过集中采购确定战略合作单位及集采价格，项目公司可在战略供应商库内选择供应商。

对一些没有战略采购价格需要进行市场调研的项目，一般由招标采购管理部门牵头，工程部门、研发部门、成本部门都需要参与其中，共同进行市场调研并出具调研报告，并选用多个供应商进行价格比较，以确定合格的供应商、合理的价位。

问题三十：对造价咨询企业参与招标控制价编制的评估与建议有哪些？

【答】一般均对外委托造价咨询机构完成该项工作。

招标控制价应根据项目情况与市场价格水平进行编制，建议取消"招标控制价必须依照定额与信息价格确定，并报送当地工程造价管理机构备查"的做法，定额与信息价格仅可作为编制招标控制价的参考依据之一，引导市场机制在定价过程中发挥更大的作用。

建议造价管理部门可统一清单工程量计算规则，并对清单项目设置做出统一要求。清单项目可以按工序设置，投标人根据自己企业施工水平进行报价，投标报价采用全费用形式，综合单价分析表可以要求投标人列出消耗量、单价、取费费率。可调差材料尽量为主要材料及价格浮动较大的材料如钢材、人工费等，如合同约定了可调差材料，则在项目施工过程中，发包人及招标人应定期共同进行市场调查确定价格变动幅度，以确定是否进行调差，材料调差在结算时统一调整或者过程据实调整。

问题三十一：合同签订前有无再谈判，其方式、内容如何？

【答】多数企业招标文件约定比较全面，在合同签订前会对涉及合同的所有的商务和技术条款，进行梳理确认，以降低履约风险。主要内容包括承包内容和范围的确认；技术要求、技术规范和技术方案；价格调整条款；合同款支付方式；工期和维修期；争端的解决；其他有关改善合同条款的问题。此项工作不会有原则性变动，是对在招标、评定标过程中产生的问题进行的明确补充。

但如果投标报价超目标成本，会就合同价款与拟中标单位进行谈判。

问题三十二：合同采用清单计价还是定额计价方式？理由是什么？

【答】标杆房企一般会采取固定单价的清单计价模式，另有少部分地产项目采取费率招标、定额计价的方式。

清单计价模式更便于业主单位控制成本超支风险，便于对包括变更洽商、暂估价的调整、进度付款、工程结算等开展风险管控，同时能够更有效地实施动态成本监控。

需要说明的是，越来越多房企集团基于住宅产品的标准化，更多地采取模拟工程量清单招标的模式，在没有设计图的情况下，就依据企业类似项目资料编制模拟清单并进行招标。在施工图设计完成后，再依据施工图与总承包进行重计量，进而签订补充协议（转固）锁定工程合同价款。

采取费率招标、定额计价合同方式可简化和缩短招标时间，快速确定施工单位展开工作，但是后续价格确认工作难度较大，成本可控性差。

问题三十三：关于合同文本相关问题

合同文本问题可细分为：是否有本企业版本的合同（包括施工合同、技术咨询服务类合同、材料设备采购合同等）？如有，其与国家（或省市）推荐的合同示范文本有什么不同点，优势在哪？

【答】通常房地产企业会编制本企业的合同范本，涉及各个类别，如工程类、设备类、服务类等，如图 B-9 所示。如果没有对应的标准文件，可以参考与业务内容最接近的标准化文件进行修订和补充。

标准合同文本通常要求下属各项目公司严格执行，如通过信息化手段，只能填入部分标准化的信息，避免随意改动合同，以有效控制合同执行过程中的风险。

企业标准合同文本，有如下特征。

(1) 着重完善了专用条款，以更好地保护甲方权利，如措施包干、弱化停工及不可抗力

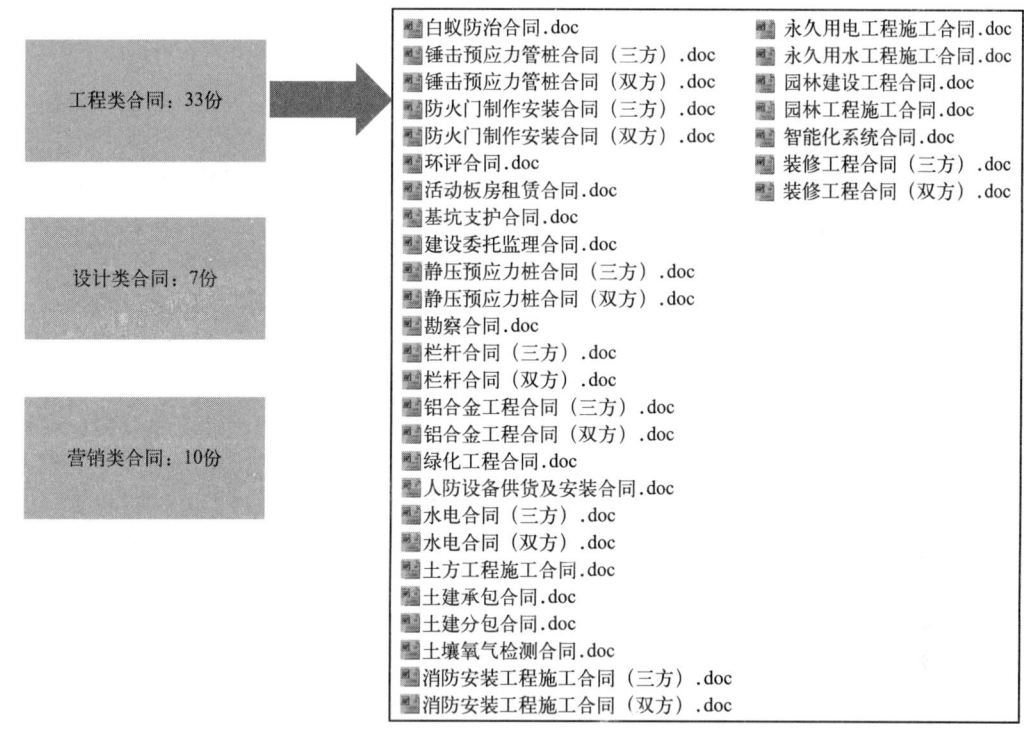

图 B-9　某企业标准合同范本分类

索赔等。另房企合同文本呈现"字典化"趋势，如集团公司会收集各个项目纠纷，确定解决办法，写入合同条款，避免再次发生争议，一般处理方法多为将风险转移至施工单位。

（2）将企业标准（如验收标准）融入合同技术规范中，较现有合同更详细。

（3）依据项目类型进行工程界面划分，有统一体系，由工程部、技术部等一同参与，配套合同体系进行建设。

问题三十四：合同的计价方式如何选择？

合同计价方式问题可细分为：施工合同按计价方式除划分为单价合同、总价合同外还有哪些类型，其适用范围如何？

【答】（1）地产企业通常选择与总承包商签订固定单价合同，先通过模拟清单的方式招标，选择施工承包商；然后在施工图纸完善后，进行重计量，签订固定总价补充协议；最后，竣工验收时，根据发生的变更洽商与索赔，办理工程竣工验收结算。

在固定单价＋模拟清单合同模式下，招标时，业主单位承担了量的风险，承包商承担了价的风险（参考清单计价规范对何种情况下调整价款、如何调整价款进行的约定）；在重计量之后，通过补充协议，基本上可认为是与承包商签订了一个固定总价协议，量与价的风险都交由承包商承担；在结算阶段，主要对变更、洽商、索赔等调整价款事项进行审查即可。

（2）对于分包类合同比较多的企业采用固定总价的模式签订合同，结算根据发生的变更洽商与索赔，办理工程竣工验收结算。

（3）甲方自行采购的材料类合同常采用单价合同。另外一些服务类合同如设计、监理、造价咨询等与项目规模有关，通常也会采用单价合同。

（4）除了上述合同类型，部分地产企业为加快工程进度，会采取费率招标的方式来进行工程发包，如某央企地产在天津的项目采取预算下浮20%签订总包协议，但这种情况在标杆房企中比较少见。

问题三十五：合同执行中如何进行价款调整？

问题可细分为：在项目建设过程中，发生价格波动或者政策变化，房企是怎么调整中标价的？许多房企不调整管理费和利润，为什么？

【答】（1）多数民企会在合同中约定需要调差的主要材料类别，并规定风险范围及价格确定标准。对于价格波动，一般会设置一个不调整范围（常用3%或5%），在这个波动范围内，视为合理风险，由承包人承担风险，超过这个波动，可对超过部分做调整。

（2）目前调价的范围及价格标准，有的是参考造价信息指导价及其变化幅度确定，如混凝土、钢筋、人工费、铝材等，有的是甲方对价格进行市场考察确定，如防水材料、石材、面砖、灯具、洁具等关键部位及装饰性强的部位的材料。

（3）价格调整一般按消耗量+损耗量为调差基数，计算材料价差。价差会计取税金，基本不计取利润。多数房企不计取管理费、利润主要是因为调差材料的价格是在施工过程中与施工单位谈判确定的，由于在施工过程中施工方在谈判中是占主导地位的，认定价款中已包含了一定的利润。对于投资人通过招标方式确定主材价格，让施工单位按定标价格与材料供应商甲方签订合同的模式，投资人会在调差时在定标价格基础上增加一定比例的管理费给予投标人进行价格补偿。

（4）某标杆房企在招标文件中约定人工比例，若有疑问可通过答疑澄清的方式申请；实体部分工程量，如钢筋只按照清单量调整，不考虑消耗量；钢筋分两次调差，地上、地下两个阶段，按照两个时间节点的算术平均值；机械不调（占比有限，定额及施工单位无公允标准，较为复杂）。

问题三十六：针对措施项目、其他项目、规费等的价款如何调整？

【答】除不可抗力产生的风险由发包方承担，一般房企在合同中将风险基本都归于施工方去承担。多数房企措施项目采用平方米包干或者固定费用包干。

四、施工阶段

问题三十七：不同情况下工期索赔如何处理？

【答】相比较其他项目而言，地产业务工期索赔并不多。主要原因在于地产企业对索赔的管理相对比较谨慎，如在合同中设定相应条款，以及开展反索赔等。

地产领域工期索赔主要涉及人工费补偿、模板租赁及脚手架租赁因周转材料增加要求费用补偿、成品保护增加费用补偿、冬季施工增加费用补偿、夜间施工增加费用补偿等方面。

对于个别因停工导致施工单位退场的情况，施工单位的索赔主要在管理人员工资、临时设施费、安保费用、人员窝工费、员工进出场费用、垂直运输租赁增加费用等方面。

对于以上费用，可通过现场的实际赶工情况、压缩工期方案、赶工措施方案等确定补偿项目的数量，价格可参考合同已有价格、市场询价以及施工单位签订的各类劳务合同、租赁合同综合谈判确定。

问题三十八：关于工程变更相关问题

细分问题：工程变更的流程和要求；近三年的工程项目，工程变更占总造价比例多少，工程变更主要有哪些；引起变更的因素有哪些，一般公司采取哪些措施应对？

【答】地产企业变更控制相对比较严格。一般在目标成本阶段，会预留5%~8%作为后期变更之用；但实际施工过程中，标杆房企对于变更控制更加严格，住宅项目一般会要求控制在该合同总价的1%～5%以内。通常会由设计研发部、工程部、招采部协同完成变更的管理工作。研发设计部主要负责设计变更，工程部主要负责工程签证，成本部主要负责变更和签证的估价及其对成本的影响。制度中会规定变更的处理权限与流程，各部门既相互协同、又彼此制约地完成工程变更的审批工作。

工程变更的原因主要有图纸漏项、图纸表达不清晰、优化设计、功能改变、图纸错误、材料价格上涨、土方外运点不确定、地质条件影响、暂估价调整等。

变更的处理通常会面临乙方申报不及时、甲方归档资料不健全、甲方没有及时进行预估价款审批等情况，从而导致无法动态监控投资变化。地产企业一般通过"一单一估""一月一清""申报时限"三个措施对变更予以管控。

变更申报不及时最重要的原因是甲方变更下发不及时导致施工单位上报不及时，故有的公司会在公司制度及施工合同中明确要求禁止后补变更，即所有变更需要先下发相应指令后，施工单位才能开展实施，否则结算不予计价。特殊情况需报相关领导审批。

问题三十九：工程索赔的原因有哪些？

【答】地产领域的索赔申报很少发生，工程索赔可能涉及以下原因。

（1）资金压力导致停工索赔。

（2）业主原因（方案、图纸变化、其他施工单位影响）造成的索赔。

（3）材料的数量或种类发生巨大变化造成索赔。

（4）土方外运为主要的索赔点，一是社会资源问题造成索赔，企业找不到弃土点，二是因各种原因（遇见障碍物、化石等）超挖放量索赔。

但一般索赔事项会通过变更、洽商的方式来进行解决，从程序上未表现为索赔。

问题四十：如何对投资进行动态管理？

【答】房地产企业主要通过动态成本测算对实施阶段的工程投资进行监控。动态成本是在项目启动后的每个时点，对项目最终结算成本的预测。动态成本具体包含两个部分：已发生和待发生。其中，已发生部分包括已发生合同和已确认变更；待发生部分包括已发生合同的预估变更和待发生的合约规划。因此动态成本＝已定合同金额＋已定变更金额＋待发生合约规划金额＋已定合同的预估变更金额。下面对标杆房企动态成本管控流程进行介绍。

在实际的执行中，一般通过动态成本月报的方式对投资实现动态管控。

首先，每月25日，对当时的动态成本进行拍照。

其次，合同（合约规划）的责任部门对已发生情况进行总结，其中重点是预测自己管辖内的合同的预估变更，包括根据项目开发情况，对待发生合约规划进行微调和修正。比如，对某些未能明确的合约规划进行分解（例如营销类合约规划、设计类合约规划等）；对某些合约规划进行合并（集中采购需要、工作界面合并等）；而对某些合约规划则要取消。

再次，成本经理需要整体回顾科目级的动态成本偏差，找到偏差原因，并对规划余量进行评估。比如，整个项目的成本是不是已经很紧了，某些科目是不是有被突破的风险等。

最后，以流程审批方式进行成本回顾审批。

在标杆房企，就投资管控方面基本上已经实现了信息化，使管理人员能够及时了解项目投资动态，并于存在收支风险时提出预警。

问题四十一：工程预付款的比例是多少？其用途有哪些？

【答】民营地产企业基本无预付款，部分国有地产企业会有10%～30%不等的预付款，预付款主要用于预付安全文明施工措施费用或者大型设备或材料采购合同（例如电梯、空调、国外进口材料等）承包人备货所需费用。

预付款一般在合同签订后 30 日内支付预付款的 50%，在承包人主要人员及主要机械到位后 30 日内再支付 50%，支付预付款时承包人需提供预付款保函。扣回工程预付款的时间和比例自行协商，比如在工程进度款支付至 25% 到 75% 之间按工程进度款比例扣回。

问题四十二：进度款支付比例怎么控制？

【答】竣工完成后支付进度款支付比例一般为 70%~85% 不等，待竣工结算完成后支付至 95%~97%，剩余费用作为质保金在保修期到期后支付。

问题四十三：进度款支付流程如何？管理措施有哪些？

【答】地产企业通常有较为健全的进度付款管控流程，经过监理单位、工程部、成本部、相关领导审核后，由财务统一付款。为确保施工单位及时支付工人工资和材料设备款，甲方会将此项纳入供应商履约评价的重要依据，履约不好会间接影响后续投标。同时甲方要求若发生拖欠工人工资情况时，甲方有权先行发放，后从施工单位进度款中扣回。

问题四十四：总包和分包进度款怎么支付？

【答】大多数的总承包单位的进度款一般会按月度进行支付，分包会按施工节点支付。如门窗工程会在门窗进场时支付一定比例的进度款，在安装完成后支付一定比例的进度款。

总包合同内的分包，一般投资人不直接管控，会按总承包进度款支付模式按月度进行支付。

问题四十五：不同类型合同的支付方式有何区别？

【答】不同的合同类型（总包、设计、监理、材料设备等）拟定不同的支付方式，一般会在标准合同中约定。

总包：根据现场完成进度，按一定比例支付。

设计：一般为节点付款，例如完成方案设计支付 20%，完成扩初设计支付 20%，完成施工图设计支付 30%，施工完成支付剩余款项。

监理：按季度或月份支付，例如合同金额为 300 万元，总工期为 30 个月，每季度支付 300/30×3×80%，完成施工并完成交付监理资料等配合工作后支付剩余款项。

设备：一般大型设备（空调、电梯）会有预付款，货到现场后支付一部分设备款，完成安装调试后支付除保证金外的其余部分。

问题四十六：价款支付除了现金方式，还有哪些方式？

【答】除现金外其他的付款方式有：商业承兑汇票、供应链金融 ABS、保理、抵房（货）等。

商业承兑汇票、供应链金融 ABS、保理、抵房（货）均是开发商为降低自己财务成本或保障现金流进行的付款方式，最主要的核心，是通过担保或其他形式，达到暂缓支付工程款的目的。

商业承兑汇票到期后银行会直接付款，信用度较高，企业需到期后才可承兑，会有一定资金成本。

供应链金融 ABS 等属于其他金融机构代理支付方式，有一定的风险，可提前兑付，但手续比较烦琐，有的企业会补偿收款人一定比例的利息，以补偿收款人的资金成本，这样也会造成成本的增加。

有的房企会按一定比例的造价金额要求收款人接受公司产品及房子，这一般是对总承包单位及金额较大的分包单位，一般会以尽快进行结算为条件。会给予接收者一定比例的贴息费用，这样也会造成成本的增加。

问题四十七：如何对承包商工程进度与质量进行制约与激励？

【答】（1）控制付款比例；

（2）建立长期合作关系；

（3）年度优秀合作供应商评选；

（4）大额款项支付尽可能与进度节点绑定；

（5）合同中约定工期提前及延后的奖惩条款；质量获奖（如鲁班奖、长城杯等）给予一定金额的奖励。

问题四十八：怎样制定及执行资金筹划及资金使用计划？

【答】施工过程中要制订资金筹划及资金使用计划并执行，要点如下。

（1）根据工程总体进度计划、招标采购计划编制年度资金计划、季度资金计划和月度资金计划。

（2）各项目公司提前一个月申报付款计划和后两个月的付款预测，据此统筹资金，降低筹资成本。

（3）体现款项的"账龄"，对"账龄"长的付款优先解决。

（4）尽可能按合同履约进度付款。

问题四十九：造价咨询机构如何参与管理？

【答】普遍采用"全过程造价咨询"的方式委派造价咨询公司开展过程跟踪与造价管控。有经验的造价咨询机构对于各类变更处理方法有一定累积，能够帮助委托方科学合理地预测并审核确定变更金额。

但也需注意，部分咨询企业存在接单后分给小团队去做的情况，质量不稳定，常出现人员变更、资料丢失等现象。

五、预结算阶段

问题五十：竣工结算一般需要多长时间？

【答】住宅类的总承包工程在竣工后 3~9 个月结算完成，较大的商业类项目一般 1.5 年内完成；分包工程一般在竣工验收后 3 个月内完成结算。

问题五十一：结算延误的主要因素及化解措施有哪些？

【答】结算延误的主要因素是施工单位提交结算不及时、资料不完整、结算争议久拖不定、多级复审等。对于结算工作，房地产公司一般会提前进行规划，提前在入围库中选定结算审核单位。并监督结算审核单位制定结算计划，配备较为充分的结算审核人员，并与委托方做好沟通后执行。但如导致结算延误的因素均为甲方管理所致，协调会较困难。

问题五十二：结算金额审减率一般是多少？

【答】企业管控水平不同审减率不同，一般房企一审审减率高达 5%~10%，标杆房企为 3%~5%。

问题五十三：有无过程结算，有哪些做法和经验？

【答】地产企业普遍会采用预转固方式实施施工过程结算，即在施工图出具后重新算量，将图纸范围内固定单价合同转为固定总价合同。有的企业会在基础工程完工后即对完工部分进行结算。

问题五十四：地产企业成本数据库搭建情况如何？

【答】大多数地产企业已建立了成本管理系统，可完整收集项目成本数据，同时要求项目竣工后对项目成本数据进行结构化分析后录入系统，以作为企业标准成本、标准清单建设等的重要参考。

目前大多数标杆房企均有自己的标准成本、标准清单等,为新建项目测算及标底编制提供参考。

问题五十五:结算委托造价咨询单位如何配合甲方完成服务?

【答】结算会委托造价咨询公司审核,结算后会要求造价咨询公司按提供的格式进行指标分析及填写,但数据库整理由房企自己完成。

六、销售及财税筹划阶段

问题五十六:房地产营销设施建造费如何控制?

【答】营销设施包括售楼中心、样板间和示范区景观,这些都是销售道具,作用是在项目还未呈现时对项目进行"造梦",提升客户的购买欲望,提高成交率,因而对每个项目来说,营销设施的建造,不仅时间紧而且往往不惜一抛千金。但这绝不意味着可以无的放矢,需要对营销设施建造费进行合理管控。

售楼中心成本控制方式可参考部分标杆企业对售楼处规模的限额,部分标杆企业对售楼处装修标准的限额。

样板间成本控制方式可参考部分标杆企业对样板间装修标准的限额。

示范区景观成本控制方式可参考部分标杆企业对示范区景观规模及标准的限额。

通过对标杆企业营销设施建造投入的分析,有几点共性值得关注。

(1)能实体不异地:实体即在后期交付的建筑物内进行售楼中心和样板间的建设,尽量避免异地建设,异地建设往往是非法建筑,后期需要拆除,会造成成本浪费。

(2)位置选择需谨慎:遇到不少项目,在选择展示区时很随意,花了不少钱建起展示区,但后期影响项目开发需要拆除重建,或者展示区未考虑项目后几期开发路线,在后期开发中发现示范区距离项目过远,需要再建一个示范区,这些都是极大的成本浪费。

(3)注意控制规模:示范区不是越大越好。标杆企业对售楼处、示范区景观的规模都有一定限额要求,售楼处根据不同的开发规模一般控制在1500m^2以内,示范区景观一般控制在7000m^2以内。诚然,示范区大会带来奢华体验,但项目成功尺第一位的是项目利润,一切不以利润为目的的开发行为都会带来无效成本。打动客户的是示范区的诚意,是细节而不是规模。

(4)有梯度的建造标准:根据项目定位、区域设定一定梯度的建造标准,成本投入有度。当投入到一定程度,再增加投入起到的作用就会越来越小,最愚蠢的投入就是使劲砸钱,那是暴发户的做法,还是要把钱用到刀刃上。

(5)细节优化:这部分内容很多,但不是本文的重点,比如通过材料替代降低成本等。

问题五十七:房地产营销费用如何控制?

【答】营销费用是营销成本控制的重点和难点,涉及事项既多又杂,而且成本人对这部分费用的控制不是很专业,从动机上也不太愿意涉猎。标杆房企大致做法如下。

(1)营销费用要分区域分定位:一、二线城市和三、四线城市楼价相差巨大,销售难度也不尽相同,因而应根据不同区域设定营销费的费率。同样地,不同定位的产品,销售对象不同,花费的营销费用自然有所差异。

(2)营销费用要区分销售规模:不同规模的项目其营销费用的发生是会有差异的,越大的项目,由于有前期的宣传推广及以老带新等,其销售难度会降低,所以规模越大的项目其营销费费率应该越低。

(3)区分新进区域与已有项目区域:新进区域一切都是崭新的,市场认可度、接触度几乎为零,一切需要从头做起,因而营销费用会比较多,而已有项目区域,由于已有项目的前期推广，新项目花费的营销费用会下降很多。

（4）有多盘的一定要联动：一个区域有多个项目的，在进行营销推广时尽量做到多盘联动，这样不仅可以增加更多的说辞，增加更多的卖点，从结果上来看也可以有效地节省成本。

（5）合理使用分销及渠道：现在的项目如果你分析一下会发现，花费的营销费用中最大的部分无疑是分销及渠道类费用，可见分销及渠道对销售的帮助很大。但不是什么项目都需要分销或渠道推广，比如在北上广深等一线城市，原本销售难度就不大（整体比较而言），基本上一开盘就售罄，在这种情况下就不要使用分销及渠道了，用自销团队一样能达到效果，且成本低太多了，不如拿出这些钱给自销团队发个大红包。

（6）营销费用也可以采用目标成本管理模式：营销费用管理的一大难度是数量多，且说不清实际发生时是否超标了。我们也可采用目标成本、合约规划的逻辑来管理营销费用，但此前需要建立营销费的科目体系及管理体系，如图B-10所示，这对成本人来说是个极大的挑战。

（7）利用系统工具解决问题：作者经历过一个项目，公司审计时需要统计项目营销费率，由于所有账目都是手工记账，花费了很长时间终于统计完成，营销费率为1.8%，审计同事问了一句："统计全了？"营销部门及财务部门不放心，就又统计了一遍，结果，营销费率变成了2.3%。我想如果再统计一遍可能这个数据又会有变化，营销费用种类多，数量大，一个项目营销类合同有几百上千个，如果想管控好，靠手工Excel表格进行统计，精度差，工作量大，最好的办法还是通过管理数字化方式，采用费用系统解决这一难题。

问题五十八：新形势下房地产行业盈利承压，如何降低营销成本？

【答】在有质量增长的总体目标下，多数房企提出减费措施和以利润作为考核指标的管控办法，意在节流开支提升盈利水平。但与此同时，"三道红线"监管之下，企业的债务管控也存在压力，想要快速去化回笼资金，营销活动必不可少。目前重点房企主流的突围模式有四大方向。

（1）自建销售渠道。房企自渠的搭建主要是四种方式，包括建立"销拓一体"或"直销团队"，搭建全民营销平台，自建或整合中小中介，线上旗舰店直播揽客等。自建渠道一方面帮助企业降低渠道的依赖，另一方面也使企业获得了更多的议价权，从而降低营销成本。

（2）建立数字化系统，精准营销。数字化时代，通过描摹客户画像等数字化手段实现针对潜在客户的精准营销，设立数字化案场。线上化流程也有助于减少营销费用。

（3）打造私域流量，玩转裂变营销。于房企而言，建立自有公众号、视频号等网红平台账号，就相当于搭建了一条新的低成本高效推广渠道，加上裂变营销，通过一传十、十传百的传播效应迅速扩大推广范围，提升线上营销效果。

（4）内部加强管控考核，形成节流意识。加强费效管控的要求，并且加大利润指标在考核中所占的比例，通过此类管控帮助企业寻求更有质量的增长。

问题五十九：新形势下房地产行业盈利承压，如何降低管理费用成本？

【答】在整个企业的经营活动成本中，管理费占比虽然没有开发成本那么多，但却是优化空间最大的部分。以往管理费多点少点对整个经营的影响不大，但在地产行业遇冷的当下，如何能够管控住管理费、降低管理费，是企业必须思考的。管理费在管理中由于各种原因的确很难把控，但想要管好管理费也没那么难，只要做好以下几点，管理费管理水平能提升不少。

一级科目	二级科目	科目说明
项目佣金	代理佣金	以项目策划、销售代理合同为依据，产生的代理佣金费用及代理团队人员补助等费用
	自销团队佣金	项目自有销售、策划等提成
	集团营销中心公佣	佣金制度中的公共佣金（集团营销中心）
策划推广服务费	广告策划服务费	以项目广告策划服务合同为依据，按合同要求支付
	网络策划服务费	以项目网络策划服务合同为依据，按合同要求支付
	顾问服务费	指项目前期定位报告、物业发展建议委托外部单位产生的策划、物业顾问服务费用，以合同为依据，按合同要求支付
媒体广告费用	户外广告费	LED、立柱、墙体、道旗、蓝牌、快递类等户外广告；地铁、公交、高铁等交通工具广告；加油站、电梯、商场等室内广告；其他户外类广告
	纸媒广告费	通过报纸、书刊、杂志等纸媒发布的收费类广告费
	网络广告费	网络平面推广费、公众号推广费、微信、APP等定投，其他网络新媒体
	电视、电台广告费	电视、电台推广费
综合推广费	营销活动费	重大节点活动费（产品发布会、营销中心开放活动、样板房开放活动、开盘活动、交楼活动组织、实施、执行相关费用）、暖场活动费、巡展费（商超、社区巡展）、其他创新型活动费（外部活动冠名、赞助等费用）
	包装展示费	围墙包装费（包装围墙制作、报备、广告等相关费用）、样板房及营销中心包装费（软装设计采购，包含家私家电、营销包装费用等）、看楼通道及其他（销售动线上其他营销氛围、功能区打造等）包装费
	物料制作费	户外广告换画制作费、现场展示物料制作费、宣传物料印刷制作费（楼书、折页、单张宣传海报、手提袋、饮水纸杯、专用信纸\便签等纸类用品、销售人员工牌/名片等）、模型制作费、影视片制作费、其他物料费（看房专车等）、礼品（为影响、推广定制或采购的礼品）
促销奖励	全民经纪奖励	指根据制定的全民经纪人等方案产生的奖励费用或物业管理费等
	销售奖励	指为促进销售、激发团队竞争设立销售奖励所产生的奖励费用
	礼品	促销礼品
	其他奖励	指为促进项目销售设立的其他奖励费用等
媒体关系维护费	—	为维护项目运作关键节点的媒体维护费用
营销营运费	日常营运费	现场物业服务用品[因项目销售而购置服务设备/设施、消耗品（包含但不限于咖啡、蛋糕、茶艺、香薰、卷纸、洗手液等）而产生的费用]、销售软件维护费、培训费、租赁费（销售期间因设置临时场地、车辆等租赁费）、日常支出（现场软件设施维修及保养费、服装、工作人员餐饮等费用）、物业服务费（案场人员工资、管理费用）、其他营销现场管理费
	日常管理费（办公费）	1.因项目售楼处办公而购置的电脑/打印机/复印机等设备费用； 2.因项目售楼处办公而购买或租用的电视、投影仪等费用； 3.因项目售楼处办公发生的电话、网络费用、邮寄费； 4.项目销售期间展示区摆放绿植而发生的采购或租赁费用； 5.项目销售期间发生的水电费、交通补助、业务招待、通信补助等其他办公费
	工资福利	项目自有销售、策划、按揭签约等营销部团队人员工资福利
营销收益	营销费用收益	由营销费用垫付的装修、软装、物品、物料等变卖后所产生的收入，此项用于冲减营销费用
	其他收益	挞定、滞纳金、利息等收益，此项用于冲减营销费用
不可预见费	不可预见费	—

图 B-10 某项目营销费用科目划分列表及主要内容示意图

1. 管理费优化不可盲目

在对企业管理费进行优化控制的时候一定要明确一点，每个企业的管理模式不尽相同，盲目照搬是行不通的。以管理费里占比最大的人力费用为例，当下听到最多的是裁员，没有进行裁员的房企少之又少，即便号称不裁员的房企也并非真的不裁员，而是变相裁员罢了。而且裁员力度都不小，20%、30%甚至连锅端的不在少数。坦率地说，裁员是控制人均效能，降低管理费最快、最直接的方式，很多企业裁员的依据是对标行业标杆企业，但并未探究标杆企业人均效能高的真正原因，比如某企业要求各职能裁员至少30%，原因是控制人均效能，降低管理费率（这当然是对的），30%比例的来源是对标了某标杆房企，然而标杆房企之所以人均效能高，其背后的原因是他们有自己的设计院、自己的咨询公司、95%以上的集采率、完善的标准化以及成熟的线上销售平台，而要进行裁员的企业这些方面与标杆企业无法比拟，同样的人均效能标杆企业可以正常开展业务，而该企业业务会受到很大的影响。所以降低管理费要以能保证企业正常运作，能在后续的行业竞争中依然保持竞争力为前提，否则就是饮鸩止渴，短期内看似降低了费率，但该花的钱一分也少不了。

2. 管理费要主动管控

很多企业管理费率居高不下，很重要的一个原因是管理理念有问题，还停留在费用记账的阶段，没有主动、前置、动态地管理。

3. 统一口径、细化科目

管理费用事项多、口径乱是管理费用不好管的重要原因，需要公司人资行政、财务、成本等相关职能一起统一口径，避免费用重复计取或费用出现灰色空间。

同时很多企业虽然有管理费科目，但科目不够细化，给管理费统计分析带来很大困难，也给日常操作带来风险，因而管理费的科目设置可以在原有基础上再向下细化两级。

4. 预算管理、责任挂钩

预算管理是费用类管理最有效的手段，预算管理就是在实施前设定各单位的费用限额，并分解到每年、每个季度、每个月份，并按阶段进行监控、复盘及调整，类似于开发成本的管控（目标成本、动态监控）。同时仅仅进行预算管理还不够，还需要将费用细分到具体使用部门甚至个人，并与绩效挂钩，建立超支问责制。一项制度或要求，如果没有责任人，没有奖惩，最终的结果往往是空谈。

5. 完善管理费用管理体系

很多时候管理费用超支的原因不是实施问题，而是没有要求或要求不明确，因而对管理费管理体系的完善是非常重要的。尤其是管理费的事项多，需要对每个事项进行明确的要求和规范，如车辆及驾驶员管理、仓库管理、公务接待管理、团队建设活动管理、业务接待费用管理、培训管理、招聘管理、福利管理等。

6. 制定统一标准

标准统一无疑是管理费用管控到位的基本要求，包括招待标准（最易造成灰色地带）、慰问标准、办公装修标准、宿舍标准等。

7. 提倡管理费数字化管理

公司费用管理的一个短板是费用归口多、信息不交圈，发生多少费用相关部门掌握的数据都对不上，实际发生缺少快速、正确的归口。管理费采用信息化管控，可提高效率，达到过程动态管理，从而避免错误发生。地产行业的现状是很多企业的管理费是一笔烂账，到底管理费率是多少一时半会是说不清楚的，根本原因除了过程管理粗放外，记账不严谨、记账部门多是非常重要的原因，因而用统一的费用系统，各相关职能共同维护，是非常有效的方式。

8. 提高属地化

异地派遣意味着会发生异地补助、探亲、宿舍租赁等额外费用，所以当进入一个新区域一定时间后，要逐步实现属地化，这些额外的补助、福利不是一笔小金额。

9. 尽量避免双总部或多总部

很多企业在发展到一定规模后，会把总部搬到一线城市，但考虑到有一些老员工不愿意离开原有城市,因而会设置双总部或多总部,这样一来管理费用无形中增加了不少。同时人员增加,各种费用也会增加。2020年有家爆雷的房企,由于双总部,管理费率高达26%,这是什么概念,该企业年销售额1200亿元,其管理费就312亿元,这也是造成该企业资金困难的重要原因之一。

问题六十:房地产开发企业税务筹划的含义是什么?房地产企业如何实行税务筹划降低税收成本?

【答】税务筹划就是指在现行税制条件下,通过灵活利用各种有利的税收政策,合理安排企业税务行为,以获得最大税后利益的一种合法的经济行为。也可以把房地产开发企业税务筹划定义为:房地产开发企业为了降低成本,实现企业利润最大化,在遵循法律法规的前提下,结合房地产开发企业纳税行为的特点,运用各种税务筹划手段进行合理的节税行为。企业想要节省税收成本,都会进行税务筹划,房地产企业如何实行税务筹划降低税收成本呢?作者认为税务筹划是一个专业性极强的系统工程,最好是委托第三方企业来进行。

由于税务筹划专业性较强,其各个环节的筹划也具有预期性,因此在进行税务筹划的时候需要综合考虑房地产开发企业的业务流程与纳税环节。各大房企通常将企业的税务筹划分为企业设立、开发规划、股权转让、产品销售、物业持有五个环节。

1. 企业设立环节

在企业设立环节,可以在以下两方面进行税务筹划。

首先是企业的组织形式,目前我国主要的企业组织形式有公司制、个人独资制与合伙制,这三种形式涉及到的税种和税率也都大不相同。一般说来,除了公司制企业缴纳的是企业所得税外,其他组织形式的单位或者个人一般都是缴纳个人所得税。资金量不是很多时可以选择合伙制或者个人独资,但若资金量与规模都比较小,则办理个体工商户的执照更为合适。

此外,还可以进行企业的分立,大型房地产开发企业在进行税务筹划时可以选择设立独立的子公司,将获利能力低且规模较小的部门分离到子公司,再利用此优惠政策,达到减轻税负的目的。

2. 开发规划环节

此环节税务筹划主要集中于两个阶段,一是前期准备阶段,二是开发建设阶段。

(1) 前期准备阶段税务筹划 房地产开发企业前期准备阶段的税务筹划主要体现在项目开发方式的选择上。土地获取来源不同,项目开发方式就不同。房地产开发企业可以从政府一级市场直接通过招拍挂购买土地,也可以从自然人或非政府单位等二级市场购买。从非政府单位购买土地时就涉及直接购买还是转让合并的选择问题,前者发生土地使用权的转移需要缴纳契税,后者不涉及土地所有权转移,不需要缴税。因此,房地产开发企业更倾向于以转让合并的方式来获得节税效益。

(2) 开发建设阶段税务筹划 开发建设阶段的税务筹划主要包括施工设备采购方式的筹划和利息扣除方式的筹划。第一,在可以规避甲供材料税务风险的情况下,建设方采购设备优于施工方采购。房地产开发项目具有开发周期长、项目金额大等特点,其施工设备的采购金额也很大,涉及的应缴税款也就很多。如果施工设备由建设方采购,而非交由施工方自行采购,就可以避免缴纳营业税,虽然建筑施工合同金额减少,但是双方收益都会有所增加。第二,权益资本筹资优于负债筹资。负债筹资中,企业采用据实扣除方式,借款利息费用较高;权益资本筹资中,采用比例扣除方式,利息费用低。

3. 股权转让环节

房地产在进行股权转让的时候在营业税上有免税优惠,且不用缴纳土地增值税,所以充分利用该优惠政策，就可以进行相应的税务筹划。在在建工程转让和股权转让中，买方和卖方都是可以进行税务筹划的。对于房地产开发企业来说，卖方可以进行筹划的地方是出售公司股权或者是转让在建工程，而对于买方来说，也要进行相应的税务筹划，当卖方价钱较低时，买方当时所需要支付的契税就较少，价钱较高时，买方在未来进行转让时可以享受更多的税收扣除，因此税务筹划也不能只考虑当前。

4. 产品销售环节

房地产税制中最重要的征税环节就是产品销售环节，该环节涉及的税种最多，税负也最重，因此该环节是房地产开发企业进行税务筹划的重中之重。在这个环节中主要有以下几个方面能进行税务筹划：

（1）合理调节纳税时点　房地产商品包括期房和现房，销售方式主要有预售、分期付款销售和一般销售等。营业税纳税义务发生的时点是收取预售款的当天，而另外两种销售方式则是根据实际收款时间与合同约定时间更早的一方来确定；企业在销售未完工产品时缴纳企业所得税的算法是按照毛利率来计算的，并且需要提前缴纳一部分的税款，在项目全部完成以后再进行汇算清缴。土地增值税也有类似的规定，需要提前预征一部分的土地增值税，税法规定："除保障性住房外，东部地区省份预征率不得低于2%，中部和东北地区省份不得低于1.5%，西部地区省份不得低于1%。"所以房地产开发企业在资金足够的情况下应该合理规划销售进度。

（2）确定适当的销售价格　对于土地增值税有这样一个规定：对于普通标准住宅，在增值率未超过20%的情况下免予征收土地增值税，一旦超过这一临界值将实行全额征收。一般来说，房地产的开发成本是不变的，所以，一般可以控制销售价格使增值率降到20%以下，避免土地增值税的征收。在计算土地增值税的时候是将应税收入总额减去扣除项目金额得到增值额，然后再根据增值额与扣除项目金额的比值来确定增值率，再通过查找税率表计算出相应的土地增值税。所以可以要找到合理的增值率，以此达到税务筹划的目的。

5. 物业持有环节

房地产税制中最后的一项征税环节就是持有物业涉税，该环节涉及的税种简单，税负相比销售环节也不突出。

在物业持有阶段，通过对持有方式的合理选择，房地产开发企业进行税务筹划可以大大降低企业的税收成本。一是将房屋出租业务转变为投资业务。房屋出租需要缴纳营业税以及附加税费、房产税和企业所得税，而将房产用于投资，则不征收营业税以及附加税费、房产税以及企业所得税。二是合理分解租金收入。如果出租房屋包括家具、家电以及电话费、水电费等代收费用，应当分别进行核算，使房屋租金仅包括房屋本身的使用费，将家具、家电的出租改为出售，将电话费、水电费改为代收，这样就可以合理降低增值税、营业税、房产税以及附加税费。

参考文献

[1] 刘少文.房地产成本管理与控制实战宝典.北京：化学工业出版社，2020.
[2] 樊剑英.房地产开发企业税收与会计实务大全.北京：中国市场出版社，2019.
[3] 朱德义.房地产财务核算与成本控制.广州：广东经济出版社，2018.
[4] 余源鹏.房地产公司成本管理控制宝典：成本预算、控制、核算与评估分析管理工作指南.北京：化学工业出版社，2016.
[5] 明源地产研究院.成本制胜：微利时代再造房企核心竞争力.北京：中信出版社，2016.
[6] 彭加亮.房地产开发6大关键节点管理.北京：中国建筑工业出版社，2010.
[7] 中汇城控股（集团）房地产研究中心.房地产精细操盘前期市场分析.北京：化学工业出版社，2014.